Das Beagle-Geschichten-Buch

Megan McGary

Das Buch:

In diesem Buch kommt genau 347 mal das Wort „Beagle/s" vor, dazu noch 31 mal „Laborbeagle/s".

Beagle sind wunderbare Hunde, obwohl sie nicht ganz einfach zu erziehen sind. Sie haben Eigenarten, die vielen anderen Hundebesitzern den Schweiß auf die Stirn treiben würden. Deshalb sind Beagle nicht für jeden geeignet, und sie sind auch nicht überall glücklich.

Wenn Sie einen Beagle haben, können Sie sicherlich jede Menge lustige (und weniger lustige) Geschichten erzählen. Beagle bieten besonders viel Anlass zum Lachen. Und man kann sich enorm über sie ärgern!

Beagle wecken ganz besonders tiefe Gefühle.

In diesem Buch finden Sie: Witziges, Ironisches, Sarkastisches, Böses. Aber auch Liebevolles, Emotionales, Bewunderndes, Anregendes.

Ein Teil der Stories dreht sich um ehemalige Laborbeagle und Begebenheiten aus dem Vermittlungsalltag im Rahmen ehrenamtlicher Arbeit.

Aus diesem Grund wird ein Teil des Erlöses dieser Publikation der Laborbeaglehilfe e.V. gespendet.

Die Autorin:

Megan McGary, *1969, ist hauptberuflich Polizeibeamtin. Im Nebenberuf schreibt sie, nicht nur Bücher über Hunde, sondern auch Romane.

„Megan McGary" ist ein Pseudonym. Die Autorin lebt mit ihrer Familie und vier Tierschutzhunden (Buddy, *2009; Georgia, *2008; Mike, *2007, und Hans, *2014) in Nordhessen.

Megan McGary

Das Beagle-Geschichten-Buch

www.meganmcgary.com

Bibliografische Information der Deutschen Nationalbibliothek:
Die Deutsche Nationalbibliothek verzeichnet diese Publikation
in der Deutschen Nationalbibliografie; detaillierte
bibliografische Daten sind im Internet über http://dnb.dnb.de
abrufbar.

© Cover- und Umschlaggestaltung: Anne Schneider
Foto: Megan McGary
Lektorat & Korrektorat: Alex Wegler, Mila Erichson
Sheila wurde lizenziert von lauraworthingtondesign.com

2. Auflage, 2019
© Megan McGary – alle Rechte vorbehalten.
www.meganmcgary.com

Herstellung und Verlag:
BoD – Books on Demand, Norderstedt

ISBN: 978-3-7431-7990-5

Inhalt

Vorwort 7

Teil 1 – Über Beagle

...aber warum denn einen Beagle?! 10
Spaziergang mit Beagle(s) 17
Wie man sich bettet 20
Navigieren mit Beagle 22
Spaziergang mit Beagle, Part 2 28
Warum Beaglehalter die besseren Menschen sind 29
Beagle allein zu Haus 32
Spaziergang mit Beagle, Part 3 37
Dominium Terrae 41
Schäferhunde e.V. 45
Werde, der du bist 51
Drei Beagle und ein Hans 57
Lex Beagle 62
Sonntag, November 66
Hunde – eine ökonomische Betrachtung 72
Ode an die Ohren 78
Persephone-Eurydike möchte aus dem Hundeparadies abgeholt werden 82
Unterbeschäftigt 86
Phantastische Tierwesen... 88
Waldgedanken 92
Von Mäusen und ~~Menschen~~ Fellnasen 103
Montagshunde und Einzelkämpfer 105

Ein Gedicht!	108
Rent a sheep	113
Von geeigneten und weniger geeigneten Ausflugszielen	122
Die Schafherden-Geschichte	125
Nachrichten aus den sozialen Netzwerken	131
36 Grad	140
Forever young	153

Teil 2 – Über Laborbeagle

Die ultimativen Top 20 der blöden Sprüche	159
Designer-Tierschutz	160
Leider ist der Hund so ängstlich	165
Wie man (k)einen Hund aus dem Tierschutz adoptiert	171
Gründe genug	173
Alles gut	181
Der ungefähr 17. Artikel über die Vermittlung von Laborhunden	185
Über das Retten von Welpen, Hypoglykämie und Spontankäufe	190
Neues aus der Gebetsmühle	204
Suche Engel, biete Hund	208
Grüße aus dem Glashaus	213
Morituri te salutant	221
Brief an einen Vermehrer	228
Sehr geehrtes Paar auf der Parkbank!	239
Versöhnliches zum Abschluss	244
Wie das Cover dieses Buches entstand	246
Dank	248
Links / Vorschau	250

Vorwort

Ich bin eine von denen, die »*schon immer*« Hunde hatte. Eine von denen, die »*mit Hunden aufgewachsen*« ist. Es waren unterschiedliche Vertreter ihrer Art: Mischlinge, Terrier, Dackel, ein Rottweiler, ein Akita-Mix. Ich dachte, ich wüsste eine Menge über Hunde – was sie tun, was sie brauchen, wie man sie erzieht und lenkt.

Seit mehr als einem Jahrzehnt haben wir Beagle. Seitdem ist alles anders: Nicht nur, weil ich gefühlt hunderttausend Mal eines Besseren belehrt wurde, sondern auch, weil ich ehrenamtlich im Team des gemeinnützigen Vereins Laborbeaglehilfe e.V. arbeite – unter meinem bürgerlichen Namen, versteht sich.

Die Laborbeaglehilfe ist ein bemerkenswerter Verein, der seit 2007 existiert und seitdem bereits über 2100 ehemaligen Versuchshunden ein Leben nach dem Labor ermöglicht hat. Wenn Sie mehr über die Problematik erfahren möchten, mehr über die LBH wissen möchten oder trotz der Lektüre dieses Buches gar einen Beagle adoptieren möchten – schauen Sie dort vorbei!

Dieses Buch enthält Geschichten, Essays, Kommentare und Glossen. Sie finden in diesem Buch private Erlebnisse und Erfahrungen aus meiner Tätigkeit für die Laborbeaglehilfe.
Achtung, sehr wichtige Information:

Vieles davon ist »Meinung«, und zwar meine, und eine ganze Menge hat einen ironischen bis sarkastischen Beiklang. Es gibt Lustiges, Haarsträubendes, aber auch Emotionales und Bitteres. Ich liebe meine derzeit vier Hunde über alles und möchte keinen davon missen. Auf den Mond schießen könnte ich sie trotzdem mitunter.

Humor ist eine ernste Sache, und nicht jedem sagt meiner zu – falls es daher mit Ihnen und mir nicht passt, seien Sie mir nicht böse, bitte. Sollte etwas nicht Ihren Beifall finden, lasten Sie es bitte nicht anderen (erst recht nicht dem Verein!) an, sondern nur mir.

In den nachfolgenden Texten sehen Sie eine Reihe optischer Hervorhebungen (kursiv, fett, gesperrt, Versalien). Das ist Absicht und nicht von der Korrektur übersehen worden. Auch manches komische Wort *soll so*.

Bei den folgenden Beiträgen gehe ich davon aus, dass Sie bereits Erfahrung mit Beagles haben und dass Ihnen das Thema »Laborbeagle« nicht gänzlich fremd ist. Beagle sind die häufigste im Tierversuch verwendete Hunderasse. Einige meiner Geschichten behandeln Themen, die Besitzer ehemaliger Laborhunde wahrscheinlich gut nachvollziehen können. Einige beschreiben Highlights aus dem Vermittlungsalltag in einem Tierschutzverein.

Grundsätzlich berichte ich von meinen eigenen Hunden. Ähnlichkeiten mit anderen real existierenden Hunden (und Menschen) sind ganz und gar zufällig. Die Namen und Daten der bei den LBH-Artikeln genannten Hunde und Personen habe ich verändert.

Manche Geschichten in diesem Buch variieren dasselbe Thema (Stichwort: Spaziergang) und einige Stories waren bereits auf der Homepage von www.laborbeaglehilfe.de zu lesen. Die Serie »Briefe eines unverstandenen Hundes« wird auf meiner Webseite www.meganmcgary.com fortgesetzt.

Es handelt sich bei diesem Buch nicht um einen Ratgeber (weder zur Entscheidung für oder gegen eine bestimmte Hunderasse, noch zur Erziehung).

Ich wünsche Ihnen viel Spaß mit meinen Erfahrungen und würde mich freuen, wenn sie Ihr Leben bereichern – oder Sie wenigstens ein bisschen trösten, falls Sie einen Beagle haben.

Herzlichst, Ihre Megan McGary

Teil 1 – Über Beagle

... aber warum denn einen Beagle?!

Diese entgeisterte Frage werden Sie als Beagle-Halter vielleicht öfters zu hören bekommen. Am besten, Sie bereiten sich angemessen vor!

Sie finden also die Rasse so niedlich. Niedlich sind Eisbärenbabys auch, aber würden Sie eins davon zuhause haben wollen?
Im Ernst, wir stimmen Ihnen in vollem Umfang zu: Beagle sind die schönsten Hunde überhaupt.

Und freundlich sind die Beagle! Auch zu kleinen Kindern. Jaaa ... bis Ihr kleines Kind dem Beagle den Kauknochen wegnimmt, weil der Hund mit dem Kind spielen soll. Dann mutiert der Beagle in Nullkommanix zum Bären, zum ausgewachsenen, und ihr Kind trägt ein lebenslanges Trauma davon.

Aha, Sie mögen Hunde und wünschen sich einen freundlichen Kumpan zum Spazieren gehen.
Gemütlich spazieren gehen, *hm-hm*. Einfach ein Stündchen geradeaus laufen (und dabei die attraktive Gegend genießen, das Auge schweifen lassen, die Seele baumeln...).

Hören Sie, so etwas kann ein Beagle nicht. Bei einem Beagle lauert an jeder Ecke Anarchie.
Beagle gehen im Zickzack, laufen Ihnen vor den Füßen herum und auch über die Füße, aber einfach geradeaus –? In Ihrer Nähe? Adoptieren Sie einen Schäferhund.

Prima finden sie es, wenn Ihr neuer Gefährte locker neben ihnen läuft, und nachdem eine gute Bindung aufgebaut sein wird, darf er gern auch ohne Leine ...? Eine schöne Idee.
Gut zu Fuß sind ja sicher ohnehin, da Sie über die Anschaffung eines Laufhundes nachdenken. Aber zum Thema Freilauf: Wie steht es denn so um Ihre läuferischen Qualitäten? Wichtig

wären hier sowohl die Werte für die Kurz- als auch für eine längere Distanz!
Eine gewisse Geländegängigkeit wäre auch von Vorteil.

Da Beagle die Nase dicht am Boden zu haben pflegen, ist es denkbar, dass ihr Hund lieber einer Spur nach-, als ordnungsgemäß auf dem befestigten Weg gehen möchte. Machen Sie sich auf ruckartige, unvermittelte Bewegungen gefasst!
Arbeiten Sie intensiv an Ihrer Reaktionsschnelligkeit, und scannen Sie mit sicherem Blick unentwegt das zu bestreifende Gelände. Damit sind Sie im günstigsten Fall schneller als Ihr durchstartendes Muskelpaket von einem Hund, der gerade das in den Wald verschwindende Reh entdeckt hat – und lassen Sie unter keinen Umständen, niemals, die Leine los!

Beaglebesitzer sein ist ein bisschen wie Autofahren: »Vorausschauend« handeln spart Energie! Denn die werden Sie brauchen, bei Ihren zukünftigen dreistündigen Gassirunden durch Wald und Flur, in Begleitung Ihres fröhlich schnüffelnden, vor sich hin grunzenden, immer wedelnden Beagle.

Der Schäferhund-Besitzer quetscht ein knappes »Fuß!« aus dem Mundwinkel, der Hund steht am Bein wie eine Eins, weiter geht's, keiner verlangsamt auch nur um einen halben Schritt. Herr und Hund steht in die konzentrierten Minen geschrieben, dass hier keine Ablenkungen erwünscht und auch gar nicht möglich sind. Beide schätzen Disziplin.

Die Frau mit dem Chihuahua ruckt einmal kurz an der pinkfarbenen Flexi, das Hündchen saust handlungsunfähig an Frauchens Seite, alle vier Pfoten in der Luft und infernalisch kläffend. Auf hohen Absätzen klappert das Chi-Frauli von dannen.

Der Retriever trabt in großen Kreisen um das tiefenentspannte Herrchen herum, aus dem Maul hängt eine halbe Frisbee. Der Besitzer hat Zeit und Muße, ein Hörbuch über seinen I-Pod zu genießen, der Hund ist von sonnigem Gemüt und mit allem zufrieden.

Schauen wir mal auf Sie und Ihren vierbeinigen Begleiter.
Ihr Beagle läuft mäandernd quer über den ganzen Weg und nimmt den Straßengraben, alle Pfützen und die Rad- und Reiterspur nebenan gleich auch noch mit, bleibt erst an einer

Straßenlaterne und dann am Mülleimer hängen, bevor er sich mit der Schleppleine um eine Parkbank wickelt, dreht eine Pirouette nach der anderen, heult, bellt, zerrt an der Leine, grunzt wie ein Keiler, rennt im Zickzack über die Wiese, verheddert sich im Gebüsch, stöbert nistende Vögel auf, jagt eine vorbeikommende Maus, verspeist sie, schnappt sich einen Stock, der fünfmal so lang ist wie er selber, haut Ihnen den Knüppel vors Schienbein, entdeckt gebrauchte Verhüterlis und wirft sie spielerisch in die Luft, findet einen halben Hamburger, frisst ihn mitsamt Verpackung, läuft noch mal zurück, gräbt den Boden um, findet was anderes, frisst, knurrt Sie an und fletscht die Zähne, will nicht in diese Richtung, sondern lieber in eine andere, nimmt dann die Spur eines Hasen auf und kümmert sich ab sofort nur noch darum.

Uff.

Nach 500 Metern sehen Sie ab der Taille abwärts aus, als wären Sie beim Schlammcatchen angetreten, und entgegenkommende Omis machen Ihnen missbilligend mit dem Kopf schüttelnd Platz, wobei ihr Hund versucht, an den alten Damen hochzuspringen.

Nun stellen Sie sich dieses Szenario noch mit zwei oder mehr solcher Kandidaten vor. Irrsinn. Die Leute, die Ihnen bei der Tour begegnen, bedauern Sie offen oder halten Sie für komplett unfähig.

Im Mittelalter war das Vierteilen eine äußerst beliebte Methode, Leuten den Garaus zu machen. Seitdem ich mit vier Hunden durch den heimischen Forst tändele, weiß ich, wie die Delinquenten sich fühlten!

Zehn Meter am Stück zu laufen, funktioniert nicht. Hündin 1 pflegt die Beine in den Boden zu rammen und wie angewurzelt stehenzubleiben, sobald sie einen Grashalm entdeckt, der noch nicht akribisch beschnüffelt worden ist. Das passiert etwa alle 2,5 Meter.

Währenddessen teilt Hündin 2 ihren Output in mehrere homöopathisch dosierte Portionen auf, damit ich auch ja alle mitgeführten Gassibeutel ihrer Bestimmung zuführen kann.

Rüde 1 indes hat klar definierte Ziele, und die liegen hunderte von Metern weit weg – die Tiere des Waldes. Da will er hin, und das teilt er mir actionreich und tempogeladen mit: schneller, schneller!

Ich habe das, was man beim Beagle »großrahmig« nennt. Großrahmig heißt auch: kräftig. Stark. Und schwer! 19 Kilo ziehen in die eine Richtung, mit Macht.
21 andere Kilo *(jaha!)* ziehen in die andere. Weitere 17 verharren an einem zufällig vorbeikommenden Buchenblatt und beschnuppern es ausgiebig.
Grauenhaft wird die Sache, wenn sich alle zusammen ihres Jagdtriebes entsinnen.

Wenn die Hunde unversehens beschleunigen, wiegen sie zusammen circa eine Tonne. Das ist der Grund, warum ich keinesfalls mein eigenes Gewicht verringern darf: Ich muss drei Beagle ausgleichen! Bevor sich die Beagle mich aussuchten, war ich der Ansicht, Spaziergehen mit Hund an Leine sei wie Pilgern. Pilgern light, sozusagen: Man läuft, genießt Natur und Wetter, ist ganz bei sich, kommt zur Ruhe und kriegt den Kopf frei.
 Das ist in der Tat so, mit dem Kopf frei kriegen.
Es hat nämlich kein einziger Gedanke mehr darin Platz als: »Wie beherrsche ich diese 35 cm über der Grasnarbe so, dass meine eigenen Knochen dabei heil bleiben?«
 Jetzt fragen Sie sich, wo Hund Nr. 4 abgeblieben ist, *gelle?* Der ist kein Beagle und verhält sich relativ normal, indem er – leinenlos, da unnötig – mal vor-, dann wieder zurückläuft und sich wahrscheinlich wundert, dass ich noch in einem Stück bin.
»Das sind die Facettengelenke!«, doziert der Orthopäde über meine Rückenschmerzen, »vermeiden Sie ruckartige Bewegungen!«
 Am vernünftigsten wird es sein, Sie nehmen bei der nächstbesten Gelegenheit an einer Meutejagd teil.
Sie werden eine beeindruckende Vorstellung davon erhalten, wozu ein solch relativ kleiner, kurzbeiniger Hund fähig ist – und vor allem, wie schnell er an der Horizontlinie verschwunden ist. Wenn der Beagle richtig Gas gibt, ist das ungefähr so, als ob die *Enterprise* in den Hyperantrieb schaltet.

(Ihr Laborhund kommt da auch noch hin, an diese Leistungsfähigkeit. Früher oder später. Halten Sie ihn fest!)
 Beagle sind, wie Sie zweifellos spätestens jetzt wissen, Jagdhunde, deren mehr oder minder (erfahrungsgemäß eher

»mehr«) ausgeprägter Jagdtrieb Sie nicht abschreckt und an dem Sie arbeiten möchten.
Ach!
Einem Beagle das Jagen abgewöhnen, *so so.*
Nun, da können Sie auch gleich versuchen, ihm das Atmen abzugewöhnen. Aber wenn Sie es geschafft haben, geben Sie mir bitte unbedingt Bescheid! Ich suche schon seit Jahren nach jemandem, der meine Hunde dauerhaft vom Jagen kuriert.
(Einen einzigen »Spaziergang« möchte ich erleben, wo ich träumend in den Himmel/Wald/Fluss schauen kann, ohne dass einer meiner Hunde plötzlich kurz den Kopf hebt, und in der nächsten Millisekunde reißt es mir den Arm weg, dass ich den Eindruck gewinne, ein abhebendes Flugzeug an der Leine zu haben, statt eines knapp zwanzig Kilo schweren Hundes. Gar nicht zu reden von dem Aufsehen, das Sie verursachen, wenn Ihr von einer Sekunde zur anderen irre gewordener Hund seinen Spurlaut ertönen lässt!
Mit zwei richtigen Jägern an der Leine haben Sie Ihren Schaff.
Mit dreien ist es Hochleistungssport. Kündigen Sie bedenkenlos Ihre Mitgliedschaft im Fitnessstudio! Mit vier Beagles – also nee, das ist Wahnsinn. Gehen Sie in sich: möchten Sie das wirklich?!
Und die nette ältere Dame neulich, die mit dem fluffigen Kleinhund auf dem Arm, hat Ihnen also mit leuchtenden Augen mitgeteilt, dass es Hunde eigentlich auf Krankenschein geben müsste?
Ja. Erzählen Sie das mal Ihrem Orthopäden.
Am besten zwischen der Fangobehandlung gegen Ihr chronisches Schulter-Arm-Syndrom und der Anamnese für die Kur wegen Ihrer quietschenden Knie, die der Mann Ihnen mit traurigem Blick ob Ihres lädierten Allgemeinzustandes und der augenscheinlich völlig fehlenden Selbstheilungskräfte – Herr Doktor, es wird einfach nicht besser! – so dringend ans Herz legt.
Sagen Sie ihm nicht, dass Sie entgegen aller Vernunft jeden Tag zwei Stunden mit drei Jagdhunden an Schleppleinen »spazieren« gehen; er würde Sie dauerhaft einweisen. Aber nicht in die Orthopädie!

Mit der Rassebeschreibung haben Sie sich schon ausgiebig vertraut gemacht, das ist prima. Beagle sind robust, anhänglich, intelligent und verfressen – stimmt.

Und beharrlich (manche sagen: »stur«). Mitunter auch schwer- bis unerziehbar? Mitnichten! *(Kurzer Schwenk noch zum Thema Füttern: Wenn es ums Fressen geht, vergessen Beagle ihre Freundlichkeit und mutieren zu aggressiven Killern. Achten Sie auf Ihre Finger, Kinder und die anderen Haustiere!)*

Beagle zeichnen sich durch einen hochsensiblen Charakter aus. Ausreichende, artgerechte Beschäftigung und ein ebensolcher Umgang mit dem Hund sind unerlässlich. In den falschen Händen, unterfordert oder zu hart erzogen (oder im Gegenteil: gar nicht erzogen), können Beagle sich zu wahren Nervensägen mit ausgeprägten Verhaltensstörungen entwickeln.

Aber das wird bei Ihnen nicht passieren.

In die Hundeschule? Aber natürlich, eine hervorragende Idee! Es wird ihrem Hund gefallen und gut tun! Ihnen auch, vor allem, wenn Sie eine latent masochistische Veranlagung haben und es Ihnen nichts ausmacht, wenn Ihnen mit hörbarem Zweifel der Standardsatz aller Hundeschulenbetreiber – *»oh Gott, ein Beagle!«* –, entgegenschallt. Mit der damit verbundenen ständigen Unterstellung, es müsse sich um ein Produkt puren Zufalls handeln, wenn auch Ihr Hund den Kommandos Folge leistet, sollten Sie umgehen lernen! (Falls Sie einen folgsamen, leicht lenkbaren Hund bevorzugen: Entscheiden Sie sich für einen Pudel, er wird Ihnen Ihre Wünsche von den Lippen ablesen. Und für wohlwollende Blicke in der Hundeschule sorgen.)

Eine wichtige Überlegung ist auch: Wie lange möchten bzw. müssen Sie Ihren Beagle allein lassen, während Sie außer Haus sind?

Oh – *soo* lange? Nein, das ist ein absolutes »No-Go«, wie es heutzutage so schön heißt, und widerspricht somit allen Vermittlungsstandards. Wenn Sie Ihrem Meutehund schon keine Hundemeute bieten können, so bieten Sie ihm bitte wenigstens sich selbst! Denn: Überlassen Sie ihn zu lange sich selbst, wird er sich zu beschäftigen wissen.

Wie lange »zu lange« ist, können Sie daran ermessen, ob bei Ihrer Heimkehr all Ihre Habe einer gründlichen Hunde-Inspektion unterzogen wurde und daran, wie hoch der Sachschaden ist. Daran, wie hoch der erforderliche Aufwand für die Renovierung oder Neumöblierung Ihres Heims sein wird. Vielleicht auch an Ihren Nachbarn, deren bisher gutes Verhältnis zu Ihnen kippt, da die Herrschaften durch Ihren jaulenden Hund allmählich in den Irrsinn getrieben werden.

Dem möchten Sie durch einen Zweitbeagle adäquat vorbeugen?
Oh je: Zweitbeagle sind etwas für Fortgeschrittene. Dritt-Beagle sind bereits Hohe Schule. (Für Viert-, Fünft- und weitere Beagle benötigt man einen Heiligenschein.)
Aber Moment, es geht Ihnen doch um einen Laborbeagle, natürlich. Das typische Stichwort dazu lautet: *Labormacke*.
Sie haben gehört, dass ehemalige Laborbeagle verhaltensgestört und/oder voller Angst sind. Der typische Laborbeagle – halt, der existiert nicht.
Es gibt aufgeweckte, ruhige, ängstliche, neugierige, laute, leise, große, kleine, aufgeschlossene, zurückhaltende, schüchterne, mutige, gelehrige und eher lernfaule, traurige und fröhliche (Labor-) Beagle.
Die erste Kurzbeschreibung der Laborhunde, die ein Laborbeaglevermittler Ihnen vorstellt, resultiert aus den Eindrücken der Labormitarbeiter und Tierpfleger. Die können »ihre« Hunde meist sehr gut einschätzen (und haben sie auch meist sehr gern).
Na? Immer noch interessiert? Bevor Sie sich jetzt einem leibhaftigen Beagle stellen oder gar beginnen, Hundetreffen zu besuchen, um mal zu gucken, wie das in Echt ist, machen Sie sich auf eine schwere Prüfung gefasst. Was jetzt kommt, ist die ultimative Warnung.
Allen Beagle gemeinsam ist: der Blick.
Sie haben v-e-r-l-o-r-e-n, wenn Ihr Beagle Ihnen tief in die Augen schaut. Wappnen Sie sich! Mit Konsequenz!

Und lassen Sie sich nicht abschrecken.
Schon gar nicht von einer so übertriebenen, satirischen Darstellung.

Spaziergang mit Beagle(s)

Sie haben also einen Hund.
Das ist gut, da kommen Sie mir gerade recht.
Am besten, Sie legen sich schon mal eine Reihe Generalentschuldigungen parat.
Nur so für alle Fälle.
 Etwa, wenn … der Hund nicht mehr stromlinienförmig ist. Nicht auf Anhieb hört. Dinge schrottet. Irgendwie komisch aussieht, vielleicht ein bisschen ängstlich guckt. Nicht ganz dem Rassestandard entspricht. Oder einfach seinem Naturell folgt. Sie werden sich früher oder später für all das (und mehr) rechtfertigen müssen!
 »*Sportgerät mit 6 Buchstaben*« lese ich da im Sonntagsrätsel der Tageszeitung. Ich male B-E-A-G-L-E in die Kästchen und reibe mir mein lädiertes Knie.
Ehrlich, ich glaube, wenn man sich einfach einem Zirkus anschließen würde, ginge es auch nicht verrückter zu.
 Die wichtigsten Fakten kennen Sie also bereits: Ich bin mehr oder weniger stolze Besitzerin einiger Beagle (nebst einem Mischlingshund) und als solche beständig doofen Kommentare und diversen Ärgernissen ausgesetzt.

Hunde ausführen. Klingt nach Barbourjacken, Tweed und zartgliedrigen Whippets, nach halbhohen Pumps und einer schönen Beschäftigung, die man mal eben zwischen Frühstück und Postholen erledigen kann. Ohne dass einem dabei ein Leid geschieht.
Die Realität ist eine andere.
 Zu fünft, auf 18 Beinen, machen wir uns auf den Weg. Es nieselt ein wenig, wie es das hier im bergigen ländlichen dreihundert Meter über Normalnull gerne so tut. Man könnte fast glauben, wir wären in den Highlands. Schön eigentlich. Die Tweed-Assoziationen kehren zurück.
 Ich nehme an, Sie sind gut zu Fuß. Und laufen gern.

Beagle sind nämlich Laufhunde. Zwei Stunden sind da nix. Mit dem Beagle wandern Sie bis an die Baumgrenze. Und behalten dabei immer schön die örtliche Fauna im Blick, denn der Jagdtrieb ist die andere Passion des drolligen kleinen Hundes, der herzallerliebst gucken kann, besonders als Welpe oder Junghund, und der sie somit in Sicherheit wiegt.
Bis es zu spät ist.
Überlegen Sie sich das noch mal.
Wie Hänsel und Gretel weichen sie ständig vom Wege ab. Und genau wie bei der Sache mit der Hexe lässt das Unheil nicht lange auf sich warten.

Gewisse Fachkompetenzen wie Lebensmittelkontrolle oder Jagd sind dem Beagle in die Wiege gelegt. Beide Begabungen haben etwas mit Eigenständigkeit zu tun. Der Beagle schlechthin lässt sich nicht unbedingt immer sagen, was er wie wann zu tun hat. Führt man mehrere dieser besonderen Hunde mit sich, potenziert sich das in schwindelerregenden Ausmaßen, denn die Gruppe verwandelt sich vom Einzelorganismus, der nur seinen eigenen (Fress-)Vorteil im Sinn hat, in etwas anderes: in eine Meute.
In einen Superorganismus.
Hurra: Gemeint ist kollektive Intelligenz zur eusozialen Lösung eines Problems, das alle tangiert. Und ab diesem Zeitpunkt haben Sie als Mensch leider verloren.
Bei uns naht das unheilige Schicksal in Form eines Radfahrers, ach nein, eines Downhill-Fahrers, mit Helm und Kamera in der Brille und Tachometer nebst Navi, und er rast um die uneinsehbare Ecke und erschrickt fürchterlich; der Grobstollen am Heck fräst eine beeindruckende Schneise in den feuchten Fichtennadelboden. Er berappelt sich aber geistesgegenwärtig und setzt seine private Sportveranstaltung fort.
Das verstehen die Beagle als Startsignal. Vier Hunde hechten dem Downhillpiloten auf seinem Fünftausend-Euro-Edelbike hinterher, ehe ich auch nur Luft holen könnte.
Sie bringen den Radler zu Fall, weil er sich verbremst, um den dreistesten meiner Hunde nicht zu überfahren.
Der Mann fliegt über den Lenker.

Leider hat er keine ausführliche Stuntausbildung genossen und rollt sich eher ungeschickt auf dem Waldweg mit den Schotterflecken, die der Förster aufgefüllt hat, um die tiefen Gräben vom Harvester zu füllen, damit er mit seinem jägergrünen Hessen-Forst-Mobil auf der Waldpatrouille nicht bis zur Ölwanne einsinkt, ab. Und knallt mit einem beeindruckenden Laut auf die Zwölf.

Die Hunde sind zufrieden: Beute gestellt.
Sie schnuppern an dem Blut, das dem Mann übers Kinn läuft. Der ist zum Glück perplex genug, um mich nicht direkt mit dem nächsten herumliegenden Kantholz niederzuschlagen, was leicht gewesen wäre, da ich ziemlich abgehetzt bin von dem brutalen Gezerre an den Leinen.
Hierbei kommt es zu den Schmerzen im Knie, übrigens, aber das ist angesichts des Bruchpiloten wohl nicht so wichtig.

Ja... was soll ich sagen. Der RTW hatte Mühe, den steilen Weg hochzukommen. Sechs Wochen später schrieb mir meine Versicherung, dass ich Gefahr laufe, beim nächsten Vorfall ausgestuft zu werden.

Mich ergreift das starke Verlangen, zu randalieren.
Dann hebt der jüngste Hund seine Augen und blickt zu mir auf.

Ich bin allen Hunden gegenüber völlig distanzlos. Ich bin die, die immer ruft »meiner tut nichts!« Ich kapituliere.
Ich kapituliere vor rehbraunen Augen in einem weißen Gesichtchen mit appetitlich karamellfarbenen Abzeichen. Zwischen langen Ohren. Mit seidigem Fell. Einer Rute mit weißer Spitze, die eigentlich permanent wedelt.

Ich liebe Beagle, sagte ich ja bereits.
Dass Menschen ohne Hund spazieren gehen können, ist mir völlig unbegreiflich.

Wie man sich bettet...

Bei IKEA stoße ich auf feinfädige Sommerlaken, wunderbar glatt, aus mercerisierter Baumwolle.
Verblendet entscheide ich mich für Mitternachtsblau. Weil ich fälschlicherweise annehme, auf dieser beeindruckend glatten Fläche krallt sich kein Beaglehaar fest.
Selten so danebengelegen!

Zuhause.
Schön sieht das aus: Navyblaue Laken unter vichykarierter Bettwäsche, duftend und knisternd vor Frische.
Zufrieden und stolz mit bzw. auf meine hausfraulichen Fähigkeiten, trage ich den Korb mit der abgezogenen Wäsche zur Waschmaschine. Nach fünf Minuten kehre ich aus dem Keller zurück.
Grinsend sitzt das Beagletier im runderneuerten Bett und scharrt, einen seltsam verstohlenen Blick auf mich richtend, beiläufig mit seinen dicken Pfoten.
Ich werde ein bisschen miesepetrig und formuliere gedanklich eine Kleinanzeige: »*Vierjähriger Beagle, guter gebrauchter Zustand, geringe optische und charakterliche Mängel...*«
Mein Blick verharrt, wie magisch angezogen vom nestartig verzerrten Plumeau, auf meinen neuen, schicken Bettlaken.
Auf dem Stoff wird das ganze Ausmaß der Verheerung erst richtig deutlich! Der Beagle braucht nur am Bett vorbeizukommen, und *zack!*, ist das ganze beruhigende Mitternachtsblau so, wie eine mit frischem Raureif überzogene Wiese aussieht.

Weiß gestromt.

Definitiv: Für einen Allergikerhaushalt ist so ein Beagle nix. Oder haben wir keine Allergien, weil unser Immunsystem seit Jahren aufs äußerste gebrieft wird mit Haaren, Pfotendreck, Futterresten und den exhumierten Knochen von anno 2010?

Wieso peilen alle immer wie ferngesteuert das Bett an? Gibt es Hunderassen, die noch ergebnisorientierter sind als diese verdammten Beagle?

Muss ich mein gesamtes Ambiente in den Farbtönen der recht biederen *tricolor*-Palette gestalten?

Wie viele Schichten Unterwolle hat denn so ein Hund, und wie kommt der darauf, einen monatlichen Fellwechsel durchzuführen, statt einen oder zwei jährlich, eben im üblichen Frühjahr/Herbst-Rhythmus, wie es sich gehört? Ich räume doch auch nicht zwölf Mal im Jahr meinen Kleiderschrank um! Konnte in hunderten von Jahren Beagle-Zucht nicht mal jemand auf dieses Haar-Problem eingehen?

Bei *IKEA online* hinterlasse ich eine vernichtende Produktbewertung.

Und kaufe als Nächstes einen wahnsinnig effektiven Staubsauger mit Tierhaar-Supersaugkraft.

DER kriegt dann allerdings eine positive Bewertung.

Navigieren mit Beagle

Wer jemanden wie mich bittet, etwas zu beurteilen, ist selber schuld.
Ich habe beruflich wie privat ziemlich viel mit Hunden zu tun. Viel habe ich über Hunde schon geschrieben.
Es kam, wie es kommen musste: »Frau M., Sie halten doch Jagdhunde – haben Sie nicht Lust, mal den Tracker zu testen?«
Och, klar. Wieso nicht.

Obwohl – generell habe ich zugegebenermaßen schon ein Problem mit der Intention des Ganzen. *»Ihr Haustier rennt oft weg?«* (Äh, ne-e. Ich achte nämlich drauf und bin nicht Teil einer Rundum-Sorglos-Fraktion).
Weiter im Werbetext: »Stets wissen, wo Ihr Liebling ist!« (Hm-hm. Dazu genügt mir in der Regel ein Blick an mir hinunter. Da unten, das, was mir an den Hacken klebt: Das ist ein Teil meiner Hundemeute. Das mit dem Am-Hacken-Pappen passiert freilich nur im Haus und auf dem eigenen umfriedeten Besitztum. Begibt sich die Meute mit dem Halter-Duo in Wald und Feld, kippt das ganze um. Ins Gegenteil. Das war ja auch der Grund, warum ich mich auf das Tracker-Gedöns eingelassen habe.)
Hier geht es, kurz gesagt, um Hundeortung per GPS, über das Mobilfunknetz. Man friemelt dem Haushund den Tracker ans Geschirr und entspannt, obwohl das Tier abhaut. Ich bin da skeptisch, muss ich gestehen.
Auf dem Hundeplatz habe ich schon Leute, *pardon,* Hunde, mit den weißen Kästchen am Halsband gesehen. Immer fragte ich mich, was die Hundehalter machen, wenn ihr Tier ausbüxt: relaxt mit dem Handy durch Feld und Flur wandern, bis die Positionsbestimmung gelingt? Oder gar daheim am PC sitzen, per Tracking bunte Spuren auf Google-Maps-Vergrößerungen malen und die Hundereise interessiert in Echtzeit mitverfolgen?

Wir sind da von alter Schule. Wenn einer der Hunde weg ist (Gründe gibt es zuhauf: Der Paketfahrer hat das Tor aufgelassen, beim Gassi ist der Karabiner gebrochen, das Abrufverhalten war doch nicht so gut trainiert, wie wir immer dachten, oder der Hund macht diesen komischen Stunt, wo er in Nullkommanix aus dem Geschirr ist) – oder, was auch schon vorkam und schlimmste Albträume zur Folge hatte: Zwei der Hunde sind a.K.! – aaalso: Hund weg = Panik und sofortige Suchaktion.

Bei dem hier gibt es übrigens verschiedene Editionen. Wir haben die Standard-Allerwelts-Ausführung. Die »*Jagd*«-Edition (in Flecktarn) würde uns die Sache gewisslich nur erschweren. Für die »Pink«-Edition bin ich nicht verzweifelt genug. Und Extra Large können meine Hunde vielleicht gar nicht transportieren: geht erst für Ausbrecherkings ab 20 Kilo. Auf der Packung des XL-Trackers ist ein dröge guckender Molosser.

Hm.
Zunächst lese ich mich, wie es meine Art ist, ein wenig in die Materie ein. Das Gerät verfügt über tolle Features. Das Wichtigste: Live-Tracking. Mit dieser Funktion sollte ich in Echtzeit feststellen können, wo sich mein Beagle, dieser agile Tausendsassa, gerade befindet. Die Position würde mir – alle paar Sekunden aktualisiert – per App, worldwidewebbasiert – nachgewiesen.
Zweites Feature: virtueller Zaun. Heißt: Mein Smartphone warnt mich, wenn der Beagle einen zuvor festgelegten Bereich verlässt. Ich lass das für den Moment unkommentiert, weil ich sprachlos bin, komme aber nachher garantiert darauf zurück.

Last, but not least: Positionsverlauf. Falls ich wissen will, wo der Beagle herumturnt, wenn ich nicht zu Hause bin. Die Fragezeichen in meinen Augen müssen riesig sein, aber das Teufelsgerät verspricht, mir anzuzeigen, wo mein geliebtes Tier ZUVOR unterwegs war. Also, VOR JETZT.

Hm-hm.
Gut. Tief durchgeatmet. Nähern wir uns der Sache also mit gebührendem Respekt. Samstagnachmittag. Schnee, Sonne, vier Hunde, Schleppleinen, nordhessisches Bergland. GO!
Ausgepackt & vorbereitet haben wir schon (bei der Tour wanderte die Halteklammer gleich wieder *back in storage*, mit

solchem Schnickschnack können wir nichts anfangen – Plastikklämmerchen sind nix für Jagdhunde auf Brachialtrip durchs Unterholz, höchstens was für Chihuahuas, aber wozu brauchen Schoßhunde eigentlich einen GPS-Verfolger?).

Auf der Packung ist ein Beagle abgebildet.

Wieso das denn? Offenbar ist jemand auf den Gedanken gekommen, Beagle würden überproportional häufiger weglaufen als andere Hunderassen (außer Molosser). Warum man aber auf die Lösung verfällt, dies mit einem GPS-Tracker zu minimieren, entzieht sich bislang meiner Kenntnis – weglaufende Beagle, finde ich, sollten generell vermieden werden. Und nachhause kommt der gemeine Beagle doch auch ohnehin wieder, oft sogar auf derselben Spur – ob mit, oder ohne Tracker.

Wobei die Schwierigkeit meiner unmaßgeblichen Ansicht nach nicht im Aufspüren des entlaufenen Beagles besteht: Wenn einer meiner Beagle wegläuft, höre ich ihn meilenweit. Zudem bewegt sich das Tier sehr schnell, durchschwimmt Flüsse, überquert Straßen. Würde er stehenbleiben, wenn der Tracker ihn denn im Livemodus geortet hätte?

Nö.

Ergo: Der Tracker käme mit all der Orterei gar nicht hinterher, so flink hat das Tier seine Position gewechselt! 3 Sekunden bedeuten locker 20 Meter! Wie soll ich also meines Hundes habhaft werden? Beruhigend auswirken würde sich hier höchstens, dass ich virtuell verfolgen kann, wo er gerade jagd/stöbert/entlangflitzt. Wobei er nicht viel stöbert, wenn er erstmal eine Fährte hat. Junge, ist das schwierig. Falls ich auf die Idee käme, Rundfunkwarnmeldungen abzusetzen oder Suchtruppen loszuschicken, wäre dies also durchaus von Nutzen!

Theoretisch.

Wir erinnern uns an die Erwähnung des Mobilfunknetzes. Daher auch die App.

Unser Wohnort befindet sich tief, tief in Nordhessen. Es handelt sich um ein 395-Seelen-Dorf.

Eine dieser Seelen besitzt ein mittelständisches Unternehmen von gutem, überregionalem Ruf. Wenn außer der Firma noch zehn andere Leute im Internet sind, geht bei uns nicht auch noch was. Und das ist eigentlich auch schon der Kern der Sache.

Wenn ich es richtig verstanden habe, dient mir das Gerät dazu, zu wissen, wo sich mein frei laufender Hund gerade ohne meine Zugriffsmöglichkeit aufhält.

Sprich, er ist mir unterwegs abgehauen oder hat sich unerlaubt vom Grundstück entfernt.

Bei letzterer Alternative hätte er schon mal garantiert nicht einen Tracker dabei, also: Erste Alternative ausprobieren. Die App aufs Smartphone montiert, und los.

Dann: nix.

Ich hatte es befürchtet: Wir leben in einem Gebiet mit leider sehr unzureichenden Mobilfunk-Netzen.

Deshalb war ein Test im direkten Umfeld meines Wohnortes in der beworbenen Echtzeit leider nicht möglich – was nicht an dem zweifellos ganz formidablen Gerät liegt, sondern an der leider nicht funktionierenden App, weil das Handy nämlich auch nicht funzt. Irgendwie logisch.

Wir haben es dann noch woanders probiert, in Stadtnähe (na also, da gehören Hunde auch hin, Mensch!), mit dem Ergebnis, dass der Tracker seinen Job erfüllt.

Ich kann mir vorstellen, dass den meisten von euch, die in netztechnisch gut abgedeckten Umfeldern zuhause sind, solche komischen Probleme völlig fremd sind, aber hier ist das so: In Wald und Feld hat man keinen Empfang. Weiter als 15 km zum Gassi zu fahren, fand ich dann doch zu aufwendig, zumal: Wenn dann einer der Hunde weg wäre, hätte ich ein echtes Problem, ob mit oder ohne GPS-Gimmick.

Bei mir kommt noch dazu, dass ich vier Hunde dabei habe, von denen drei sehr jagdaffin sind. Somit käme ich, da ich über gesunden Menschenverstand verfüge, niemals auf die irre Idee, sie einfach mal so, just for fun (für den der Hunde nämlich, meinen garantiert nicht!) von der Leine zu lassen.

Jagdhunde laufen für gewöhnlich schon in größerem Radius frei, sie sollen eigenständig handeln. Tun sie ja auch.

Dem zuverlässigsten der Truppe heften wir also den Tracker ans Revers.

Nachdem wir fünf Ansitze im Revier abgewandert sind, um den einen zu finden, bei dem die mobilfunkabhängige Technik

dann endlich funktioniert, war der Hund zu müde, um sich noch groß zu entfernen.
Um seinen Job zu machen, aber leider auch.
Jagderfolg: Null, weil *Hund* beim Stöbern zugeguckt – das indes wäre aber auch ohne Handy gegangen…

Akzeptanz beim Versuchshund: Mäßig, aber da fehlt eben einfach die Gewöhnung! Unsere Hunde sind klug und denken wahrscheinlich über Elektrosmog und die Sinnlosigkeit eines Dings nach, das kilometerbreite Gräben im Niemandsland der Internetlandkarte abdecken soll. Die meiste Zeit sitzt der Testhund daher auch irgendwo auf seinem kleinen Beaglehinterteil und versucht, sich in Höhe des Gerätchens am Hals zu kratzen. Oder robbt auf dem Rücken mäandernd durchs Gelände, um sich das Teil abzuschubbern. Ich sehe eh schon kommen, dass es uns in kürzester Zeit verlustig geht. Hoffentlich dann – bitte, bitte – in genau dem Planquadrat mit dem ausreichenden Handy-Empfang.

Nach einer Woche möchte der Mann vom Service eine erste Rückmeldung. Ich schildere, blumig, farbig.
Es bleibt ziemlich lange still am anderen Ende des Glasfaserkabels. Wahrscheinlich googelt er in seinem mit einer 100000er Leitung versehenen Großraumcallcenter, wo wir wohnen und ob das überhaupt noch auf diesem Planeten ist. Dann sagt er: »Okaaayyy … aber wenn Ihr Hund überfahren würde, dann könnte der Tracker doch anzeigen, wo er ist?«
   Ich: »Klar. Wenn die Unfallstelle in keinem weißen Fleck liegt.«
»Wo bringt man denn bei Ihnen die überfahrenen Hunde so hin?«
   »Zum Bauhof.«
»Und, haben die kein Internet?«
   »Doch. Aber bei meinem Glück wäre Ihr Tracker bei dem Unfall genauso zerbröselt wie mein armer Hund.« Ob ich das in die Rezension schreiben darf, frage ich. Natürlich, sagt er, sie legen Wert auf Transparenz. Na, dann. Sowas kommt von sowas.
   Empfohlen ist es der Apparat übrigens auch für Katzen. Die, habe ich mir sagen lassen, gehen gerne mal verloren, weil sie sich in Schuppen und Garagen einschließen lassen, die

Schlingel. Dafür würde ich so einen Tracker jetzt aber für irrsinnig sinnvoll halten! Nur: Je nach Art und Dichte der Bebauung funktioniert das Teil in Gebäuden nicht.

Es gibt noch viel zu tun. Macht nix, denn: Nutzen kann man das Teil auch für a) Kinder, b) Koffer.

Letzterer hat den Vorteil, dass er sich – von sich aus – nicht gar so schnell davonmacht. Und wenn er in des Kofferdiebes Hand schon im nächsten Taxi sitzt, wäre das zumindest ein filmreifes Script: *»Folgen Sie dem Taxi!«*

Kinder damit zu überwachen, finde ich eine absolut geile Idee. Als Eltern könnte man sich bequem anderen Tätigkeiten zuwenden und die lästige Kinderüberwachung, sorry, -betreuung, dem Smartphone anvertrauen. Den meisten Müttern ist das eh an die Hand gewachsen, von daher passt das gut.

Geht allerdings wieder nur bei ... rrrrichtig: Spitzenwerten beim Mobilfunknetz.

Den Mut, meine Jäger allein loszuschicken und mich im Büro entspannt ans WLAN zu setzen, habe ich leider während der Testphase nicht aufgebracht (und, ähem, auch sonst nicht). Natürlich ist es absolut klasse, dass endlich jemand GPS für Hunde erfunden hat. Jetzt müsste nur noch jemandem klar werden, dass Hunde niemals dort verloren gehen, wo man sie sowieso ganz easy wiederfindet.

Fazit: Empfehlenswert für Hunde, die höchstens zu zweit unterwegs sind, und nur bei vernünftigem Handy-Empfang.

Es sei denn, mein Hund würde an des Koffers statt entführt (man würde ihn ohnehin freiwillig in kürzester Zeit zurückbringen) oder – Gott behüte – läge überfahren irgendwo, vorausgesetzt, im Mobilfunknetzgebiet. Das bringt mich wieder an den Anfang ganzen Überlegungen: Wieso sollte ich dem Ding die Verantwortung für die Sicherheit meiner Hunde anvertrauen?

Dabei fällt mir wieder die Sache mit dem virtuellen Zaun ein. Na ja, es gibt schließlich auch Menschen, die mittels eines Halsbandes ihren Hunden Schocks versetzen., weil sie zu faul oder zu doof sind, ihren Vierbeinern gewisse Regeln zu vermitteln.

Wir leben in einer sehr seltsamen Welt.

Spaziergang mit Beagle, Part 2

Unterwegs mit vier Beagles. Kinder auf dem Weg. Neugieriges Herankommen. Mikey erschrecken. Georgia am Schwanz ziehen. Gespräch:

Sind das alles deiiine?
(nonchalante Kopfbewegung) Neee, die kann man sich da drüben ausleihen.

Wie heißen diehie?
Keine Ahnung, da musst du sie schon selber fragen.

Warum schnuppern die überall dran ruhum?
Das ist kein Schnuppern, sondern die fragen die kleinen Käferchen nach dem
richtigen Weg.

Und was können die noch so?
Also, der hier macht bei uns in der Firma die Buchhaltung. Und diese hier hat gerade den ersten Preis bei Curvy Supermodel gewonnen. Aber der andere da zockt zuhause den ganzen Tag an der PS4, das ist echt zum Verzweifeln…

Warum sind die so buhunt?
Soviel Fell gab's nicht mehr in einer Farbe.

Aber die sehen alle gleich aus!
Echt? Mist. Das ist ja Betrug.

Warum fressen deine Hunde Grahas?
Das sind keine Hunde, sondern ganz kleine Kühe.

Und warum haben die eine Leine an?
Sie würden sonst wegfliegen, wie Schmetterlinge.

Der da bellt aber!
Tja, Fremdsprachen werden eben immer wichtiger.

Also, du LÜGST doch! Ich hasse Erwachsene! Und Kühe!

Warum Beaglehalter die besseren Menschen sind

Der Beagle ist kein Hund, mit dem man repräsentieren kann.
Er läuft grunzend neben dir her, die Nase auf dem Boden, sieht nach einer Runde durch den Januarwald aus wie ein Schwein und verhält sich auch so.
Augenblick, *brrr*, retour: »Läuft neben dir her« stimmt nur bedingt. In der Regel ist er, die 12 Meter Schleppleine ausnutzend bis zum letzten Millimeter, irgendwo satelliten-, trabantengleich in deiner Nähe.
(Könnte schön sein, sich so als Sonne fühlen. Wenn man denn die Sonne wäre. Zentralgestirn ist man bei einem Beagle aber nur, wenn man zufällig eine Hühnerkeule in den Fingern hält. Ansonsten ist der Beagle nämlich seine eigene Sonne.)
Ab und zu gibt er einen durchdringenden Laut von sich, der dir das Blut in den Adern gefrieren lässt (und den Anwohnern und Autofahrern im Umkreis von 3 km genauso. Gelegentlich spricht man dich an: »Was ist denn eigentlich mit Ihrem Hund? Quälen Sie den?«, und mustert dich dabei so komisch, als würde man gern mal in deinen Keller gucken, mit einem Nachtsichtgerät auf der Stirn, wie Clarice Starling im Lämmerfilm, wo der Typ das Mädchen in der Grube ... hm, lassen wir das).

Hübsch ist er ja, der Beagle.
Böse Zungen behaupten, die würden alle gleich aussehen, was natürlich keineswegs stimmt, aber erklären Sie das mal einem Dackelclub-Premiumhundebesitzer! Nur die Frage *»ist das noch ein Welpe?«*, geht mir zunehmend auf die Nerven. Der Hund ist 8 Jahre alt!
Am Beagle ist ein Hamster verloren gegangen. Das Körbchen sieht aus wie der durchschnittliche Einkaufswagen einer bundesdeutschen Großfamilie an Wochenenden: Von

Toilettenpapier bis zum Bifi ist alles drin. Kann dieses Tier wirklich davon ausgehen, dass es hier in die Nähe des Hungertodes kommt? Was stimmt in diesem hübsch dekorierten, butterblumenfarbenen Oberstübchen nicht? Nach den ganzen Jahren bei uns könnte er dieses Pansen-Teilen-Trauma nach der Meutejagd (= automatisch davon auszugehen, zu kurz zu kommen) doch langsam abgelegt haben! Hier gibt es keine vierzigköpfige Konkurrenz, alle ähnlich verpeilt! Nur drei!
Abgesehen davon gibt es bei uns gar keinen ganzen Pansen. Ich schneide ihn immer in handliche Stücke, kann man auch noch gut dran zerren, aber die Chancen sind größer, dass nicht einer allein alles wegschleppt.

Um mit einem Beagle mithalten zu können, brauchen Sie a) gutes Schuhwerk, b) gesunde Knie, c) austrainierte Arme. Hilfreich wäre ein guter Wurfarm, der könnte die ruckartigen Bewegungen vielleicht kompensieren. Wenn Sie zum Beispiel jahrelang eine Handballmannschaft zur Meisterschaftsreife trainiert haben, sind Sie gut geeignet. Warum das jetzt? Na, weil Ihr an der Schleppleine geführter Beagle gewisse Herausforderungen birgt.
Der rammt seine neunzehn Kilo so unvermittelt in den Boden, dass es eine gewisse Mannstoppwirkung hat. Wie schon an anderer Stelle ausführlich beschrieben: Träumerisch-sorglos durch die Gegend flanieren ist mit dem Beagle nicht.
Haben Sie schon einmal gesehen, wie ein Dummy auf den Prellbock knallt? So hält der Beagle in seinem Lauf inne, sobald die winzigste Ahnung einer Spur seine Nase kreuzt.
Klar kann man einen Beagle erziehen. Es erfordert nur ein bisschen mehr Aufwand als bei vielen anderen Hunderassen. Von Ihnen verlangt das bestimmte Eigenschaften. Nicht unähnlich denen eines *Drill Sergeants* auf Parris Island, wenn Sie wissen, was ich damit sagen will. Und Sie dürfen niemals nachlassen in Ihrer Aufmerksamkeit!!

Als Beaglehalter sind Sie der Paranoia so nah wie mit keinem anderen Hund. Ständig befragen Sie sich intensiv: Ist der Zaun hoch genug? Ist der Zaun dicht genug? Kriegt der Hund genug Bewegung? Ist er ausgelastet? Ist er zu dick (= größte

Todsünde, die ein Beaglebesitzer überhaupt nur begehen kann, absolut unverzeihlich)? Wie gewöhne ich ihm das Jagen ab? Sind das da hinten Hasenohren am Waldrand? Und habe ich überhaupt das Vorhängeschloss am Kühlschrank wieder zugemacht? Für Beagle sind Regeln das, was Geschwindigkeitsbegrenzungen für manche Autofahrer bedeuten: freundliche Empfehlungen, keineswegs bindend.

Ich mache mir gerne mein eigenes Bild von den Dingen.
Wenn die Wettervorhersage Panikrunden dreht und behauptet, die infernalische Hitze wäre eine gefährliche Dürreperiode, und die winterlichen minus 15 Grad führten *stante pede* in die nächste Eiszeit, das morgendliche Februarglatteis sei eine nationale Katastrophe und überhaupt wäre das doch alles nicht mehr normal – dann höre ich mir das an, mache mir aber mein eigenes Bild und passe mein Handeln dann gegebenenfalls an.
   Das nennt man gesunden Menschenverstand und Urteilsfähigkeit.
So war das auch beim Erwerb meines ersten Beagles, einem Welpen: Ich hörte es mir an, sah den Leuten eine Weile zu und glaubte zu wissen, worauf ich mich einließ. Gut, dass wir den als Welpen schon hatten. Das entschädigt für vieles. Und stählt einen bei allem, was noch kommt.
   Beagle Nr. 2, eine ehemalige Zuchthündin aus dem Labor, potenzierte dann alles.
Beagle Nr. 3… ach nö, über Mike verlieren wir besser nicht noch mehr Worte. Mike ist ein waschechter Jagdhund, eingereist aus Ungarn, eine Katastrophe auf vier schneeweißen Beinen.
Unsere Hunde sind sozialverträglich. Man kann mit ihnen auf die Straße gehen. In 70% der Fälle machen sie, was sie sollen. Okay, in 60.
Man kann sagen, nach fünfzehn Jahren Beagle kennen wir uns annähernd aus. Im Kompromisse machen sind wir echt top und sozial daher äußerst begehrt!
   Man kann sagen, der Beagle verbessert unseren Charakter.

Beagle allein zu Haus

Wozu genau wollten Sie eigentlich Ihren Hund? Ach, zum Beispiel, damit sich jemand freut, wenn Sie nach Hause kommen. Wie schön. Für Sie.
(Achtung, Warnhinweis: Leider wollen die meisten Leute nur seichte Unterhaltung. Wer es also nicht ertragen kann, schriftlich mal ordentlich zusammen gefaltet zu werden, darf diesen Text überblättern.)
So. Sie haben also einen Hund und sind, genau wie Ihr Partner, berufstätig. Morgens verlassen Sie, nach einer kurzen Runde um den Block, das Haus und fahren zur Arbeit. Irgendwann im Laufe des Tages kehren Sie zurück. In Gedanken sind Sie beim Haushalt, bei allem, was sonst noch so zu tun ist, und – huch, einkaufen müssen Sie ja auch noch. Dann treffen Sie, rechtschaffen erschöpft, wieder zuhause ein.
Es erwartet Sie: Ihr Hund. Natürlich handelt es sich um einen Beagle *(grundsätzlich passt der Text aber auch auf die meisten anderen Hunderassen, aber schließlich ist das hier ein Beaglebuch).*

Selbstverständlich freut sich das Tier, wenn nach acht Stunden – häufig sind es noch mehr – mal jemand kommt. Schnell eine Stunde Gassi, und dann möchten Sie nach dem langen Arbeitstag bitte endlich Ihre Ruhe. Und verlangen von Ihrem Hund, sich auch ruhig zu verhalten. Immerhin war man ja grade erst draußen. Er soll sich jetzt also auch die nächsten acht Stunden möglichst arbeitnehmerfreundlich benehmen.

Schauen sie in die Augen Ihres Hundes, wenn Sie, mit den Gedanken wahrscheinlich schon im Büro, das Haus verlassen. Er weiß nicht, wann und ob Sie wiederkommen. Er beobachtet, wie Sie sich ankleiden, vielleicht eine bestimmte Tasche nehmen, oder Vorbereitungen für Ihren Berufsalltag treffen. Er weiß ganz genau, dass Sie nun gehen werden und vor ihm eine lange Zeit ohne Sie liegt. Vielleicht steht er Ihnen jetzt im Weg herum, weil er Aufmerksamkeit will, die Ihnen gerade sehr lästig ist, oder er trollt sich resigniert in seinen Schlafkorb. In den Augen meines Hundes steht die nackte Panik, wenn ich gehe. Ja, er kann ein paar Stunden allein sein. Er macht nicht in die Wohnung und macht auch nichts kaputt. Jetzt fragen Sie sich, wo eigentlich dann das Problem ist.

Was machen Sie denn so, wenn Ihnen langweilig ist?
Ihr Hund kann nicht mal eben zum Buch greifen oder ein bisschen auf dem Smartphone daddeln. Er kann sich noch nicht mal ein Eis aus dem Kühlschrank holen, wenn ihm danach ist. Er ist Ihnen und Ihrer – vermutlichen – Rückkehr gnadenlos ausgeliefert. Wenn Sie einen gut erzogenen Hund haben, wird er nicht in die Wohnung pieseln oder kacken. Auch nicht, wenn er Bauchweh hat oder Durchfall hat. Es sei denn, es geht wirklich nicht anders. Dann begrüßt er Sie mit deutlich schlechtem Gewissen, und wird vermutlich auch gleich ordentlich geschimpft für die Unverschämtheit, Ihnen noch mehr Arbeit zu machen.

»Er kann doch schlafen!«, sagen Sie. Logisch. Aber wie viel Schlaf braucht denn ein unausgelasteter Beagle Ihrer Meinung nach? Manche Hunde haben wenigstens das Glück eines Aussichtsplatzes (Fensterbank, Terrasse o.ä.). Ihrer auch? Ja, aber Sie gehen doch jedes Wochenende mit dem Hund richtig weit und treffen sogar andere Hunde. Das zeugt von gutem Willen, aber manchmal ist diese ganze Beaglebespaßung nur Alibi. Soll der Hund dann die ganze Woche von drei Stunden Toben zehren, oder wie stellen Sie sich das vor? Bei einer Laufleistung von nur 90 Minuten täglich ergeben sich 547,5 Stunden pro Jahr, die Sie allein für die Gassirunden mit Ihrem Vierbeiner aufwenden müssten.
Das sind 3285 km pro Jahr und eigentlich die Mindestmenge. Haben Sie die Zeit dazu?

Hunde planen nicht und leben im Moment. Bei einer Abwesenheitsdauer von acht Stunden am Tag sind das 28.800 Momente (=Sekunden), die Ihr Hund allein füllen muss.

Die meisten Beagle sind nicht nachtragend. Aber anpassungsfähig wie Chamäleons! Das verwaiste Tier hat grundsätzlich zwei Möglichkeiten, sich über den ereignislosen Tag zu retten. Brav die Pfoten stillhalten und sich ins Schicksal fügen, oder: sich eine Beschäftigung suchen. Will heißen:
Zeug kaputt machen. Was wundert Sie daran, wenn bei Ihrer Rückkehr die Tapete nicht mehr an der Wand hängt? Die Tür

seltsame Kratzer und das Sofa so komische Löcher hat? Hausrat überall verteilt ist? Pumps zu so etwas Ähnlichem wie Sandaletten mutiert sind? Es gibt Hunde, die in einigen unbeaufsichtigten Stunden ganze Wohnungen auflösen, und ich muss sagen: Recht so. Wehrt euch. Man muss sich nicht alles gefallen lassen!

Und dann ist das Mittel der Wahl die Box (den Tipp haben Sie bei Facebook erhalten, von anderen vollzeitbeschäftigten Hundehaltern).

Wenn Sie jetzt nicken und bestätigen, dass Sie Ihren Hund über Stunden in eine wie auch immer beschaffene Box sperren (mit einem Schälchen Wasser, Sie sind ja kein Unmensch), hetze ich Ihnen jetzt sofort den Tierschutz auf den Hals.

Nicht ganz genauso doof, aber ähnlich daneben ist übrigens die Idee, den Bewegungsradius des Hundes auf ein einziges Zimmer zu beschränken. Am besten das Badezimmer. Was soll er da machen? Die Fliesen zählen? *Leute!*

Ich behaupte: Ein großer Teil aller in Deutschland gehaltenen Hunde ist suboptimal untergebracht. Wie das kommt?

Falsche Angaben, Interesselosigkeit, Egoismus, mangelndes Wissen und mangelndes Verständnis. Kein vernünftiger Tierschutzverein und auch kein Züchter vermittelt Hunde an Menschen, die den ganzen Tag weg sind. Aber Hunde kann man an jeder Ecke bekommen, und manchen Hundeverkäufern ist es schlichtweg egal, was aus dem Tier wird.

Ihr Hund fühlt sich nicht gut, wenn er allein ist. Er hat nicht das Bedürfnis, allein zu sein, allein zu schlafen, allein die Wände anzuheulen. Alles, was er will, ist, dass Sie bei ihm sind.

Für Ihren Beagle, den Meutehund, der schon rein genetisch keinesfalls allein sein möchte, wird Ihre Wohnung während seiner Einzelhaft zu *Chateau d'If*.

Natürlich können nur die wenigsten Menschen rund um die Uhr bei ihren Haustieren sein. Es ist völlig in Ordnung, solange Ihr Hund damit klarkommt. Dies tut er, wenn er grundsätzlich fähig ist, mal allein zu Hause zu sein, und wenn er sich vorher und nachher auspowern darf, so dass die nachfolgende Ruhe ein Gewinn für ihn ist, keine Strafe. Es ist sehr sinnvoll, menschliche Abwesenheit zu trainieren.

Als Hundehalter (oder Alleinerziehende, die sind auch dafür prädestiniert) hat man schlechtes Gewissen und Unentspanntheit quasi serienmäßig. Wie erleben Hunde das, wenn plötzlich jemand fehlt? Wenn das Leben, die Routine, eine andere ist?
Ich würde ihnen gern sagen: Ich komme immer zurück. Wissen meine Hunde das? Dass ich immer zurückkomme? Auch wenn es länger als einen Tag dauert?

Die andere geniale Idee ist: ein zweiter Hund. Damit wären die beiden dann acht Stunden zu zweit allein. Top!
Immer vorausgesetzt, dass die beiden sich gut leiden können *(falls nicht, erübrigt sich der Plan, es sei denn, Sie können damit leben, dass am Ende nicht nur die Wohnung zerlegt ist, sondern auch der Hund)*.
Was dem einen an kreativen Beschäftigungsideen fehlt, macht der andere locker wett. Abgesehen davon macht Unsinn zu zweit viel mehr Spaß. Einer allein ist vielleicht duldsam, aber zwei Beagle bilden die kleinste taktische Einheit – und arbeitsteilig lässt sich auch viel mehr anstellen!
   Ob Ihr Hund gedeckte Tische oder Küchenarbeitsplatten abräumt, Vorräte plündert oder Kleidungsstücke, Schuhe und Kinderspielzeug zerfetzt, liegt in Ihrer Hand.
Beagle erziehen zur Ordnung und zur Umsicht. Langeweile führt zu Kreativität und Habenwollen zu besonderen Lösungen. Dabei muss es nicht zwingend um offen herumstehendes Mittagessen gehen.
   Bei dem Objekt der Begierde kann es sich durchaus um ein winziges Stück »irgendwas« handeln, das Sie vor Wochen mal kurz in ihrer Designerhandtasche zwischenparkten und das natürlich längst verspeist ist.
Schade um die schöne Tasche, die Sie dummerweise an Ihrer Flurgarderobe präsentiert hatten.
Ihrem Beagle war a) nicht klar, dass der Wert seinen eigenen Anschaffungspreis um das Vielfache übersteigt, und b) es war ihm im Angesicht des drohenden unmittelbar bevorstehen Hungertodes egal.
Zwei Hunde bestärken sich in ihren Vorhaben und gucken sich in Nullkommanichts eine Menge voneinander ab.

Insofern wäre es von Vorteil (für Sie), wenn es sich bei Ihrem Hund Nr. 1 um ein wohlerzogenes, eher wenig lösungsorientiertes Exemplar handeln würde.

Vermutlich ist das aber nicht der Fall, sonst hätten Sie ihm ja zum Zwecke des unfallfreien Alleinbleibens keinen Kumpel an die Seite gestellt.

Sie haben Hunde. Sie müssen Ihren Lebensunterhalt verdienen. Das kann man miteinander vereinbaren, die Frage ist nur, wie.

Es ist nicht so, dass Ihre Hunde Sie ausgesucht hätten, sondern eher umgekehrt. Aber jetzt sind Sie ihre Sonne. Rappeln Sie sich auf und finden Sie eine Lösung, die Ihnen beiden behagt. Viel Glück!

Spaziergang mit Beagle, Part 3

Ein sehr schöner, sehr heißer Sommertag neigt sich seinem Ende zu. Allmählich versinkt die Sonne, und drei Beagle & ich drehen, nach des Tages Hitze, eine ausgiebige Runde am Flussufer entlang.
Es ist ein Fest für die Sinne: sonnendurchwärmte Steine und kühles, grünes Gras, es duftet nach Heu und dem gerade abgeernteten Weizenfeld, dessen warmes Korn die Bauern nebenan auf einem niedrigen Wagen lagern.
Am Wegesrand wachsen süße Himbeeren, und späte Kirschen fallen einem von den Bäumen fast in den Mund.
Die Eder plätschert als Hintergrundmusik vor sich hin. Eine leise Abendbrise frischt auf. Drei Beagle schnüffeln und schnuppen, was das Zeug hält. Ab und an verschwindet einer im hohen Ufergras, taucht aber baldigst wieder auf, um den Anschluss an die beiden anderen nicht zu verlieren.
Sehen Sie es vor sich? Hören Sie es? Toll, oder?
Es ist ein TRAUM von einem Spaziergang!
   Abwechselnd futtere ich Kirschen und Himbeeren, und Buddy bringt mir einen Fisch.

------------------------------- FISCH? -------------------------------

(Wäre dies keine Geschichte, sondern ein Film, würde die Musik jetzt mit so einem kreischenden Missklang abreißen, bei dem sich einem die Nackenhaare aufstellen und man reflexartig nach der Hand des Partners greift).
»Aber Buddy, woher hast du denn die Forelle?« *(Ich weiß eigentlich schon, dass man nicht in ganzen Sätzen mit seinem Hund reden muss.)*
Buddy rückt das Flossentier erstmal nicht raus. Es ist von recht ordentlicher Statur, finde ich, und ausgenommen.

Gibt es bei uns in der Eder küchenfertigen Fisch?, überlege ich. Rico, der über die Sommerferien bei uns als Pflegehund zu Gast ist, erscheint, mit einem breiten Hundegrinsen im Gesicht, und versucht Buddy den Fisch abzuluchsen.
Georgia interessiert sich nicht für Beutegut und tut so, als hätte sie mit der Sache nichts zu tun. Sie schnuppert an einem Mauseloch.
Mein Blick wandert dahin, woher Buddy sich zuletzt materialisierte: aus dem Schilfstreifen. Außer dem Schilf ist da bei genauerem Hinsehen noch ein Hut zu erkennen, der sitzt auf einem Kopf, und der Hut ist so eine Anglermütze, und der Kopf gehört zu einem Angler.
Mir schwant Böses.
Ich erwäge kurz, in Georgias Mauseloch zu verschwinden, besinne mich aber letztlich meiner hundehalterlichen Obliegenheiten.
Mit dem toten Forellentier, welches ich dem Beagle nach etwas Überzeugungsarbeit abnehmen kann (hinter den Kiemen fehlt ein Stück, die silbrigen Schuppen kleben auf Buddys Nase), in der Hand begebe ich mich zu dem friedlich am Gewässerrand auf einem Klappstühlchen vor sich hin angelnden älteren Herrn, den ich höflich begrüße.
»Verzeihen Sie bitte, fehlt Ihnen vielleicht ein Fisch?« Der Angler wirkt verwirrt, sein Blick wandert zum Boden, wo auf einem Geschirrtuch noch drei ähnliche Fischlein, allerdings mickriger als meiner, zu sehen sind.
»Ähhh...«, sagt er, »gut möglich. Warum denn?«
Ich deute etwas verschämt zunächst auf das Beutegut und dann auf den Hund, den diebischen.
Buddy freut sich offenbar sehr, die anderen Fische wiederzusehen und läuft schwanzwedelnd auf die Attraktion zu.
Des Anglers Gesicht scheint sich zu verfinstern. Er sieht mich sinnend an. Ich ducke mich ein bisschen, in Erwartung des fälligen Donnerwetters, nebst Blitzschlag.
Aber er legt seelenruhig sein Sportgerät hin, beugt sich herab und fährt Buddy über den Kopf, was der sich – das Wedeln beschleunigt sich – gern gefallen lässt.
Spontan schließt sich Rico an und will auch gestreichelt werden.

Dann, unfassbar, lobt der Petrijünger Buddys guten Geschmack, und grinst.
Ich biete dem Mann an, die gestohlene Forelle zu ersetzen, aber er lehnt lachend ab und sagt, er könne ja froh sein, dass die lautlos sich anschleichende Hunde-Diebesbande nicht sein Pausenbrot hat mitgehen lassen. Und: Nun hätte er beim Stammtisch aber was zu erzählen!
Und ich erst.

Wir behalten also die Fischleiche also erst mal.
Ich verabschiede mich unter gefühlt sieben Millionen Entschuldigungen, der Mann setzt sich kopfschüttelnd (und grinsend) wieder auf seinen Klappstuhl. Das Tuch mit dem restlichen Fang zieht er ein Stückchen näher zu sich heran, sehe ich noch.
Zügig entfernen wir uns. Rico hebt noch das Bein an des Anglers Pkw, der ein Stückchen weiter am Feldweg parkt. Ich bin sehr nahe an einem unheilbaren Lachflash.
Bei nächster Gelegenheit entsorge ich die Forelle, die ja übrigens völlig umsonst, sprich sinnlos, gestorben ist (da sie nun ihrer weiteren Bestimmung als leckere Gourmetkreation a là *Forelle blau* oder gar *Müllerin Art* nicht mehr zugeführt wird), da ich sie ungern die zwei Kilometer nach Hause tragen möchte. Die Hunde haben längst andere Interessen.
Also entledigen wir uns des Fisches während einer den Umständen und der Situation angemessenen Eder-Seebestattung und gelangen ohne weitere Zwischenfälle, aber verspätet, nach Hause.
Auf dem Weg dorthin gehen mir diverse Erklärungsansätze durch den Sinn: Ist Buddy womöglich ein verkappter Polizeihund? Will er wildes Angeln unterbinden, gar den Angelschein kontrolliert sehen?
War der Vorfall letzthin, als die Nachbarskinder wild mit den Armen fuchtelnd und quietschig plärrend getanzt haben und Rico, einem tiefsitzenden Beschützerinstinkt folgend, regulierend einschritt, was zu viel Geschrei (der Kinder) und haltlosen Beschimpfungen (der Mütter) geführt hat, ebenfalls unter einem präventiven Aspekt zu beurteilen?
Fürchtete das intelligente, weltgewandte und offenbar äußerst friedliebende Tier gar ein Körperverletzungsdelikt?

Sicherte Buddy nur Beweise, um den Mord an einem Fisch aufzuklären? Oder fühlten sich Buddy und Rico zu unmittelbarer Sanktionierung der vermuteten Untaten berufen? Kann noch jemand meinen Gedankengängen folgen?

Der oben geschilderte Vorfall ist wahr!
Ich kann im Bedarfsfall Zeugen, Geschädigte(n) und Autokennzeichen nennen.
Ich verspreche, ich geh jedem Angler auf Monate aus dem Weg!
Und ich SCHWÖRE, dass ich nie, nie, nie wieder ohne Kamera das Haus verlasse.

Dominium Terrae

Ich gestehe, dass ich mittleren Alters bin, knapp eins achtzig groß und etwas übergewichtig *(dank täglicher dreistündiger Hunde-Gaudi im Wald aber fast alles Muskeln, und schwere Knochen).* All diese intimen Daten müssen Sie wissen, denn das wirklich brisante ist: Ich habe vier Hunde, und drei Viertel davon besetzen nicht nur Couch und Sessel, sie schlafen sogar im Bett.
Es ist ein großes Bett. Im Laufe der Nacht füllt es sich auf erstaunliche Weise.

Hans liegt meistens schon drin. Er pflegt sich am Kopfkissen zu orientieren und bettet sein schmales Haupt gern an mein Schlüsselbein, oder, bei einem Seitenwechsel, zwischen meine Schulterblätter. Dann seufzt er, als wollte er sagen: Endlich Feierabend! Hans darf das, er macht nie etwas kaputt und hat höchsten Respekt vor dem Eigentum anderer. Das bezieht sich jedoch nicht auf:
 - Lesezeichen
 -Papiertaschentücher.
In Rekordzeit ist mein schönes Lesezeichen aus edlem Leinenpapier ein Haufen Konfetti. Na ja. Lesen im Bett ist nur so eine Angewohnheit und geht grundsätzlich auch ohne leinenpapierne Lesezeichen. Und die klitzekleinen Schnippel auf dem Kopfkissen sind ja auch schnell wieder weggesaugt, auch um Mitternacht.
 Buddy sitzt meist eine Weile verschämt vorm Bett, als müsste er sich den Eintritt noch mal überlegen. Schließlich hebt er die Pfote, und kratzt. Es ist ein Geräusch, das zu nachtschlafender Zeit ein wenig irritierend ist. Ich bitte ihn herauf. Mangelnde Konsequenz hat einen Namen. Aber mit meinen Initialen fängt der nicht an! Und die Konsequenz, die mangelnde, hat sogar eine Gestalt: Bei uns ist es die eines flachen, runden Hockers. Über diesen erklimmt Buddy das Bett. Ohne zu zögern begibt er sich unter die Bettdecke, auch im Sommer, und rollt sich in

meinen Kniekehlen zusammen. Zweieinhalb Sekunden später schläft er wie ein Stein und schnarcht zum Gotterbarmen. Bis es ihm zu warm wird. Dann kriecht er japsend hervor und verlagert seine 18 Komma 5 Kilogramm *auf* die Decke, meist so, dass ich mich nicht mehr bewegen kann. Da liegt er dann wie festzementiert, bis es ihm wieder beliebt, unter das Deckbett zu müssen. Dies zeigt er durch beharrliches Stupsen mit der Nase an. Uhrzeitunabhängig, natürlich. Träumend, mit wild zuckenden Pfoten, schnarchend und schnaufend verbringt Buddy die Nacht. Mal auf, mal unter der Decke.

Interessant wird es, wenn mir nach einer Wärmflasche ist, was gelegentlich vorkommt. Buddy begreift die Wärmflasche sofort als seine eigene und legt sich bäuchlings drauf. Natürlich heizt sich der Beagle schnell auf und robbt keuchend aus dem Bett. Eine Unruhe ist das bei uns!

Mike indes ist der Typ für Kurzbesuche. Er platziert sich zu Beginn der Nacht mitten im Bett, damit man ihn nicht versehentlich übersieht. Natürlich führt solche Okkupation zu Unmut bei der Besitzerin des Bettes.

Früher oder später zieht der Mike von dannen, in eines der Hundebetten, die es in diesem Haushalt ja schließlich auch in nicht geringer Anzahl gibt.

Mikey ist ein ernsthafter Beagle. Er befürchtet immer irgendwo Ärger. Neben der abendlichen Stippvisite ist er eher ein Morgenkuschler. Frühmorgens lungert er plötzlich an der Bettkante herum, fiept leise, was nervtötend ist und geeignet, den tiefsten Schlummer zu durchdringen. Auf meine schlaftrunkene Handbewegung hin entert er dann begeistert die Kiste.

Er kreiselt ein paarmal um sich selbst, dann lässt er sich tief seufzend neben mir nieder. Indem er mir seinen muskelbepackten Allerwertesten in die Magengrube rammt. Seine Ohren hängen über die Bettkante. Ich rücke ein Stück zur Seite, wobei ich mich zwischen Buddy und Hans einfädeln muss. Buddy fühlt sich gestört und knurrt. Ich murmele eine Entschuldigung.

Wie kleine Satelliten drapieren sie sich um mich herum, die Beagletiere. Aus einer Vogelperspektive oder für zufällig vorbeikommende Besucher *(letztere sind in meinem*

Schlafzimmer eher selten) mag das malerisch aussehen. Wenn man sich mich wegdenkt, ist es ein richtiger George Stubbs. In 3-D.
Als Protagonist mitten im Geschehen ist es eher unbequem. Ich bin nämlich mitnichten eine schlangenmenschgleiche yogabegabte *Beyoncé*. Aber auch keine *Beth Ditto*! Eher schon eine *Adele*. Also, was die Körperform anbelangt. Singen kann ich nicht. Buddy sägt vor sich hin. Wieso duldet man einen schnarchenden Hund in seinem Bett? Meinem Mann widerfuhr als Konsequenz allnächtlichen Schnarchens, dass er ein Zimmer ein Stück weiter den Flur runter beziehen musste. Wieso ist Hundeschnarchen eigentlich nicht so nervtötend wie Partner-Schnarchen? Und wieso sind alle Hunde immer bei mir?

Hunde lernen durch Nachahmung. Das ist mir spätestens seit Mikes Nummer mit der Futterschüssel klar. Wir pflegen das hochwertige, ausgewogene Trockenfutter in kleinen Plastikschüsselchen vom schwedischen Möbelkaufhaus zu servieren. Irgendwann fing Georgia an, das – gefüllte – Behältnis an einen Ort zu tragen, der ihr besser gefällt. Buddy, die Intelligenzbestie, imitierte dieses Kunststück nach kurzer Zeit. Gestern habe ich auch Mike dabei erwischt, der weitaus unerschrockener, auf eine männlich-lässige Weise, die Schüssel verschleppt. Prompt ließ er seine Beute fallen. Zweihundert Gramm Hundefutter, malerisch in der halben Wohnung drapiert, sind übrigens toll unter nackten Fußsohlen.

Also schleppen bei uns drei Hunde konzentriert Futterschüsselchen von Ikea durch die Wohnung. Damit muss man erst mal klarkommen. Buddy ist schon einen Schritt weiter und versucht, damit ins Bett zu klettern. Die Schüssel neigt sich.
Manchmal kommt es mir vor, als ob ich bei den Hunden wohne, nicht umgekehrt.

Hündin Nr. 2, eine respektable, stattliche Beagledame, betrachtet sich das Schauspiel aus ihrem Hundekorb heraus und scheint sich ihren Teil zu denken. Sie zieht ihr behagliches *Knuffelwuffel* dem Treiben im großen Bett vor, bis auf wenige Ausnahmen. Je nach Wetter und Mondphase klettert auch Georgia ins große Bett. Wenn sie geruht, im Bett zu nächtigen, tut sie es auf einem bevorzugten Platz: Lang hingestreckt an der Wand liegend. So verbindet sie die relative Kühle der Wand mit der muckeligen Wärme, je mehr man sich der Mitte des Hundeschlafparadieses nähert. Wenn Georgia neben mir liegt, was zum Glück nicht allzu oft vorkommt, ahne ich, wie sich Leute mit Bernhardinern fühlen müssen. Und immer ist Georgia in Reichweite meiner Hand. So, dass sie diese unverzüglich mit der Schnauze anstoßen kann, sollte ich für zwei Sekunden nachlässig werden und vergessen, sie zu streicheln. Ich kann auch im Schlaf streicheln!

Meine Hunde haben Angst, dass ich mich in Luft auflöse, wenn sie nicht unmittelbar an meinen Hacken kleben. Deshalb müssen sie mich permanent überwachen. Das sind keine Hunde, sondern Glucken. Helikopter. Meine Mutter könnte früher immer nicht schlafen, wenn ich noch unterwegs war. So sind meine Beagle auch.

Ungefähr alle drei Tage erkläre ich ihnen, dass das so nicht geht. Betten sind für Hunde nicht gedacht, wozu schließlich hat man eine schillernde Kollektion ausgefeiltester Hundekörbchen erdacht, mit orthopädischen Matratzen, erhöhten Rändern zum Kopfdrauflegen, komplett waschbaren Bezügen und was nicht alles! Meine Hunde schauen mich während dieser Ansprache ernst und aufmerksam an. Sie scheinen Verständnis für mich zu haben und es sieht aus, als ob sie bedächtig nicken. Dann dreht sich der erste um und hüpft ins Bett.

Man sagt, Hunde brauchen im Durchschnitt 2500 Wiederholungen einer Übung, bis sie sitzt. Wir sind bei den meisten Basisübungen ungefähr bei Einheit 4286 und machen unverdrossen weiter. Nur das mit dem Bett, das hat bei allen meinen Hunden schon beim zweiten Mal und ohne jeden Abzug in der B-Note geklappt.

Warum ich so verpennt aussehe, fragt der Mann an meiner Seite morgens interessiert.

Schlaf wird wirklich überbewertet.

Schäferhunde e.V.

Vorweg möchte ich sagen, dass ich wirklich alle Hunde mag. Ich mag sogar besonders gern richtig große Hunde! Definitiv habe ich nichts gegen Schäferhunde und kenne ganz tolle Schäferhunde mit ganz tollen Besitzern! Aber mein Herz gehört den Beagles. Auch, wenn ich mir manchmal wünsche, meine Hunde würden so gut hören wie Schäferhunde.

Unsere Spaziergänge teilen wir uns gern ein bisschen auf. Dies hat den Sinn, dass wir nicht allzu häufig die gleichen Wege gehen, auf dass es mir und der Hundemeute nicht langweilig werde.

Vormittags gehen wir zumeist innerhalb unseres Wohnortes, auf unterschiedlichen Strecken, Gassi. Nachmittags packe ich die Hunde ins Auto, und wir begeben uns woanders hin. Gestern beispielsweise haben wir einen Weg durch Wald und Feld bei B. zur Wanderung auserkoren.

Dieser hat als besonderes Highlight, dass sich in der Nähe ein Hundeplatz befindet, auf welchem u.a. an den Samstagnachmittagen trainiert wird. Schon mehrmals hatten wir Gelegenheit, das Training zu beobachten.

So auch gestern.

Bereits bei der Anfahrt, an dem Hundeplatzgelände vorbei, beeindruckt mich einmal mehr die Geräuschkulisse. Die Hunde, die in den Anhängern auf ihren Einsatz warten, sind mucksmäuschenstill. Auf dem Platz jedoch herrscht ein Gedöns, das jedem Kasernenhof zur Ehre gereichen würde. Aber dazu komme ich noch. Mehrmals.

Wir fahren vor. Also, ein Stück weiter Richtung Waldrand, dort ist ein Parkplatz.

Dieser hat den Vorteil, dass er oberhalb des Hundesportgeländes gelegen ist, so dass man beim Hantieren am Auto einen vorzüglichen Blick auf das Trainingsgelände der Hundesportfreunde hat.

Was weniger mich betrifft, da meine Neugier sich bezüglich der Schäferhunde in einigermaßen überschaubaren Grenzen hält, als vielmehr meine Hunde.
Die verfolgen nämlich jede Bewegung der Schäferhund-Kollegen mit Argusaugen (und manchmal auch etwas Murren. Manchmal auch mit Gebell. Auch dazu später mehr).
Wir sind also vorgefahren. Kofferraum auf, drei Beagle hechten (natürlich nach vorheriger Erlaubnis, klaro, ja was denn!) raus. Orientieren sich kurz: *aha!* Cineplex, Open-Air-Kino Hundeplatz. Stellen sich auf, Blick zum Platz. Wedeln.

Ein Schäferhund mit Herrchen (in typischer 1000-Taschen-Hundeführer-Weste, so welche haben auch Einsatzleiter bei Sprengstoffkommandos, oder Fallschirmspringer im Kampfeinsatz) nähert sich, raschen Schrittes. Wirkt entschlossen.
   Herr und Hund gehen über den Platz. Schnell und oft, hin und her. Der Hund heißt offenbar »Fuß«. In ständigem Stakkato hört man nur »Fuß«. Dabei hat der Mann die Leine so kurz, dass der Hund sowieso nicht anders kann, als zwanzig Zentimeter neben den Stiefeln seines Hundeführers entlang zu schleichen, den Blick immer nach rechts oben gerichtet. Was immer in den Taschen der Mega-Weste drin ist: Leckerlis scheint sie nicht zu enthalten, da kommt nämlich nix. Mir scheint, Futter- oder Spielzeugbelohnungen zur positiven Verstärkung sind beim Schäferhund-Club verpönt. So etwas brauchen die nicht. Die Hunde werden mit purer Autorität und vor allem sehr stimmgewaltig pädagogisch betreut.
   Dem Hund-Mann-Gespann hinterdrein erscheint ein Trainer, unschwer zu erkennen an der Trillerpfeife und der klaren, bestimmten Körpersprache, gekleidet in zünftigen Drillich mit Tarnmuster (die Hose) sowie einen nato-oliv-farbenen Bundeswehrparka nebst Hut.
Der Hund wird nach etlichen Runden donnernd ins Platz befohlen.
   Der Trainer nimmt sich das Herrchen von »Fuß« zur Brust. Dies geschieht ohne Geschrei, Menschen verstehen offenbar auch einen in Zimmerlautstärke vorgebrachten Rapport. Die Unterhaltung wirkt dennoch wie nicht wie eine solche, sondern

eher wie ein Anschiss. Der Trainer wippt auf den Fußspitzen. Fußes Herrchen nickt an einer Tour. Wirkt devot.

Dann sind beide, Herr und Hund, entlassen. Fuß wird sofort in die Box des Hundeanhängers verfrachtet. Wahrscheinlich hat er das Ausbildungsziel des heutigen Nachmittages erreicht. Oder auch nicht. So ganz klar ist das nicht zu sagen.

Wir brechen zu unserer Runde auf und lassen den Hundeplatz hinter uns. Buddy schaut sich ab und an noch mal um, vermutlich ist er unsicher, ob nicht doch das eine oder andere Kommando ihm gilt.

Nach einer guten Stunde finden wir uns, zu meiner Freude ohne größere Zwischenfälle *(wie etwa zufällig auf dem Weg parkende Rehe, hatten wir auch schon, weithin war das Beaglegeläut zu hören, und der ganze Hundeplatz ist völlig durchgedreht. Das ist mir noch immer sehr unangenehm!)* wieder am Parkplatz ein. Auf dem Trainingsgelände wird noch immer fleißig gearbeitet. Die Beagle lassen sich für weitere zehn Minuten Fernunterricht nieder.

Eine Dame erscheint, adäquat gekleidet, auch mit Schäferhund, Malinois, üblicher Basis-Hüftschaden. Ihr Trainingsbereich ist ein anderer, es geht anscheinend um den Grundgehorsam in Form von Absitzen und -legen. Auch sie BRÜLLT was das Zeug hält. SIIIIITZ und PLAAAATZ brüllt sie, und dann auch BLEEIIIIIB.

Bei Frauen hat das Brüllen häufig die unangenehme Begleiterscheinung, dass sich die Stimme gern mal überschlägt. Der Hund, der sich an die Grasnarbe presst und eigentlich den Eindruck macht, am liebsten unsichtbar sein zu wollen, scheint irritiert, er erhebt sich wieder.
Das hat ein sofortiges, unangenehm schrilles »BLEIIIIIBSTDUWOHLLIEGENPLAAAATZ« zur Folge. Langsam, offensichtlich tief beeindruckt von so viel Phon und dem fast ganzen Satz, sinkt das schlanke, schwarze Tier – ein Hund wie ein Torpedo – wieder zu Boden.
Georgia fängt, da sie von ihrem Beobachtungsposten aus den Überblick hat, leise an zu motzen.

Irritierte Blicke in unsere Richtung sind die Folge. Man sollte den ganzen Hundeplatz kilometerweit gegen ungebetene

Zuschauer absperren! Oder eine Halle mieten. Die genervten Mienen sprechen Bände.

Der Trainer naht. Er übergibt der Frau ein Dummy, das soll der Hund apportieren. Die Frau wirft (bei den Bundesjugendspielen hätte sie nicht besonders viele Punkte damit erzielt).

Der Hund zuckt kurz: »BLEIIIIB!!!!«. Nach einer Kunstpause wird er dann mit einer Handbewegung geschickt. Freudig springt der Schäferhund auf und holt das Apportel, dann läuft er zu Frauchen. Je näher er kommt (besonders weit laufen muss er ja nicht), desto geduckter wird seine Körperhaltung.

Vor den Füßen der Frau kippt der Hund ins Gras.
Und gibt – entgegen der Absprache! – das Futtersäckchen NICHT her! Sie entwindet es seinem Fang. Trainer kommt. Maßregelung. Kopfschütteln. Die Vereinskollegen, die auf den gepflegten Sitzgelegenheiten nahe des Vereinsheimes auf ihren Einsatz warten, wirken plötzlich unruhig.

Ich wünsche mir auch eine Bank. Oder einen gemütlichen Gartensessel, vielleicht. Darauf könnte ich mich setzen und in Ruhe der Dinge harren, die nun kommen mögen. Trainer und Hundehalterin gehen drei Schritte zur Seite und kommunizieren minutenlang. Leise. Konspirativ.

Danach schleicht die Hundebesitzerin gebrochen vom Platz und vergisst, vermutlich tränenblind, sogar ihren Hund aus dem immer-noch-bleib wieder abzurufen.

Die Frau tut mir von Herzen leid.
Jedoch, es wird noch peinlicher: »Susanne!«, ruft der Trainer, und es klingt süffisant. »Hast du nicht etwas vergessen?« Er deutet mit einer lässigen Geste hinter sich. Susanne dreht sich wortlos um, holt den Hund, der auch die Ohren hängen lässt. Ich glaube, sie kann nicht mehr sprechen, geschweige denn schreien. Wahrscheinlich muss sie später Nachsitzen. Oder eine Therapie beginnen.

Ob sie den Hund morgen bei den Online-Kleinanzeigen einstellt? Natürlich nicht. Bei solchen Hunden gibt es detaillierteste Verträge, wie bei manchen Ehen. Solche Hunde gibt man an den Züchter zurück. »Guten Tag, Herr/Frau von und zu, ich hätte da folgende Reklamation wegen (-> hier bitte einsetzen: hochtrabender Zuchtname mit vielen Attributen)...«

Liebe Schäferhundfreunde! Ich hege größte Anerkennung vor Eurem Know-how und bin äußerst beeindruckt vom Gehorsam und Können Eurer Hunde. Ich finde es toll, wenn Hunde (egal, welcher Rasse) gut zu handeln sind und sich nach ihrem Besitzer richten und auf jede Ansage adäquat reagieren.

Noch schöner finde ich es aber, wenn Hunde nicht nur unter Druck das Gewünschte tun. Und am allerschönsten finde ich, wenn sie auch auf dezente Töne reagieren. Hunde haben, so sagt man, ein gutes Gehör. Man muss nicht schreien, um zu erreichen, was man will. Der Schäferhund an sich will doch ohnehin schon gefallen, dachte ich *(das will der Beagle an sich nicht unbedingt. Aber mit lautem Getöse käme ich erst recht nicht zum Ziel)*. Vielleicht sind die Hunde mit einem gewissen Maß an Gewöhnung gesegnet und finden alles bestens, vielleicht ist der paramilitärische Anstrich eurer Pädagogik aber Teil des Plans, dann entschuldigt bitte meine mangelnde Sachkenntnis. Oder wir haben zufällig immer gerade die autoritär vermittelten Trainingseinheiten gesehen. Wahrscheinlich gibt es auch Spielstunden, nur sind wir da immer gerade woanders unterwegs; mein Fehler. Disziplin und eine klare Kommunikation sind wichtig!

Respekt aber auch.

Ja, ich schäme mich in Grund und Boden, wenn ihr interessiert – und schadenfroh – beobachtet, wie ich meinen im Jagdfieber an der Leine zerrenden, kreischenden, mich komplett ignorierenden Rüden zur Räson zu bringen versuche. Ich sehe euren Gesichtern an, wie ihr denkt: Der Schreihals gehört mal in eine ordentliche Hundeschule! Bloß gut, dass keiner weiß, wo mein Hund her ist (aus dem Auslandstierschutz nämlich, oh Himmel, größter anzunehmender Fauxpas, alle wenden sich peinlich berührt ab).

Wochen später treffe ich einen der Vereinshunde mit seinem Herrchen in der Tierarztpraxis (heute ohne Weste, hätte ihn fast nicht erkannt), und stelle erstaunt fest: Die Kommunikation wird auch außerhalb des Trainingsgeländes schreiend erledigt. Mein eigener Patient legt verdutzt die Ohren an. Da fasst mich der Mann ins Auge.

Streng sieht er mich an, ich ducke mich ein bisschen. Vielleicht will er mich ja auch anschreien.

Buddy duckt sich auch, scheint das Gleiche zu denken. Der Schäferhundemann sagt: »Sie! Die Beagles?«

Ach du lieber Himmel – Zweieinhalbwortsätze. *Äh, ja.* Ich blicke bezeichnend zu meinem vierbeinigen Begleiter.

Der Mann sagt: »Also, mit Beagles könnte ich nicht.« Ach? Wieso denn?

»Die hören ja nicht. Machen, was sie wollen.«
Der Schäferhund legt resigniert den Kopf auf die Pfoten. Buddy geht wedelnd zu ihm hin, gleich wird er ihn zum Spielen auffordern. Ich rufe ihn (leise) zurück.
Buddy sieht mich an und kommt zurück. Ich bedeute ihm, sich hinzusetzen. Das geht bei uns wortlos. Buddy setzt sich. Ich sehe den Mann an. Hat er es bemerkt?

Ich kann nicht widerstehen und gebe Buddy das Zeichen für »Platz«. Buddy legt sich ins Platz. Der Schäferhundemann reagiert nicht. Wahrscheinlich liegen ihm die leisen Töne einfach nicht, das muss man wohl akzeptieren.
Der Schäferhundemann und sein vierbeiniger Kumpel werden aufgerufen.

Übrigens habe ich nicht erfahren, was dem Schäferhund fehlte, dass er zum Tierarzt musste.

Ich tippe ja auf beginnende Taubheit.

Werde, der du bist

»Werde, der du bist!«
Mit diesem Zitat – großflächig, gefällig diagonal beklebter Bus – wirbt bei uns im Landkreis gerade die Waldorfschule.
  Nietzsche! Auf Bussen!
Hm.
Werde, der du bist. Ich stehe im nieseligen Märzregen an einer Haltestelle und sinniere. Rekapituliere das letzte Wochenende, während meine Schuhe langsam die Farbe und den Geruch nassen Hundefells annehmen, weil die vorbeifahrenden Autos ein Ideechen zu dicht am Rinnstein entlangpreschen.

Samstagnachmittag.
In einer Hundeschulklasse mit Beagle habe es die anderen Hunde schwer.
Nicht nur, weil die Hundeschullehrerin dem dreifarbigen Klassenkameraden mit den langen Ohren mehr Aufmerksamkeit widmen muss (er würde sonst einfach hinausspazieren, oder die Pausenbrote der anderen fressen).
  Nein.
Beagle zu erziehen, ist Hochbegabtenförderung.
Sie kennen doch sicher diese Kinder, die ständig in Bewegung sind, sich auf nichts konzentrieren können, denen furchtbar schnell langweilig wird, aber die mit wachen Augen alles kommentieren, was um sie herum geschieht?
Der hat doch ganz klar ne Macke, sagen die Leute, und: Wie halten Sie das bloß aus (mitleidiger Blick), wenn der Beagle herumwuselt wie ein Trüffelschwein auf Speed.
  Dabei hat der bloß schon verstanden, wofür die anderen eben fünfzehn Minuten länger brauchen.
  »Kennzeichen einer Hochbegabung sind Auffälligkeiten im motorischen, visuellen und/oder auditiven Bereich« lese ich im World Wide Web.
Die beispielhaft genannten Auffälligkeiten kann ich bestätigen, dazu kommen wir noch. Geduld, bitte.

Hochbegabte schlafen wenig und wollen alles gleichzeitig machen. Wer je gesehen hat, wie der Beagle seinen Plastiknapf und den Sockenball gleichzeitig in der Schnauze durch die Wohnung bugsiert, wird wohl wissen, was ich meine.

Auch die Kopfnoten im Zeugnis entsprechen nicht dem, was man sich als Erziehungsberechtigte so vorstellt. Für Beaglehalter sind klärende Gespräche vorprogrammiert. Sie haben die Extraportion Trouble quasi mitgekauft.
Beagle sind daher ideal für Leute, denen der Schwung im Leben fehlt. Der Pep. Ihnen kann man nicht im Laufen die Schuhe besohlen? Schach spielen und Chinesisch lernen sind keine akzeptable Alternative mehr?

Beagle sind äußerst lernwillig. Allerdings gewichten sie die zu beackernden Themen geringfügig anders als Sie. Das kommt daher, weil der Beagle viel strukturierter denkt. Der macht sich keine Gedanken, ob das Leckerli zu viel Fett, zu viele Kohlenhydrate und allgemein zu viele Kalorien enthält! Der denkt einfach nur daran, sein Überleben zu sichern.

Wir haben uns mit unserem Hund für eine gemischtrassige Gruppe entschieden, *just for fun,* mal gucken, was der Hund so drauf hat. Und der Mensch.
Beagle versteht ungefähr 150 Worte, die meisten davon bezeichnen etwas Fressbares. »Nein« versteht ein Beagle nicht.
Wahrscheinlich zu wenig komplex.
Der Beagle selektiert. »Können Sie den nicht von der Leine lassen?«, quakt es von links hinten (Paar mit Französischer Bulldogge), während wir auf dem Weg zum Platz sind, »hört der nicht?« Die blasierte Schadenfreude ist, besonders bei ihr (Hermès-Tuch im Haar, Hose vom Jagdausstatter), deutlich zu erkennen. »Doch, doch«, rufe ich heiter über das vielstimmige Hecheln der Hunde hinweg, »der hört perfekt!«
Themenbezogen, halt.
Erste Kontaktaufnahme.
Ihr Beagle rastert nicht erst alle ab (ist der Hund zu groß, zu gefährlich, zu gut erzogen, oder: Ist das Herrchen einfach doof), nee, er rennt einfach hin und begrüßt. Völlig unrassistisch, paritätisch geradezu, ein Hund wie die UNO.
Gehässiges Getuschel in der zweiten Reihe, Blondine mit Weimaraner (Edeljeans, weiße Bluse unter

Upperclass-Regenjacke). Sehr geehrte Damen und Herren, hiermit bewerbe ich mich um das Amt des Klassendeppen.

Don't worry! Be happy! Seien Sie doch bitte glücklich: Mit dem Beagle haben Sie einen Hund, der weiß, worauf es ankommt. Der Prioritäten setzen kann. Der schon im Embryonalzustand weiß, was wirklich zählt. All die Aufmerksamkeit, die Sie bekommen: unbezahlbar. Ständig werden Sie angesprochen. In ungefähr 89% der Fälle zwar ausgesprochen dumm, siehe Seite aber: Egal!

Im Hunde-Bootcamp geht es allmählich zur Sache. Die ersten beiden Lektionen absolvieren wir dank großzügigem Leckerlie-Input nicht bravourös, aber doch relativ unauffällig.

Nach einer Runde freien Spielens (Waldorfschule!!) kommt die Königsdisziplin: Rückruf. Die Menschen stellen sich an Position A auf. Die Hunde an Position B, zwölf Meter weit weg, akribisch dort platziert vom Trainingsstab bzw. der Hundeschulleitung.

Da sitzen sie dann: der streberhafte Malinois, der stromlinienförmige Weimaraner, die beiden Goldies, der French, der coole Großpudel, sogar der wie verrückt kläffende Terrier. Ein orangeroter Mix, der mit seinen schiefen Ohren aussieht wie Meister Yoda *himself*, ist auch dabei. Er hört übrigens auf den Namen Richard. Alle blicken erwartungsvoll in Richtung Herrchen/Frauchen.

Alle, außer dem Beagle.

Der Beagle schnüffelt ungerührt am rechten Gummistiefel (Aigle Parcours, forestgreen) der Co-Trainerin. Die beiden Frauen tauschen einen betroffen wirkenden Blick. Ich denke darüber nach, ob (und wie) ich mich unauffällig zurückziehen kann.

Los geht's. Der Schäferhund mit dem lustigen getupften Nickituch um den Hals wirft sich nach drei Komma sechs Sekunden unaufgefordert vor seinem Herrchen in den Staub. (Nein, es gibt ja gar keinen Staub auf dem Platz, nur quietschfrühlingsgrünen Rasen. Die Staub-Assoziation kommt sicher daher, weil ich mir wieder vorkomme wie auf einem anderen Planeten: Es gibt Hunde, die bei Fuß gehen. Und Kommandos folgen, ohne sie zu hinterfragen.)

Ohne Leine. Ohne Leckerlies.

Die vierbeinigen Mitschüler tun es dem Vorzeigeathleten mehr oder minder gleich.

Mein Beagle hat das Interesse verloren. Statt absprachegemäß nach vorn, in Frauchens Arme, zu sausen, damit sie ihn lobe in den höchsten Tönen und albernem Singsang wie »*feiiin*« und »*guuuut*«, wendet er sich ab. Und dem Zaun zu, denn da ist ein Mäuseloch in der Wiese.

Hier wohnt jemand! Mein Beagle, die personifizierte, gattungsübergreifende Sozialkompetenz, die pure Freundlichkeit in dreifarbigem Hundefell, macht einen Besuch. Die Trainerin zerrt mit angespannter Mimik an der Leine. Den Beagle ficht das nicht an. Von Multitasking hält mein Hund nichts: entweder laufen oder gucken.

Zwei Meter weiter, Richtung Süden, ist quasi die Trabantenstadt der hiesigen Mäusesiedlung: Alles voller Löcher! Die Beaglenase rotiert über der Mäusekolonie, nebst deren Vorgarten, Swimmingpool und einem Weizenkeimdepot. Mein Hund ist ganz aus dem Häuschen wegen der Mäuschen, legt den Kopf schief, die dicken Ohren fallen allerliebst über die Augen, der Hund besteht nur noch aus Nase und Lauschern. Die einzigen anderen Tiere, die ihre Ohren so multifunktional bewegen können, sind Elefanten. Mein (mit den Ohren über dem Gesicht etwas dämlich aussehender) Beagle hört die Nager unter der Erde trippeln und flüstern und piepsen; belauscht ihre Pläne, fraglos, um sie für sich auszunutzen, und hofft, dass eines sich baldigst an die Erdoberfläche verirrt, direkt in seine Schnute.

Deshalb sind Beaglebesitzer Schleppleinen-Fans.

Aber wir können ganz anders!
Im Moment steht Ihr Beagle auf der Wiese und schnuppert an einem Grashalm hoch und runter, um sich dann mit großer Seelenruhe dem benachbarten Grashalm zuzuwenden und die gleiche Prozedur zu absolvieren. Sie sind in fünf Minuten hundertfünfzig Zentimeter weitergekommen. Und, *oh!*, da ist ja noch ein Grashalm!
Also das Ganze von vorn. Währenddessen stehen Sie sich die Beine in den Bauch, egal ob die Sonne knallt, ob es regnet oder schneit (wobei bei Letzterem allerdings die Grashalme

dezimiert sind, aber der Beagle ist ja flexibel, nimmt er eben Äste. Oder Steine. Verwesende Wirbelkörper eines vor Urzeiten an Altersschwäche verendeten Waschbären. Was eben gerade da ist.)

Aber dann! Irgendwo im tiefen Wald, Luftlinie geschätzt: zwohundertfuffzig Meter, bewegt ein Reh in seinem Nachmittagsschlummer (gemütliches Fichtendickicht) sein linkes Ohr.

Der Beagle erstarrt.
Die durch die Kopfbewegung des Wildes entstehenden Moleküle schweben ins entzückende schwarze Gumminäschen. Ihr Beagle schaltet augenblicklich um. Wie eine NASA-Rakete, ein hochtechnisierter Raumflugkörper, der in den zweiten Schubmodus geht, schaltet der Hund den Turbo ein.

Jetzt sehen Sie mal zu, dass Sie hinterherkommen! Der Beagle fördert Ihre Reaktionsfähigkeit. Sie laufen nicht bräsig hinter einem gemütlichen Labrador hinterher, gelangweilt auf dem Smartphone tippend womöglich, sondern sind ähnlich einem limitierten Supersportwagen von 0 auf 100 in 3,1 Sekunden. Sie sind schnittig und sportlich und jeder Herausforderung gewachsen, und man sieht das den Beagle-Leuten auch an! Der Beagle fordert Ihren Körper, und Ihren Geist! Nachhaltiger als tausend Runden Sudoku: Sie müssen vorausdenken, Sie müssen um die Ecke denken, Sie sind das Hochleistungsfrauchen. Das hält jung!

Werde, der du bist.

Mein Hund versteht nicht nur Worte. Er versteht sogar Blicke. Wenn ich ihn auf eine bestimmte Art ansehe, ist ihm sofort sonnenklar, dass er sich in die letzte Ecke unseres Gartens zu verpissen hat, am besten dort wo die wilden Himbeeren eine dichte Laube gebildet haben, so dass man nur unter großem persönlichen Einsatz und in Schutzkleidung (am besten der eines Crossmotorradfahrers, inclusive Helm) den Hund dort hinauskomplimentieren kann. Der nonverbale Inhalt unserer visuellen Kommunikation sagt: duschen, Freundchen.

Er errät auch am Ausdruck meiner Augen, ob die Reise zum Tierarzt geht, statt zur Hundebelustigung in den Wald. Bei der ersten Alternative lässt seine Motivation schlagartig zu wünschen übrig.

Weiterhin kann mein Hund an dem, was ich anziehe, erkennen, was ihm (und mir) blüht..
Greife ich nach einer bestimmten Tasche, weiß er: aha, Arbeit. Und trollt sich beleidigt in sein Körbchen, wo er auf Viscoschaum gebettet vor sich hinschmollt, bis genug Geld verdient ist und die Abtrünnige wieder nach Hause zurückkehrt, um den armen Hund zu bespaßen. Vorzugsweise draußen, versteht sich.

Mache ich mich ausgehfein (mein Mann und ich haben ein eher selten genutztes Theaterabonnement, aber wir kriegen es alle 14 Tage hin, miteinander essen zu gehen in ein Restaurant mit Tischdecken und so, um gesellschaftstechnisch nicht völlig vor die Hunde zu gehen. Ab und zu besuche ich mit meiner besten Freundin eine Cocktailbar, wo wir *Tequila Sunrise* und *Sex on the Beach* trinken, bis wir kichernd unterm Tisch liegen. Bei den Gesprächsthemen dreht sich übrigens meist alles um Hunde), weiß er: Hochspringen, vorzugsweise mit dreckigen Pfoten, ist angesagt. Ich bin da völlig wehrlos.

Rausgeflogen (aus der Hundeschule) sind wir übrigens, weil der gutgläubige Besitzer des Pudel-Mitschülers die Käsesahnetorte zum Geburtstag der Vereinsvorsitzenden auf einem stinknormalen Biertisch abgestellt hat. Das Viertelchen halb angefressene Stachelbeer-Baiser fiel dann kaum noch ins Gewicht. Wahrscheinlich, weil auf der Käsesahne die Kerzen waren, sechs Stück, eine für jedes Lebensjahrzehnt.

Brauch ich nicht. Ich sag ja: Beagle halten jung.

Drei Beagle und ein Hans

Niemand* käme auf den Gedanken, sein Baby »Hans« zu nennen. Bei Hans denkt man ja gleich irgendwie an nur mäßig** sexy Männer mit schütterem Haar, gekleidet in graue Pullunder.
Namenskombinationen wie »Hans-Dieter«, »Hans-Jörg« oder (mein persönlicher Favorit) »Hans-Uwe« machen die Sache auch nicht besser. Aber denken wir mal an Hans im Glück! Der war zwar ein bisschen doof, aber irgendwie herzensgut. Vor allem war er seiner Mama sehr zugetan.

Hans ist hier der Quotenhund.
Bei Hans handelt es sich um einen recht klein geratenen Schäferhund-Mix. Wer das nicht glaubt: Wir haben einen DNA-Test machen lassen. Jawohl, das geht. Und bringt erstaunliche Ergebnisse.

Hans hieß schon immer so. Als er in einem bulgarischen Tierheim zur Welt kam – unter unschönen Umständen, die wir hier nicht näher beleuchten möchten –, kam jemand auf die glorreiche Idee, den Welpen, die etwa halb so groß wie Meerschweinchen gewesen sein dürften, gute, deutsche Namen zu geben. Ich nehme an, dass schon damals klar war, dass Hans mit seiner Familie nach Deutschland zieht.
Wo die anderen abgeblieben sind, weiß ich leider nicht, aber Hans landete in der Eifel, schöne Gegend übrigens, in einem Tierheim.
Das Tierheim hatte zum Glück gute Connections zum WDR, und da war er: Im Fernsehen, in der Sendung »Tiere suchen ein Zuhause«.
Da saß er, auf dem Schoß seiner Betreuerin, aufgerichtet, kupferfarben, niedlich. Im Fernsehen sah Hans respektabel kniehoch aus und wie ein Harzer Fuchs. Er sah aus, als hätte er vielleicht ein paar Dackel-Gene, vielleicht auch nicht.

»Live« sieht er nun aus wie ein Füchschen, aber ein angespanntes. Oder wie ein Wildhund. Ein Dingo. Ich bin weder anfällig für Tiervermittlungssendungen noch sonstige Aufrufe, und schon gar nicht wollte oder brauchte ich einen vierten Hund. Hans saß still und klein auf dem Schoß seiner Vermittlerin, sein Näschen bewegte sich unablässig, und beim Verlassen des Studios hatte er die typische Haltung eines ängstlichen Hundes.

Ich kann nicht sagen, wieso ich bei Hansens Vorstellung meine Aufmerksamkeit auf den Fernseher richtete und plötzlich ganz genau zuhörte.

Das ist manchmal so. Der langen Rede kurzer Sinn ist: Hans hatte keinen einzigen Interessenten. Bis auf uns. Eine Woche später machten wir uns auf den Weg, und bei der Rückfahrt war Hans mit an Bord, was er mir intensiv dankte, indem er ausgiebig die Rückbank vollkotzte.

Hunde aus südlichen Ländern erzählen in den meisten Fällen eher nicht von grünen Hügeln, Meer und Wind, sondern sind traumatisiert oder ängstlich. Von Hans sei nichts zu erwarten, hieß es. Hans säße vor allem mit seiner Gassigängerin auf einer Bank vor dem sehr außerhalb gelegenen Gnadenhof und würde seit einiger Zeit langsam an die Eindrücke und Geräusche rundherum gewöhnt. Eine (kleine) Runde spazieren gehen könnte er, aber nur mit seiner Vertrauten.

Hans hat sich uns ausgesucht, indem er – allen Warnungen zum Trotz – einfach hinter uns herlief. Von seinem Äußeren war ich mehr als enttäuscht und frage mich bis heute, ob die Hunde im Fernsehen genauso hübsch gestylt werden wie die Menschen. Ob jemand in der Maske sich ihm angenommen hat? Ihn zwanzig Zentimeter größer und fünf Kilo schwerer geschminkt hat? Sein Fell onduliert? Seine Brust verbreitert?

Hans in echt und ohne Make-up sieht aus wie Sid aus »Ice Age«. Ein karottengelber, winzig-dürrer Schmal-Hans. Wenn er in einen Regenschauer gerät, wird es grotesk. Genaugenommen ist Hans der hässlichste Hund, den wir je hatten. Ehrlich, so einen Hund wollte ich nie.

Eine Entscheidung später saß er im Auto, starr und mit weitaufgerissenen Augen, und übergab sich periodisch in den Fußraum. Ich rechnete mit dem Schlimmsten: einer angstbellenden, die Wohnung unter Wasser setzende

Deprivationskatastrophe. Doch die Überraschungen waren fast alle positiv (okay, außer der Sache mit dem Mountainbiker von weiter vorn).

Hans hört. Ich meine, er HÖRT: Er kennt Kommandos, und er befolgt sie. DER WAHNSINN. Hat man als Mehrfachbeaglebesitzer selten. Für jemanden, der grundsätzlich damit rechnet, dass Befehle ignoriert werden, eine Offenbarung!

Am Anfang konnte Hans nur eines, das aber in Perfektion: sitzen. Er saß stundenlang, statuengleich, in der Weltgeschichte herum. Inzwischen hat er sein Repertoire beträchtlich ausgebaut, wobei drei Beagle mit jeweils unterschiedlichen Talenten sehr hilfreich waren. Rennen, hakenschlagend wie ein Hase, ist dabei das beliebteste Hobby.

Hans RENNT aus Leibeskräften, mit strahlenden Augen und mit übertriebenen Spielbewegungen, ganz bei sich und seinem Vergnügen; man könnte ihn Forrest Gump nennen. Er rennt Kreise, Spiralen, stoppt Zentimeter vor den trödeligen Beaglenasen und fordert mittlerweile jeden, den er trifft, zum Spielen (und Mitrennen) auf. Ein Labrador und ein Boxer sind seine besten Kumpels, und mit dem Dackel Frodo verbindet ihn eine innige Solidarität, wie es sie nur unter kleinen Hundejungs gibt. Wenn Hans genug hat von den großen Hunden, kommt er zu mir und sucht Schutz. Nachdem er zuvor alle aufgemischt hat. Andererseits fürchtet er sich vor Stubenfliegen und verlässt lieber vorsorglich-defensiv den Raum, als dass er in dieser Hinsicht ein Risiko eingeht.

Hans leckt frisch eingecremte Hände ab, deckt übrig gebliebenes Essen mit herbeigeschleppten Textilien zu und mag lieber Katzen- als Hundeleckerlies. Man kann die Uhr nach ihm stellen: Am frühen Nachmittag, niemals später als 14 Uhr, findet er sich unter dem Schreibtisch ein und stößt auffordernd mit der Nase gegen mein Knie: He, hast du's vergessen? Spaziergeh-Zeit!

Bleibe ich unterwegs stehen, der Beagle wegen, fordert er mich mit einem Stupser gegen die Wade auf, doch bitte mal nicht so zu trödeln. Findet Buddy einen Riesenstock, holt Hans sich ein kleines Zweiglein, um seinen Teil dazu beizutragen.

Hans glaubt, Rehe sind Hunde. Er nähert sich ihnen freundlich wedelnd und mit Spielaufforderungen. Wenn sie dann weglaufen, erkennt er seinen Irrtum und rennt in höchsten Tönen bellend hinter ihnen her. Vielleicht will er sie aufhalten, damit sie sich das mit dem Spielen nochmal überlegen. Im Gegensatz zu den Beagles genügt bei Hans ein Wort, und er rast wieder zu mir zurück, wobei seine kurzen Knickohren tun, was sie können, um beaglegleich zu flattern.

Begegnen wir dann tatsächlich einem anderen Hund, kennt Hansis Begeisterung keine Grenzen. Manchmal treffen wir auf Yuma. Hans stutzt kurz – den hab ich doch schonmal gesehen? – dann stellt er sich vor ihn und beginnt, ihn zu provozieren: hin- und her laufen, kläffen.

Yuma ist drei Mal so groß und fünf Mal so schwer wie Hans. Yuma ist der schönste Hund Hessens, ach was, Deutschlands! Er ist ein Rhodesian Ridgeback von beeindruckender Statur. Rhodesian Ridgebacks jagen hauptberuflich Löwen. Weil gerade kein Löwe zur Hand ist, konzentriert Yuma sich kurz auf Hans.

Das Kräfteverhältnis ist so ähnlich wie bei Balu, dem zweitschönsten Hund, einem stattlichen, aber noch recht jungen Berner Sennenhund. Der hat Pfoten, die nur unwesentlich kleiner sind als des Hänschens Kopf. Hans erkennt dieses Ungleichgewicht und kompensiert die schiere Kraft mit blitzartiger Wendigkeit. Er flitzt unter dem Bauch der großen Hunde hindurch und rast in konzentrischen Kreisen und wahnsinnigen Achten um die Bäume herum, die Großen donnern hinterher, die Pfoten trommeln wie Hufschlag. Könnten sie es, würden sie lachen und kreischen vor lauter Spaß.

Draußen ist Hans ein selbstsicheres Kerlchen, das mit großem Einsatz langsam fahrende Autos, Radfahrer und Jogger in Angst und Schrecken versetzt, indem er scheinheilig wartet, bis sie ihn passiert haben, und ihnen dann laut kläffend nachsetzt.

Drinnen sitzt er mit Vorliebe unter Stühlen und Tischen und versucht, sich unsichtbar zu machen. Hundeleben findet vor allem im Freien statt, das ist seine feste Überzeugung.

Hans ist der erste Hund, der an Wegkreuzungen wartet, welche Richtung ich ihm weise. Im Gegensatz zu Mike, dem Beagle, einem waschechten Meutehund mit Karriereknick (Grund: nicht schussfest) aus Hansels südeuropäischer Fast-Nachbarregion: Mike hat einen ungarischen (Impf-)Pass.

Mike ist seit Jahren bei mir. Er liebt mich, aber er versteht mich nicht. Oder kümmert sich nicht um Anweisungen. Vielleicht sollte ich es mal auf Ungarisch versuchen. Hans ist da wesentlich begabter.

Regen mögen beide nicht. Regen, ohne dass *Mensch* sich die Gassigehschuhe überwirft, ist den Jungs suspekt. Sie äugen aus der Haustür, als ob die zart fallenden Tropfen Salzsäure seien. Dann schauen sie zu mir auf, mit Blicken, die einem das Herz schmelzen lassen.

Es stimmt, dass einen die Hunde finden, wenn es an der Zeit ist. Hans? Genau so einen Hund wollte ich doch schon immer haben.

---

*Falls Sie Ihr Kind jüngst Hans getauft haben: Gute Wahl! Groß im Kommen, der Name.

**Falls Sie Hans heißen und derart sexy sind, dass Sie meinem Lieblings-Protagonisten Nick Ellis glatt die Show stehlen, entschuldige ich mich hiermit in aller gebotenen Form!

Lex Beagle

»**Sehr** geehrte Beagles!

Sie werden beschuldigt, sich unter Ausnutzung einer kurzen Abwesenheit Ihres gutgläubig handelnden Besitzers, gemeinschaftlich und vorsätzlich handelnd, in bandenmäßiger Tatbegehungsweise unberechtigt Zutritt zu den Taträumlichkeiten verschafft, Geschirr zerbrochen und u.a. einen noch ofenwarmen Käsekuchen, der zum Verzehr bei einer Familienfeierlichkeit bestimmt war, vorsätzlich in der Absicht, sich denselben eigennützig einzuverleiben, rechtswidrig angeeignet zu haben.

Nach Art und Lage der am Tatort vorgefundenen Spuren gestaltete sich der Tathergang wie folgt:
Sie haben am Tattag mit zwei Mittätern gleicher Rasse und Farbe die Tat sorgfältig vorbereitet, indem Sie seit ca. 14.00 Uhr im Sicherheitsbereich »Küche« umfassend Aufklärung betrieben. Hierzu bedienten Sie sich eigener und benachbarter Kräfte, indem Sie dem Nachbarshund Zutritt zum Grundstück Ihrer Besitzer ermöglichten.

An diesen bisher Unbescholtenen soll unter Zusicherung, er erhalte nach Vollendung der Tat einen angemessenen Anteil der Diebesbeute, der Auftrag, Schmiere zu stehen, ergangen sein.
Mittels vorher verabredeter taktischer Zeichen wurde ein störungsfreier Tatablauf innerhalb der klar definierten Sperrzone »Küche« ermöglicht.

Zudem verursachten Sie Sachschaden, indem Sie mit schmutzigen Pfoten auf die Arbeitsfläche sprangen und beim Entwenden des Käsekuchens Teile des guten Porzellans zerbrachen, welches scheppernd auf den Boden fiel, wodurch Ihr frevelhaftes Tun durch aufmerksame Zeugen aufgedeckt werden konnte.
Im Anschluss kam es zu einer unübersichtlichen Gemengelage mit gewalttätigen Tendenzen, da Ihr Mittäter G. Teile des

Kuchens raubte und sich damit umgehend in Richtung Schlafzimmer/Ehebett aus dem Staub machte. Somit ist zudem ein Verstoß gegen die BDV 101* anhängig, wonach Beagle rechtswidrig erlangtes Gut unverzüglich wieder rauszurücken haben.

Ein sich strafmildernd auswirkendes Geständnis verweigerten Sie im Zuge einer ersten Anhörung, obgleich die Tat eindeutig vollendet war, da Ihnen Kuchenkrümel in nicht unerheblicher Anzahl rund um die Schnute nachgewiesen werden konnten. Strafvorschriften: §§ 25 II, 123, 242, 244 (1) Nr. 2, 303 StGB. Nachbarshund: Beihilfe gem. § 27 I StGB.   Beaglepolizeiliche Maßnahmen: Anzeigenaufnahme,   Identitätsfeststellung, Ingewahrsamnahme, erkennungsdienstliche Behandlung bei drei Tatverdächtigen. Beweismittel: Aussage der Geschädigten und Zeugen, Geständnis des Nachbarshundes, Bericht der Spurensicherung.
Hiermit gebe ich Ihnen Gelegenheit, sich zu dem Vorwurf zu äußern.«

*Beagle Dienst Vorschrift

»Sehr geehrte Frau Oberbeaglekommissarin!

Hiermit machen wir von unserem Recht Gebrauch, uns zum Vorwurf, u.a. einen noch ofenwarmen Käsekuchen geklaut und aufgefressen zu haben, zu äußern.

Wir möchten dazu sagen, dass es sich nicht um einen Diebstahl handelt.
Tatobjekt eines Diebstahls ist eine fremde bewegliche Sache.
Da geht es ja schon los. Wieso sollte uns ein Käsekuchen, der in unserer Küche steht, fremd sein? Wie jedermann weiß, sind Beagle beständig von Hunger und Verfall bedroht.

Die Rechtsgüterabwägung, die meine beiden Kumpels und ich sorgfältig durchgeführt haben, ergab, dass der Käsekuchen bei uns besser aufgehoben ist als bei unserer Familie, die ja jederzeit Zugriff auf diverse andere Lebensmittel hat. In besagter Küche, unserem Lieblingsraum, den Sie jetzt »Tatort«

nennen, gibt es Kühlschränke, Gefrierschränke, normale Schränke – alles voll! Dabei brauchen die das alles echt nicht. Ein Anruf beim Pizzaservice genügt, und fremde Leute bringen neues Essen! Fertig gekocht! Hingegen werden unsere Grundrechte permanent mit Füßen getreten, betteln müssen wir!

Es handelt sich somit mitnichten um bandenmäßigen Diebstahl oder die Vorbereitung und Verabredung zu einer Straftat, sondern schlicht um Prävention.

Ein Betretungsverbot der Küche ist uns überhaupt nicht bekannt! Es scheint sich bei dieser Aussage um eine Schutzbehauptung der Geschädigten zu handeln.

Außerdem kann der Tatzeitraum niemals stimmen! Als ob wir so viel Zeit bräuchten, um Essen zu klauen! Und dann der subjektive Tatbestand: Wir wollten uns den leckeren Kuchen doch nicht *zueignen!*

Das hört sich ja an, als wollten wir ihn in unsere Spielzeugkiste tun oder wie einen Knochen in der Rosenrabatte vergraben. So ein Quatsch!

Da steht nun der Käsekuchen auf der Arbeitsplatte, duftet nach Butter und Vanille, was sowieso schon fast Anstiftung ist. Provokation sogar.

Sie müssen den so genannten ›Geschädigten‹ auch mal was vorwerfen: mindestens Fahrlässigkeit! Unsere Leute leben schon lange bei uns, die wissen, wie wir ticken.

Aber jetzt mal im Ernst: Wir haben den Kuchen und die Eiersalatbrötchen und die Muffins (waren eh nur noch zwei) evakuiert!

Es handelt sich somit also weniger um eine Straftat, als um einen glasklaren Fall von Nothilfe.

Den herbeigeführten Kollateralschaden bedauern wir sehr, in der Aufregung dieser Großlage fehlte uns betrüblicherweise die nötige Umsicht. Vielleicht dürfen wir einige unserer eigenen Schüsselchen zur Verfügung anbieten? Die lassen sich auch viel besser tragen als dieses Porzellanzeugs.

Wir bitten darum, unsere Missetat gering zu bestrafen, da wir mit ziemlichem Bauchweh sowieso schon genug gestraft waren. Die beaglepolizeilichen Maßnahmen, besonders die Festnahme wegen bestehender Fluchtgefahr, haben uns doch sehr beeindruckt. Und erschüttert.

Beim nächsten Mal sind wir schlauer und werden den Lärm, der zum Betreffen auf frischer Tat geführt hat, zu vermeiden versuchen.
Was den Nachbarshund betrifft, so wollen Sie doch bitte der Unschuldsvermutung folgen. Der wusste ja wieder mal gar nicht, um welche Mission es ging! Und überhaupt: In dubio pro Beagle! Mit hochachtungsvollen Grüßen...«

Bei den drei Bandenmitgliedern handelt es sich bedauerlicherweise um notorische Kleinkriminelle, die fortgesetzt wegen diverser Diebstahlsdelikte, Sachbeschädigung und vor allem auch Stalking mit dem Gesetz in Konflikt gerieten.
Die uneinsichtigen Wiederholungstäter bemühen sich nun um Resozialisierung und eine günstige Sozialprognose. Und um Beagle-Rechtsschutz. Trotz eines erheblichen Mangels an Unrechtsbewusstsein kam die Bande mit einer Abmahnung und fünfzehn Sozialstunden (auszuführen in einer fachkundigen Hundeschule) davon.
Die Staatsanwaltschaft geht in ihrer Urteilsbegründung von einer schweren Kindheit (es handelt sich um Beagle aus tierschützerischer Herkunft unterschiedlicher Couleur) aus und stellte das Verfahren ein.

Sonntag, November

Ich liebe meine Hunde und verbringe gern so viel Zeit wie möglich mit ihnen.

Daher ist es mir ein Anliegen, mit ihnen auch an einem nebligen, diesigen, grauen November-Sonntag-Nachmittag – mit Schauerneigung! – einen »vernünftigen«, sprich, ausreichend langen, Spaziergang zu unternehmen.

Der November hat nämlich durchaus auch schöne Seiten, und es kann erbaulich sein, durch die neblige, tropfende Natur zu stiefeln, drei glücklich schnuppernde Hunde um dich herum.

Weil es eben diesig und feucht ist, gelange ich zu dem Entschluss, die Jeans von gestern anzuziehen, die schon Spuren eines anderen November-Spaziergangs trägt. Auch die Stiefel habe ich nicht extra geputzt. Die Jacke ist eigentlich okay. Also los!

Außer, dass Sonntag ist, ist bei uns auch noch Bürgermeisterwahl, weshalb damit zu rechnen ist, dass man unterwegs mehr Leute trifft als sonst. Dies berücksichtigend, strebe ich gegen 14 Uhr in den Wald, in der Absicht, durch Selbigen bis zum nächsten Ort und zurück zu laufen und möglichst niemandem zu begegnen.

Da ich diese Strecke schon seit einer Woche nicht mehr gegangen bin, weiß ich leider nicht, dass gerade Holzabfuhr im großen Stil betrieben wird. Die Wege sind – nun ja, unter aller Sau. Ausgefahren und matschig. Aber bis wir zu dem Hauptweg kommen, schlendern wir vier (die drei Beagle & ich) locker über die Wiesen. Danach ist es für eine alternative Strecke zu spät. Oder soll ich etwa wieder umdrehen? Sowas machen wir nicht.

Meine Hunde werden seit Jahr und Tag an zehn Meter langen Schleppleinen aus Biothane geführt. Diese haben den Vorteil äußerster Robustheit (das brauchen wir auch), überdies werden sie nicht durchnässt. Leider hängt die Nässe (und der Matsch) aber draußen dran. Nachdem drei Beagle zwei

Kilometer weit über matschige Waldwege, auf denen wochentags der Holzlaster entlangeiert, gewuselt sind, nimmt das Matschregister auf meinen Jeansbeinen bedrohliche Ausmaße an, jedenfalls bis zum Knie. Beagle sind übrigens deshalb unterm Bauch und an den Beinen weiß, damit man den Dreck gut sieht. Eine andere Farbverteilung wäre irgendwie sinnlos.

Über die Stiefel will ich kein Wort verlieren. Aber die sind wenigstens wasserdicht. Im Gegensatz zur Hose. Egal, ist ja nicht viel. Weiter geht es.
Im Wald riecht's gut. Nach vermoderndem Laub und Holz, ein Spätherbst-Geruch.
Außerdem, richte ich mich nach den unbestechlichen Hundenasen, riecht es offenbar prima nach irgendwelchen wildlebenden Vierbeinern, Hasen vielleicht, oder Füchsen. Rehe gibt es hier … aha … und *da!* ist Wildschweinlosung. Nix wie hin, denkt der eine Beagle, und liegt schon robbend und wälzend drin. Man kann bei drei Hunden eben nicht alles im Blick haben! Rechtzeitig ziehe ich die beiden anderen weg. Gut! Dabei bleibt die Leine an einer Wurzel hängen. Ein geübter Zug, wie ein Lassoschwung. Die Leine löst sich wunschgemäß. Und klatscht mir ans Bein. Von der Hüfte abwärts bin ich linksseitig in nassen Modder gebadet.

Ja. Schön.

Es geht weiter, immer noch das Bergauf-Stück. Die Brille beschlägt, von den feinen Nebeltröpfchen in der Luft und weil mir heiß ist. »Spazieren gehen« kann man das, was wir hier machen, eigentlich nicht nennen. Es handelt sich eher um einen Geländemarsch.

Ich setze die Brille schließlich ab und stecke sie in die Jackentasche. Ich seh auch so noch genug! (Außer nachts, aber das gehört jetzt nicht zum Thema.)
Wir kommen an einen Bach, der auch bei den Waldtieren hoch im Kurs zu stehen scheint, denn die Beagles werden auf einmal ganz aufgeregt und rennen vor und zurück, hin und her, und vor allem um mich herum. Drei mal zehn Meter matschgebadete Biothane-Schleppleine zeichnen lustige Muster auf den Rest der Jeans.

Die weißen Beagle-Beine sind auch schon lange nicht mehr weiß.Ich muss gestehen: Ich ärgere mich. Ich lege die Hälfte der Leinen in Schlaufen und trage sie am Arm, wie ein Elektriker sein Kabel. Den Hunden gefällt der plötzliche Mangel an Bewegungsfreiheit nicht so gut.
   Eine Spitzkehre markiert die Hälfte der ansteigenden Strecke. Hunde verlieren in Kurven keine Geschwindigkeit!
Auch nicht auf Steigungsstrecken, und wenn, dann nur unwesentlich. Dies wird mir wieder bewusst, als drei Beagle plötzlich in den Renn-Modus umschalten, weil irgendetwas 200 m bergauf schlagartig ihr Interesse entfacht hat.
   Ich bremse sie mit Mühe. Bei dem glitschigen Untergrund und meiner eingeschränkten Sicht nicht eben ein leichtes Unterfangen! Einer verheddert sich im Gebüsch, weil mir die Leine durch die Hand saust. Fluchend krabbele ich hinterher, um ihn dort rauszufischen.
   Als ich mir die Blätter aus den Haaren angle, fällt mein Blick zufällig auf meine Handschuhe. Matsch, na klar. Der ist jetzt auch irgendwie in meinem Haar. Immerhin: Es ist uns bisher niemand begegnet!
Ich wünsche mir einen der angekündigten Schauer herbei, ein bisschen Regen könnte die Situation der Flecken auf meinem Outfit (und der Frisur) vielleicht verbessern.

Wie schön wäre jetzt ein Hut. Aber ich hasse ja Hüte, habe ich das schon erwähnt?
   Es ist mitnichten entspannend, mit drei Beagle spazieren zu gehen.
Auf einer Lichtung links von uns bemerke ich eine Bewegung. Gleichzeitig gehen drei Nasen in die Luft, zwölf Beine stehen wie auf Kommando still.
   Ich sammle prophylaktisch und SCHNELL die Leinen ein.
Und schon geht's los: 55 kg Hunde ziehen nach vorne *(ich schwöre, sie wiegen in solchen Augenblicken mindestens das fünffache)* nach links, nach rechts, ich habe richtig viel zu tun, denn: Auf der Lichtung sind Wildschweine, und vor denen hab ich Angst.
Wir verharren.
Es ist so, als ob ein Güterzug bremst. Heißt: Es dauert einen Moment. Unter Getöse, Gekreische und Gejaule.

Vögel fliegen panisch auf. Mike weiß kaum noch, wo er zuerst hingucken soll, er hat den totalen Stress. Und ist superglücklich. Gleichzeitig! Das schafft nur ein Beagle.

Die Wildschweine biegen heimlich, still und leise, aber mit einer deutlichen (selbst für unterentwickelte Menschennasen gut wahrnehmbaren) Duftspur, irgendwo vor uns nach rechts in den Wald ab. Sichernd nach allen Seiten (und unter maximaler Beschleunigung) bewegen wir uns weiter. Mein Herz schlägt bis zum Hals. Mike ist nur unter Aufbietung aller Kräfte noch zu halten. Ich greife in sein Geschirr und ziehe ihn aus dem Unterholz. Ein völlig verständnisloser Blick aus Hundeaugen trifft mich: he, falsche Richtung, du Mensch! Ich muss da lang!

Dieser Spaziergang ist vielleicht nicht der Fürchterlichste überhaupt, aber er rangiert sicherlich unter den ersten 10.
Noch eine viertel Stunde später sehe ich mich nach irgendwelchen Schweinen um.

Wir gehen weiter. Mindestens anderthalb Kilometer lang passiert nichts Unerwünschtes, abgesehen von dem üblichen Gedöns mit den Wildspuren.
Dann ... ist der Weg auf einmal zu Ende. Ein Haufen Reisig und Altholz türmt sich auf, offenbar hübsch zwecks Abfuhr hindrapiert.
Hier kommen wir nicht weiter, links und rechts ist dichter Baumbestand, das ist mit Hunden an Schleppleinen ja der Super-GAU für menschliche Nerven.

Also gehen wir über die Wiese und an der Straße entlang, dann über einen brachliegenden Acker auf die andere Seite, um endlich einen geteerten Feldweg zu erreichen, auf dem ich bequem nach Hause gelangen werde.
Halt, falsch: gelangen »würde« (der Konjunktiv ist ein wahrer Feind).

Auf der Wiese hinter dem Acker stehen, wie aus dem Erdboden gewachsen, drei riesenhafte Pferde, von denen eines uns bereits freudig schnaubend entgegentrabt. Der Boden bebt.

Das macht Georgia nicht mit.
Pferde sind nur zulässig, wenn sie still vor sich hin grasend Ruhe halten, und das noch bitte möglichst weit weg. Auf Georgia zulaufende, Geräusche machende Kaltblute mit Pferdedecke über den breiten Hintern gehen gar nicht.

Demzufolge legt die Beagle-Dame unverzüglich den Rückwärtsgang ein.
Und alle müssen mit. Der Umweg, der uns nicht erspart bleibt, führt über andere Wiesen und holprige Feldwege voll spätherbstlichem Bewuchs, Kletten zum Beispiel.
Große Klasse.
Natürlich ist dies der Moment, wo Mike sich erneut seines Meute-Jagd-Hund-Erbes erinnert und seine Stimme erhebt, weil er womöglich einen Hasen gerochen hat. Oder weiß Gott was. Jedenfalls macht er wie üblich drei Dinge mit maximaler Power und gleichzeitig: Lauthals kreischen, schnüffeln, und volle Kanne in die Leine ziehen (wenn eine Sekunde Zeit ist, wälzt er sich heftig auf dem Boden, um zu versuchen, was schon mal geklappt hat: sich aus dem Geschirr zu winden oder den Karabiner zu öffnen).
Ich kann es aber nicht so richtig beurteilen, was er tut, weil ich nämlich keine Brille aufhabe.
Ich bin in Hochstimmung.
Insbesondere, weil ich aus dem Augenwinkel sehe, dass auf der nahegelegenen Straße die Autos ihre Fahrt verlangsamen: *Was macht die Frau da mit dem Hund? Dass der so kreischt?*
Gut, dass die Autoinsassen auf die Entfernung vermutlich keine Details erkennen können. Wiederholt schaue ich an mir herab und stelle fest, dass ich wirklich aussehe wie eine Wildsau.
Mike fängt sich irgendwann wieder. Grinsend sieht er zu mir hoch.
Ich drohe ihm an, dass wir in Zukunft nur noch a) einzeln, b) auf geteerten, befestigten Wegen und c) niemals, niemals mehr in Waldnähe spazieren gehen.
Der gewünschte Schauer beginnt jetzt. In kürzester Zeit bin ich klatschnass und eiskalt. Ich sehe die Autofahrer den Kopf schütteln.
Noch 200 Meter bis zum Ortseingang. Alles geht gut. Dann saust Georgia, die dank guter Führung auf den meisten Strecken ohne Leine laufen darf, unvermittelt los.
Georgia hat ihren guten Hundekumpel Harley entdeckt. Und Harleys Frauchen. Sie trägt schicke Stiefel und den Regenmantel eines bekannten Outdoor-Outfitters, in elegantem Beige.

Ich freue mich wirklich immer, die beiden zu sehen, aber heute passt es mir nicht so richtig. Denn ich schäme mich. Die Hunde werfen mich fast um. Ich lasse mich zu ein paar misslaunigen Bemerkungen hinreißen und schäme mich dann dafür auch noch. Ich raffe trotz nasser, matschiger Haare, verlaufenem Make-up und elend dreckiger Klamotten den letzten Rest Selbstbewusstsein zusammen. Wir unterhalten uns noch nett. *»Schade, dass das Wetter so schlecht ist. Man weiß ja kaum, was man anziehen soll«*, sagt Mrs. Harley und mustert mich, halb interessiert, halb angewidert, wie etwas, das die Katze angeschleppt hat.

Es ist nach 16 Uhr, als wir zuhause ankommen. Am Tor steht ein Nachbar, im Sonntags-und-Bürgermeisterwahl-Dress, und unterhält sich mit der Oma.

Er mustert mich, mit einem langen, nachdenklichen Blick. Ich finde, er sieht resigniert und mitleidig aus.

Dann sagt er: *»Nicht ganz so schönes Wetter heute, hm?«*

Vielleicht werde ich mir doch einen (Regen-) Hut kaufen. Den könnte ich mir bei Bedarf dann einfach tief ins Gesicht ziehen.

Als ich in unserer Garage die Hunde ableine, fühle ich mich – nun ja, müde. Ich greife in die Tasche nach dem (durchweichten) Belohnungsleckerchen. Mikey springt an mir hoch. Seine großen Pfoten hinterlassen auf meinem T-Shirt, dem letzten sauberen Kleidungsstück, das ich am Leib habe, dicke, fette Dreckabdrücke.

Ich will ihn davon abhalten, da leckt er mir vor lauter Begeisterung mit seiner Beaglezunge einmal quer über das Gesicht.

Ich glaube, er lacht.

Schönen Sonntag noch!

Hunde – eine ökonomische Betrachtung

Hundebesitzer haben offensichtlich mehr Geld, als zum Überleben und für einen gewissen Grundkomfort notwendig ist. Warum sonst füttern sie ein gefräßiges Wesen durch, was außer Dreck und Scherereien nichts macht?

Okay, vielleicht bewacht der Hund das eine oder andere, oder beschützt jemanden oder etwas. Aber eigentlich – brauchen tut man ihn doch nicht?

Hundebesitzer haben auch mehr Zeit, als ein normal erwerbstätiger Mensch mit einem oder mehreren Kindern eigentlich haben dürfte. Genügt es nicht, die eigenen Hobbys und Macken zu hätscheln? Die Kinder von A nach B und wieder zurück zu karren? Muss man dann noch einen Hund haben, der wiederum in Schulen, Kurse, Beschäftigungen gefahren werden muss?

Handelt es sich bei dem Hundebesitzer um eine Frau, denkt jeder zuerst: Hat die denn nichts Besseres zu tun? Wie mag es bei denen daheim aussehen? Alles dreckig und voller Hundehaare, die Kinder bestimmt völlig verwahrlost, und es gibt nur Essen aus der Dose.

Zwei Meter Hundeliteratur und alle Snoopy-Comics, nebst einschlägiger Hundemagazine jahrgangsweise im Regal, aber keinen vernünftigen Ratgeber über Kindererziehung! Wahrscheinlich die Kläffer regelmäßig von A bis Z durchchecken lassen, aber den vernachlässigten Kindern die Zahnspange nicht bezahlen können!

Besitzer mehrerer Hunde ...
... geben Anlass zu größter Besorgnis und potenzieren jedes Verdachtsmoment, dem Hundebesitzer könne in mehrfacher Hinsicht der gesunde Menschenverstand abhandengekommen sein, um ein Vielfaches. Nehmen wir, zum Beispiel, die

Wohnung meiner Mutter. Wie geleckt! Immer! Trotz Hund und Katze.

Okay, die Mama ist den ganzen Tag zu Hause und hat auch keine Schmutz-in-der-Wohnung-fördernden Hobbys. So stiefelt sie mitnichten bei Schietwetter durch Wald und Feld, schon gar nicht in Hundebegleitung, und schon gleich überhaupt gar nicht in mehrfacher.

Meine Mutter hat zudem, gesellschaftskonform, nur einen Hund, der ohnehin nicht durch Missverhalten auffällt. Er nennt ein nicht haarendes Fell sein Eigen und würde auf seiner Gassirunde eher irgendwo festwachsen, als freiwillig eine Pfütze zu durchqueren.

Der Hund meiner Mutter ist kein Beagle. Natürlich mag auch das erfolgreiche Absolvieren einer Hauswirtschaftsschule in den 1950er Jahren einiges dazu beigetragen haben, dass man sich für die behagliche Behausung meiner Mom niemals schämen muss und Besucher zu jeder Tages- und Nachtzeit entspannt willkommen geheißen werden können.

Begeben wir uns nun eine Etage weiter nach oben. Betreten wir *meine* Wohnung.

Dass hier mehrere Hunde ihr Domizil haben, lässt sich nicht verbergen, auch beim besten Willen nicht. Nicht nur, dass Spielzeuge (in unterschiedlichen Graden der Zerstörung) außerhalb der dafür vorgesehenen Box überall zu finden sind, auch der eine halbe Sintflut fassende Wassernapf nebst ständiger Pfützenlandschaft drumherum spricht Bände.

Öffnet man unversehens den Tiefkühlschrank, findet man neben einer marginalen Menge Pizza und Eis (für die Kinder, zur gefälligen Abwechslung von den Dosen-Ravioli) vor allem: Fleisch.

In rauen Mengen! Und das, obwohl der Gemüsegarten vorm Haus auf eine fast vegetarische Provenienz schließen ließ. Das Fleisch (und andere Erzeugnisse, für die vermutlich gleich mehrere Paarhufer ihr Leben lassen mussten) dient nämlich der Ernährung der zahlreichen Hunde.

Wieso hält sich eine vielbeschäftigte, berufstätige Frau mit wachsender Begeisterung stundenlang damit auf, die adäquate Ernährung ihrer Vierbeiner durch ausgeklügelte Ernährungspläne, die vor allem rohes Fleisch enthalten, zu

gewährleisten? Wäre es nicht sinnvoller, den gefräßigen Vierbeinern eine Dose zu öffnen und die wiedergewonnenen zeitlichen Ressourcen in die angemessene Ernährung des halbwüchsigen Kindes zu investieren? Das bedauernswerte Kind kriegt wahrscheinlich die Pizza!
Der Garten ist übrigens das Hobby meiner Mutter.

Halten wir in dem Hundedomizil mal die Nase in die Luft. Müffelt es? Nach Hunde-Hinterlassenschaften? Nein? Wahrscheinlich rechtzeitig zum Besuch panisch durchgewischt, mit 70-prozentiger Essigessenz-Lösung oder gleich Sagrotan pur.

Aber die Fenster! Offenbar lagern die hinterlistigen Vielfraße auf den Fensterbänken und erschrecken die Passanten mit ihrem Gekläffe zu Tode, oder wie sonst kann es angehen, dass an den Fenstern zur Straße unzählige Abdrücke von Hundenasen zu finden sind?
Und dann das Ambiente!
Oder eher das nicht vorhandene. Keine Teppiche, aha. Wahrscheinlich haben die der Pipi-Flut der unerzogenen Hundetruppe nicht standhalten können.

Das Verhältnis von Hundeschlafgelegenheiten scheint im umgekehrt proportionalen Verhältnis zu den Sitzmöbeln für Menschen zu stehen. Davon sind die meisten ohnehin durch aufgelegte Decken verunziert. Von denen einige ganz schön abgeliebt aussehen. Kann das Hunderudel nicht auf dem Fußboden wohnen? Oder besser gleich in einem Zwinger (den es nicht gibt – wahrscheinlich auf hartnäckiges Betreiben der bedauernswerten Nachbarn!).

Hundehaare findet man nicht im Übermaß.
Hm. Wahrscheinlich ein halbes Monatsgehalt in einen vernünftigen Staubsauger investiert, na also, es geht doch!

Kaum Grünpflanzen. Vermutlich den nimmersatten Beagletieren zum Opfer gefallen.
Wenig sinnloses Deko-Chi-Chi. Wahrscheinlich den chronisch unterbeschäftigten Beagletieren zum Opfer gefallen.

Essen steht auch nicht herum. Na, wer lässt auch rohes Fleisch rumstehen!
Überhaupt: Unordentlich ist es nicht, im Gegenteil. Ein Indiz für Tatortbereinigung vermutlich – irgendwo in dieser

Wohnung gibt es todsicher einen großen Schrank, wo alle zerfetzten Schuhe etc. schnell hineingestopft werden, sobald Besucher auf der Matte stehen.

Wenn Sie übrigens neben Ihrem suspekten Hang zur Mehrhundehaltung außerdem noch berufstätig sind, machen Sie sich doppelt verdächtig.
Eine, die den Hals nicht vollkriegen kann, die auf jeder Hochzeit tanzen will, ein menschliches *Perpetuum mobile!* Hyperaktiv jeden Trend mitmachen wollend (vor allem den Trend zum Hund/Zweithund/Dritthund!), und karrieregeil.

Sicher sind die Hunde den ganzen Tag sich selbst überlassen und machen stundenlang Unsinn, wenn sie nicht gerade vor Trauer den halben Ort zusammenjaulen – wobei wir auch die Fenster mit den Nasenspuren erklärt hätten.

Man sieht es ja schon an der Kleidung: alles Outdoor. Auf jeder zweiten Klamotte irgendein Hunde-Logo, immer gedeckte Farben, pfotenabdruckresistente Materialien, gerne wetterfest und mit tausenden von Taschen.
Diese bekennenden Anhänger der Gummistiefel- und-Wachsjacken-Fraktion werden wahrscheinlich eh nie zum Essen eingeladen oder zu sozialkontakttauglichen Dingen, die normale Menschen halt gerne tun. Und wenn, muss der Hund mit, womit die erste dann mutmaßlich auch die letzte Einladung sein wird!

Die Events des Jahres sind wohl eher Hunde-Treffen mit einem Haufen ähnlich fehlgeleiteter Gleichgesinnter, mitten im Nirgendwo und bei miesem Wetter. Da muss Kultur und erwachsenen Menschen angemessene, gesellschaftskonforme Veranstaltungen mit Mindestniveau natürlich hintenanstehen!
Besprechen wir doch einmal das Konsumverhalten von Hundebesitzern. Hunde brauchen eine Leine, ein Halsband, eine Steuermarke. Und Kackbeutel. Fertig?

Nö!
Es hat den Anschein, als brauchten Hunde über das Notwendige hinaus eine Unzahl von Gegenständen, bis der einzelne Hund gut und gern das Equipment eines florierenden Zoos besitzt und das Bruttosozialprodukt eines Kleinstaates für sich veranschlagt.

Hund benötigt: 17 verschiedene Leinen, Halsbänder und Geschirre sowie den passenden Hundeleinenhalter (als weiteres Objekt einer hundeorientierten Wohngemeinschaft).

Was Sie übrigens nicht brauchen, ist eine Rollleine. Wer je gesehen hat, wie kopflos und panisch ein Hunde querfeldein (auch in der Stadt) rennt, wenn eine scheppernde Plastikbox mit Handgriff hinter ihm her donnert, wird verstehen, was ich meine.

Der Hund braucht: Kotbeutelverstau-Täschchen, Hundemarken-Täschchen, Leckerlie-Täschchen.

Mindestens zwei Mäntelchen, eins für Regen, eins für Kälte; am besten das Ganze in doppelter Ausfertigung, falls eins noch nass ist. Manch ein Hund benötigt sogar Kleidung.

Kühlkisschen und Kirschkernsäckchen.
Pfotenschuhe.

Näpfe, mindestens zwei, wenn nicht drei (Wasser, Trockenfutter, Nassfutter). Diätfutter. Hundeleckerlies in mannigfaltiger Auswahl und nach speziellem Gusto.

Ein Hundebett, besser mehrere.

Spielzeug, quietschendes, nicht quietschendes, und solches zur Förderung der Intelligenz, Zerrseile, Dummies, ein Kuscheltier und einen Korb, wo all das Equipment aufbewahrt (und wieder ausgeräumt) werden kann.

Transportbox, Schondecke, Autosicherung, Autoaufkleber mit meist nur mäßig originellen Hundenamen, Fahrradanhänger.

Salben, Nahrungsergänzung, allerlei Mittelchen gegen Parasiten (inwendige und äußerliche).

Versicherungen.

Im Falle eines Falles einen guten Tierarzt, einen Ernährungsberater, einen Tierheilkundler, einen Tierphysiotherapeuten *(nebst Unterwasserlaufband, für dessen Nutzung Sie zweimal wöchentlich jeweils 60 Kilometer fahren müssen)*, einen Hundesitter, einen *Dog Walker*, eine Hundepension, einen Trainer.

Er braucht Ausflüge, zum Beaglespielplatz beispielsweise. Spiel- und Raufgefährten. Spezielle Urlaubsorte.

... Urlaub? Sie werden sich doch nicht mit ihrem bellenden, gefräßigen Hundetrupp irgendwo anders als bei Ihnen zu Hause aufhalten wollen? Damit auch dort, an den schönen

Orten mit exquisiten Gastgebern, das ganze Theater seinen Lauf nimmt und dem zahlendem Gast die Laune verhagelt?

»Es gibt Tage, die aus einer bloßen Aneinanderreihung schlichter Alltagsbanalitäten bestehen, zu ereignislos, um sich an sie zu erinnern« – diesen Satz lese ich bei meiner Lieblingsschriftstellerin Nele Neuhaus (»Böser Wolf«).

Also, SOWAS ham wa hier nich.
WIR haben Hunde, Beagles. Und sind bei der Laborbeaglehilfe. Dies und »Alltag«, gar »Banalität«, schließen einander aus.

In diesem Sinne – lassen Sie sich ja nicht den Spaß an Ihren Hunden verderben :-)

Ode an die Ohren

Bei den Hunden gibt es Stehohren, Kippohren und Hängeohren. Außerdem Schlappohren und Rosenohren. Und es gibt Beagle-Ohren. Der korrekte kynologische Ausdruck für große hängende Ohren ist Behang. Kippohren verleihen dem Hund einen liebenswürdigen Ausdruck. Hängeohren sind jagdhundtypisch und sollen verhindern, das Wasser in die Ohren dringt. Als ob das was nützen würde, wenn der Beagle prustend und schnaufend durch jede Pfütze und jedes Gewässer pflügt (außer, es handelt sich um die Dusche im häuslichen Badezimmer), das er erreichen kann, vorzugsweise mit ordentlich Schlamm am Grund.

Die technische Ausstattung des Hundeohres ist ausgereift. Es hört locker dreimal besser als unsere unbegabten Menschenohren, und ein speziell konstruiertes Gleichgewichtsorgan meldet dem Hirn, welches Körperteil sich gerade oben befindet. Sehr sinnvolle Sache, wenn man mit Karacho über Stock und Stein muss! Das Ohr besitzt eine immense Beweglichkeit und ist sozusagen ein flexibles Radar zum Orten des akustischen Signals.

Beagle-Ohren sind etwas Besonderes. Wussten Sie, dass der ehrenwerte Comte de Buffon 1755 eine Klassifizierung der Hunderassen nach Form und Haltung der Hundeohren aufstellte? Tolle Idee! Konnte sich aber leider sich nicht durchsetzen.

Beagle-Ohren sind anders. Sie fühlen sich an wie Topflappen mit Plüschbezug, und ihr besonderes Kennzeichen ist die integrierte Fähigkeit zum selektiven Hören. Als vorrangige Sinnesfunktion verlässt der Beagle sich ohnehin eher auf seine Nase.

Bei einem Beagle-Ohr besticht vor allem das ansprechende Design. Wer hätte nicht schon einmal den gefälligen Faltenwurf eines Beagle-Ohres bewundert? Seidig, groß und weich wie persische Teppiche, dick und kuschelig wie die schweren Samtportieren in Ellen O'Haras Salon. Dass Design gelegentlich vor Funktion geht, ist vielen Beaglebesitzern nicht ganz klar.

Beagle-Ohren bekommen schon bauartbedingt nicht immer alles mit. In Richtung vorwärts abwärts getragen, während die Nase über den Waldboden grunzt, lässt sich das Echo flüchtender Karnickelläufe und das Getrippel der Mäusepfoten ein Stockwerk tiefer nun mal besser einfangen. Im günstigsten Fall verdecken die nach vorn hängenden großen Ohren scheuklappengleich die Augen, so kann man sich besser auf das grandiose olfaktorische Angebot konzentrieren. Da bleibt für Banalitäten, die der menschlichen Gassibegleitung relevant erscheinen, nicht mehr viel Raum! Schäferhundohren beispielsweise liegt eine ganz andere Aufgabenbeschreibung zugrunde. Deswegen sehen sie eben schon komplett anders aus!

Spezielle Features machen die Sache erst richtig spannend: Da ist zum Beispiel diese süße kleine Tasche am hinteren Rand. *»Crus helicis«* heißt sie, Helixmuschel. Die ist aber auch serienmäßig bei einigen anderen Tieren vorhanden, bei Katzen (und Schweinen!) zum Beispiel. Und wozu ist das?
Zum verbesserten Leiten des Schalls, unter anderem. So klein und hübsch und so tüchtig! Die entzückenden Helixmuschelchen sind aber auch Sollknickstellen. Schauen Sie mal nach: In entspanntem Zustand beugt sich das Ohr an dieser Stelle in die richtige Richtung – eine geniale Funktion, wie ein Abnäher im Kleid!

Nochmal zurück zu »Vom Winde verweht«: Läuft das Beagletier locker flanierend herum, schwingen die Ohren gemütlich im Takt der dicken Pfoten hin und her, wie ein Metronom. Aber dann gibt der Beagle Vollgas. Die Ohren werden plötzlich zu aerodynamisch perfekt austarierten Seitenrudern. Wie das Großsegel auf der Gorch Fock wehen sie hinter dem stürmenden Hund her.

Beagleohren sind nicht nur zum (gelegentlichen) Hören und Lustig-im-Wind-Flattern auf der Welt, sondern dienen vor allem auch dazu, den Gesichtsausdruck zu verändern. Der Beagle hat eine ausgeprägte Mimik und enormes schauspielerisches Talent. Beides nutzt er zur Kommunikation mit Artgenossen, und mit seinem menschlichen Gegenüber.

Meine Hündin Georgia ist eine mimische Koryphäe. Niemand beherrscht das filigrane Spiel der 18 Ohrenmuskeln so virtuos wie sie. Sie kann sich mit einem leichten Knick in der oberen Ohrmuschel für alle Sünden, die sie im Laufe einer halben Stunde so ansammelt, nachhaltig entschuldigen. Wünscht sie etwas zu essen, stellt sie die Lauscher in eine besondere Bitt-Position. Weckt etwas ihr besonderes Interesse, klappt sie die Ohren in Richtung ihres unfassbar schönen Gesichtes und sieht damit glatt siebeneinhalb Jahre jünger aus, womit sie den Menschen zuverlässig alles aus den Rippen leiert.

Nicht jeder mag Beagle, aber Beagle-Ohren finden alle toll. Farblich ist das Ohr meist dem Rest des Hundes angepasst, häufig aber findet man bezaubernde silberne Sprenkel, einen helleren Rand oder andere entzückende Design- und Ausstattungsvarianten. Oft hat das Beagle-Ohr eine Schattierung von dunklem Honig. Oder überhaupt von Honig – von Birkenblüten- bis Tannenblütenhonig ist alles dabei! Also, jetzt mal rein farbtonmäßig.

Das wichtigste am Ohr eines Beagles ist jedoch sein Kuschelfaktor. Der dient dazu, den ohrenaffinen Beagle-Besitzer am Ende des Tages wieder mit allem zu versöhnen. Womit wir bei der Freude angekommen sind, die der Herr von Beethoven in seiner gleichnamigen Ode so inbrünstig besingen lässt, welche – minimal abgewandelt – unserer Geschichte den Titel verlieh.

Ohren unterschiedlicher Inhaber fühlen sich auch unterschiedlich an! Bisweilen wie feines Wildleder (das gute, aus dem die teuren Jacken gemacht sind). Manchmal seidig und fein wie Blätter einer Akazie, oder weich wie Flanell. Manche sagen, Beagleohren hätten die Konsistenz, das Aussehen und die Größe besonders gut gelungener Pfannkuchen.

Kratzt der Ohrenbesitzer sich in einer Darbietung ausgeklügelter Körperbeherrschung, machen die großvolumigen Ohren interessante »flapp-flapp«-Geräusche, die an einen formvollendet startenden Kormoran erinnern.
Derlei beeindruckende Vorführungen erleben Sie bei einem Schäferhund eher selten! Okay, die Form folgt der Funktion – Schäferhundohren haben eine tadellos funktionierende Verbindung zum Hundehirn, beim Beagle ist das ein bisschen

indirekter. Und auch die Größe der Ohren variiert – Basismodelle weisen ein zum Körper korrespondierendes, vernünftig handtellergroßes Maß auf – es gibt aber Luxusohrenbeagle, bei denen man befürchten muss, sie werden abheben, wenn sie ordentlich Fahrt aufnehmen.

Ich liebe Beagle-Ohren. Aber ich gehöre auch zu der Sorte Mensch, die sich bei ihren Hunden entschuldigen, wenn sie ihnen auf die Pfoten treten und die ihnen beispielsweise »gute Nacht« sagen. Ich verabschiede mich von ihnen, wenn ich das Haus verlasse, und ich begrüße sie herzlich, wenn ich wiederkomme. Ja, man könnte das als »Vermenschlichung« begreifen. Aber es gibt auch Zeitgenossen, die ihren Autos Namen geben oder die ihren Computer beschimpfen. Solange ich meinen Hunden keine albernen Hütchen aufsetze und Matrosenoutfits anziehe, sehe ich das entspannt.

Außer den Ohren hat so ein Beagle natürlich noch mehr großartige Vorzüge. Manchmal vergisst man das.

Mir macht es jedenfalls Freude, Beagleohren jedweder Art zu knuddeln, und das werde ich jetzt auch ausgiebig tun!

Persephone-Eurydike möchte aus dem Hundeparadies abgeholt werden!

Wir wollen uns noch eben über Hundenamen Gedanken machen. Vereinzelt habe ich ja in den vorhergehenden Texten schon durchblicken lassen, dass mir sehr an dem Thema gelegen ist. Und das hat seinen Grund.

Manch einem Hundebesitzer erscheinen Namen von Gottheiten und Helden ausgesprochen passend für ihren Hund. Bei den Göttinnen stimme ich zu – kann es etwas schöneres, durchdachteres geben als ein Beagle namens Skadi, einer eher weniger bekannten nordischen Jagdgöttin?

Helden sind super. Solange es keine *Marvel*-Helden sind… »Malekith, sitz!« und »Gamora, pfui!« klingt schon ein bisschen *strange*. Und wenn aus dem ranken, schlanken »Orion« mitnichten ein himmlischer Jäger, sonders eher eine gemütliche Couch-Kartoffel geworden ist, sorgt man in Hundekreisen eher für Mitleid als Bewunderung.

Aber die Geschmäcker sind ja verschieden. Schon im Kindergarten gab es mehrere Laras, Emmas, Paulas und Mias. Und Lottes und Lillis. Jungs heißen Paul, Max und Henry. Hundejungs noch Lucky, Happy und Sam.

Jedes Jahr werden Hundenamen-Top-Ten-Listen herausgegeben. Groß verändert haben sie sich nicht in den letzten Jahren, meine ich. Alltime-High: Luna.

Ich mag kurze einprägsame Namen. Welche, die man schnell zischen oder brüllen kann. Ein knackiges »Hanssss!« ist wie ein Schwertstreich in so einem Marvel-Film. Manche Namen funktionieren gut beim Maßregeln (bei mir ist das »Buddy!!«), andere weniger (»Georgia« kürze ich im Dauerstress zu »George!« ab, dann klappt es. Manchmal). Wenn es Ihnen

nichts ausmacht, bei der Eintrittskontrolle zum Beaglespielplatz jedes Mal »Igraine-Yukiko« zu buchstabieren: okay, Ihre Sache.
Achtung: Nennen Sie Ihren Beagle niemals »Mike«. Darauf hört kein Mensch, *pardon*, Hund.

Die Helden-Namen übrigens sind schon bei Kleinhunden schwer *en vogue*. Ich kenne Chihuahuas namens Herkules und Thor.
Wobei, Letzteren gibt's im *Marvel*-Superhelden-Universum ja auch. Egal. Ich hoffe nicht, dass sich der Trend beim Beagle durchsetzt.
Da ist mir der einiger Listenhunde-Fans viel lieber: Einen Staff namens Steffi gibt's in einem meiner Romane, und wenn ein Bullterrier »Blümchen« gerufen wird, geht einem doch das Herz auf!

Seien Sie kreativ, mutig sind Sie ja! Wer lesen kann, ist wie immer klar im Vorteil. Geht man die Klassiker der Literatur durch, bieten sich unzählige, wunderbare Möglichkeiten. Edgar Allen Poe nannte seine Katze Catterina, hätten Sie das gedacht? »*Thorin*« hält sich seit Jahren bei mir auf der Favoritenliste, der nächste Rüde im Hause McGary heißt so, versprochen!

Aktuelle Bestseller, Netflix-Serien und PS4-Spiele werfen ihren Schatten auf die Hunde, sorry, voraus. Obwohl es angemessen sein kann, seinen Beagle »*Daredevil*« zu nennen. Und wenn neuerdings Hündinnen »Sansa« oder »Arya« heißen, wird eine ganz andere Zielgruppe auf sie aufmerksam!

Kinderbuchhelden gehen immer! Nein, jetzt nicht Arielle, was machen Sie denn, wenn der Hund wasserscheu ist? »*Alfons Zitterbacke*« wäre auch ein bisschen gemein. Aber vielleicht Mio. Im süddeutschen Sprachraum könnten »Annerl« oder »Heidi« für Furore sorgen, im Norden böte sich wiederum »Findus«, »Wickie« oder »Kalle« an. Und »Mathilda«, das ist *sooo süüüß*.

Sind die Namen zu schwirig (oder mit den Jahren vielleicht auch zu peinlich), kürzt man gern ab. Da wird aus »A dream comes true« (!) vielleicht »Dreamy« (immer noch doof, aber schon um Klassen besser als der Name, der dem Winzling im A-Wurf verpasst wurde). Aus »Eldridge« wird »Elli«. Aus »Argentosius« (einem Wurfbruder von Dreamy?) gnädigerweise ein »Archie«.

Wurfnamen! Tolle Sache! Hundewürfe werden fortlaufend nach den Buchstaben des Alphabets benannt, alte Tradition, Zuchtordnung und so, aber das wissen Sie natürlich. Die Welpen des ersten Wurfes begänne man dann mit dem Buchstaben »A«. Das wäre sozusagen der Vorname. (Falls *Sie auf eine Hündin treffen, die den schönen Namen Zenobia, Zerlinda oder Zouzette trägt: Im Ausland fängt man mitunter am Ende des Alphabetes an und arbeitet sich dann nach vorn. Bei »Z« bin ich übrigens über Zuckerfee gestolpert. Das könnte mir fast gefallen!*)

Den Nachnamen des Züchterwelpen bildet der Zwingername. Dabei sind der Phantasie ja erst recht keine Grenzen gesetzt!

Besuchen Sie mal eine Hundeschau. In Kassel vielleicht, das ist bei mir in der Nähe. Oder Dortmund, geht auch. Wenn Sie dort auf die Leistungssieger treffen, schwirrt Ihnen der Kopf, abgesehen davon, dass die Namen auf den Tafeln mit äußerster Mühe abgekürzt werden müssen, weil man sonst meterbreite Wertungstafeln bräuchte. Mit etwas Glück treffen Sie dort auf den edlen *Tight Solobrown von der Rosenblätterwiese*, die liebreizende *Ragtime Journey vom Einerwiekeinergarten* oder einen beeindruckenden *Flying Siddharta de la Immerwährendesmärchenhof*.

Zwingernamen sind geschützt, wie Markenbrotaufstrich und Sportkleidung. Ich habe zwecks Vermeidung neuer Klagen meine rege Vorstellungskraft bemüht und auf englische Vokabeln im Nachnamen verzichtet. Googeln Sie selbst! Sagenhaft, eine endlose Quelle der Inspiration!

Können die nicht einfach Jack heißen, Jule, oder Otto?

Otto ist ein gutes Stichwort. Otto ist wie Hans. Namen, die's schon immer gab. Erna. Herta. Benno. Gustav. Luise! Augusta! Ida!

Das Internet hilft in allen Lebenslagen. Auf www.hundenamen.biz finden Sie Sachen, das glaubt man gar nicht.

Einer meiner klaren Favoriten ist ja »Chingachgook«. Auch irgendwie ein Held. Okay, brüllt sich halt ein bisschen sperrig. »Cadillac« ist auch cool.

Überhaupt: Autonamen! Muss ich jetzt einen Werbehinweis einblenden? Ach, ich versuch's mal so und rufe laut in den Stadtpark: »*Qashqai*! Ko-homm!« und »*Tucson*, hi-hier!«.

Was für ein Hund erscheint bei »*Scirocco?*« Ich hoffe, ein Windhund. Bitte jetzt keine englische Bulldogge! Und »*Mocca*«? Wird sie süß und dunkel sein, ein Hundeäquivalent zur gleichnamigen Sahnetorte?

Ah, Essen. Essen ist super, passt auch gut zum Beagle. Am besten wieder was Süßes. Ich kenne eine junge Frau, deren sechsköpfiger Beagle-Nachwuchs (ohne Papiere) namenstechnisch klingt wie eine Auswahl aus dem Schokoriegelregal. Lecker!

»Ich habe keinen Namen /
Dafür! Gefühl ist alles«, dichtet der Herr von Goethe (danach sagt er: »Name ist Schall und Rauch«).
Nennen Sie Ihren Hund doch, wie Sie wollen. Oft genug heißt er »Schätzchen« oder »Liebling«. Und das ist auch wirklich völlig in Ordnung so!

Unterbeschäftigt

Mike fällt wegen einer Pfotenverletzung aus. Buddy hat sich schon anderweitig bis an den Rand der Erschöpfung ausgetobt.
Unversehens finde ich mich in einer Lage wieder, die es hier seit Jahren nicht gab: ein Spaziergang zu dritt. Georgia (Beagle, 10), Hans (Schäfi-Mix, 5), und ich.
  Der Knaller daran: Beide Hunde laufen ohne Leine.
Mit eigenartig leeren, luftigen Händen geht es also quer durch die Pampa. Ich trage keine Handschuhe, weil ich nicht befürchten muss, dass mir ein wahnsinniger Mike die Schleppleine durch die Handfläche brennt. Ich schlenkere mit den Armen und komme mir dumm vor.
  Nutzlos.
Die beiden Hunde trotten mal vorweg, mal hinterher. Nach einer Weile fällt mir auf, wie ruhig es ist, geradezu beängstigend still – also, abgesehen vom Vogelgezwitscher in den junigrünen Bäumen. Ich höre meinen eigenen Atem. Meine Schritte auf dem Waldboden. Ich überlege, ob diese Geräusche sonst auch da sind. Sonst: In dem anderen Universum, dem mit den vier Hunden, zwei davon eher jagdlich orientiert. Doch, ich glaube eigentlich schon, dass die Geräusche sonst auch da sind.
  Ja, Mensch, ich höre nichts weiter! Kein »*Buddy, komm*«, um den Hund vom Grashalm-Sezieren weg- und wieder ins Vorwärts zu bitten, kein donnerndes »nein!!«, wenn hundert Meter weiter eine Bewegung im Feld auf Wild hindeutet. Kein wildes Alarmgeheul (euphemistisch auch gern als »Spurlaut« bezeichnet).
Nach einer weiteren Weile wird mir klar, was mich noch mehr verwirrt als die gruselige Stille: Ich bewege mich kontinuierlich fort. Bleibe nicht alle sechzig Zentimeter stehen. Mache keinen plötzlichen Spurwechsel. Taumele nicht unversehens am Rand

eines Abgrundes entlang, weil da unten am Bach die Waldbewohner frühstücken, morgens in der Dämmerung. Falle nicht über Leinen oder Äste, die mir übereifrige Hunde zu Füßen legen.

Ich gehe ganz normal spazieren. Mit locker schwingenden Gliedern. Ohne Handschuhe und Notbremsung. So, wie andere Hundebesitzer. Wenn ich meine Hunde rufe, kommen sie umgehend angetrabt.

Ich sehe mich um. Schöne Gegend hier! Ganz schön groß geworden, diese Bäume da! Oh, Schmetterlinge. Hübsch! Und diese Bank mit der super Aussicht ins Tal – gibt's die schon lange?

Ich fühle mich unterfordert und denke kurz darüber nach, mal auf dem Handy zu schauen, was bei Instagram so los ist. Wird Zeit, dass Mikey wieder gesund ist. Und Buddys Mantrailerstunde ist ab sofort gecancelt.

Laaangweilig, so eine Gassirunde mit Normalos.

Phantastische Tierwesen

...und wo sie zu finden sind.« So heißt ein Film nach einem Script von Joanne K. Rowling. Manchmal fühlt man sich als Beaglefan wie mitten im Film. Im falschen.

»Hallo, ich spiele mit dem Gedanken, mir einen Beagle zu holen, am besten einen Welpen. *Was spricht denn eurer Meinung nach für einen Beagle? Was vielleicht auch dagegen?«*

Soweit die Frage in einem Beagle-Forum. Es kommentieren zu dem Zeitpunkt elf Personen. Zehn davon äußern sich lobend über die ruhige Zurückhaltung ihrer Hunde, in jeglicher Hinsicht, und posten Beweisfotos von schlafenden Beagletierwesen.

Eine Person schreibt, sie habe sechs Hunde, zwei davon Beagle. Die vier anderen *»machen zusammen nicht so viel Ärger wie die beiden Beagle.«*

Raten Sie mal, wem von den Elf ich den meisten Glauben schenke.

Information ist alles.
Information ist aber auch gefährlich. Womöglich macht einem die ganze Information nämlich einen bösen, allzu vernünftigen Strich durch die schöne Vorstellung, mit dem niedlichen Beaglekind ohne nennenswerte Anstrengung lauter lustige Dinge zu erleben.

Der Mensch hat die interessante Gabe, Informationen selektiv zu verarbeiten. Heißt: Das, was man eigentlich gar nicht so richtig hören will, blendet man aus. Vermutlich kommt genau daher auch das Sprichwort, dass der, der nicht hören will, fühlen muss.

Hunderassen gibt es aus bestimmten Gründen: Jemand wollte, dass bestimmte Eigenschaften und/oder Merkmale dieses Hundes hervortreten und betrieb daher eine Zucht, die sich auf

genau diese Eigenschaften konzentrierte. Bei den zur Zucht verwendeten Tieren achtete man auch auf Eigenschaften/Merkmale, die nicht so erwünscht waren, und ließ solche Hunde dann nicht zur Zucht zu.
Manche Hunderassen gibt es seit Jahrhunderten, und allzu groß verändert haben sie sich in dieser Zeit nicht.
Ein Beagle hat folgende, rassetypische Eigenschaften: Zunächst ist ein Beagle ein Jagdhund, ein Laufhund, der typischerweise in Meuten gehalten wird. Hier entfaltet er sein größtes Potential: Er rennt, jagt, bellt, und das ziemlich eigenständig, denn so schnell kommt der Mensch ja nicht mal zu Pferde hinterher.

LAUFhund.
JAGDhund.
MEUTEhund.
Soll BELLEN, um dem Menschen zu zeigen, wo der Hase langläuft.

Eigentlich ist mit diesem Satz schon alles gesagt und das Kapitel zu Ende.
Tschüss!

Aber ich will ja mal nicht so sein.
Laufen muss der Beagle, um seinen Bewegungsdrang auszuleben.
Heißt: Gassi gehen, und zwar in 3-D, und zwar nicht zu knapp. Aber nicht Gassi an der Zwei-Meter-Leine, sondern Gassi auf eine Weise, die dem Hund gefällt. Mit zwanzig Mal stehenbleiben und an Grasbüscheln schnuppern. Mit ständiger Überprüfung, was der nächste Wind einem flüstert. Mit permanenter Kontrolle von Mauselöchern und Hinterlassenschaften. Denn: Der Beagle ist ein Spürhund. Seine Nase hat bedeutend mehr Talent als die anderer Hunderassen. Lassen Sie ihn das ausleben, er wird es Ihnen danken – schnuppern und schnüffeln ist viel anstrengender als bloßes Gassi, es macht viel müder.
Auch große Klasse: stöbern im Unterholz. Hauptgewinn: Freilauf.

Jetzt könnte natürlich allerlei jagdbares Wild (wobei es sich für den Alleskönner auch um Nachbars Katzen, ein paar Spatzen oder auch gerne einen Fahrradfahrer handeln darf) seinen Weg kreuzen.

Aus diesem Grund gibt es Leinen.

Wenn man das irgendwo postet, melden sich sofort zwanzig Leute, die ihren Beagle ohne Leine führen, also frei laufen lassen können, wobei sich der Hund auch abrufen lässt.

Sensationell! Das gibt es; solche Herrchen und Frauchen haben meine ganze Bewunderung. Und meinen unverblümten Neid.

Mit meiner Georgia kann ich das auch. Georgia hat zwei Kreuzbandrisse hinter sich und dauerhaft deformierte Schultergelenke. Trotzdem kann sie rennen wie der Teufel, wenn die richtige Motivation da ist. Ich unterbinde es regelmäßig, aus gesundheitlichen Gründen.

»Ohne Leine« ging auch mit Buddy, solange Buddy mein einziger Beagle war. Nach dem ersten Jagdausflug war es vorbei. Buddy ist sogar nach einer OP, mit krachenden Nähten, auf und davon, weil außerhalb unseres Gartens ein Schmalreh durch die benachbarte Wiese eierte. Auch das ist typisch Beagle: Rennen bis zur totalen Erschöpfung, mit gebrochenen Knochen, verletzt, wenn's sein muss. Das ist so, als ob Sie sich mit Grippe ins Büro schleppen, nur intensiver, weil tiefer verankert. Scheiß-Pflichtbewusstsein.

Ohne Leine »kann« ein Beagle, wenn er entweder Einzelhund ist oder noch nie gejagt hat. Ohne Leine ist eher die Ausnahme, als die Regel.

Wenn der Beagle in der Meute rennt, macht er Krach. Man nennt es »Geläut«. Das ist eine freundliche Umschreibung der Schleppjagdfans, die damit kaschieren wollen, dass der Hund einen Mordslärm der unangenehmen Sorte macht.

Er kreischt, schreit, heult, quietscht in den höchsten Tönen, und Sie können nicht glauben, dass diese Geisterbahn-Akustik Ihrem süßen Hündchen entspringt.

Natürlich kann er auch »normal« bellen. Irgendwann tut er es. Aus welchen Gründen, ist größtenteils Ihre Schuld. Vielleicht bellt er nur nachts in Richtung Wald, weil irgendein Tier es wagt, sich zu rühren (denn er hört das).

Oder nur, weil jemand unter Ihrem Fenster entlanggeht. Durchs Treppenhaus. Am Auto vorbei. Zwei Straßen weiter pfeift. Eine Mülltonne in den Hof schiebt.

Vielleicht bellt er auch immer dann, wenn Sie ihn allein lassen. Ausdauernd. Weil er sich nach Ihnen sehnt oder generell nicht allein sein will. Denn:

Der Beagle ist ein Meutehund. Er möchte seiner Veranlagung nach nicht allein sein. Kann er es nach mehreren Jahren sorgfältiger Desensibilisierung, weil Sie ihn umsichtig und achtsam daran gewöhnt haben, ist das schön. Für Sie. Ja, keine Sorge, es gibt Beagle, die als Einzelhund super zurechtkommen. Wir reden aber hier von den typischen Eigenschaften.

Eine davon ist der Drang, alles zu besitzen zu wollen, und alles fressen zu wollen. Das ist das Manko der Meute: Man kriegt nie, nie, nie genug zu fressen. Man kriegt nie, nie, nie genug ab von jeglicher Ressource.

Deshalb nerven mich die dürren, hibbeligen Hektiker unter den Beagles: Sie leben nicht in einer Meute. Der Hund darf zumindest einmal am Tag die Sicherheit haben, die seiner Größe und seiner Aktivität angemessene Menge Futter zu bekommen.

Beagle sind stur bis dickköpfig, sagen manche. Tatsächlich sind Beagle hochintelligente Hunde, die einen festen Willen haben und eine erstaunliche Kompetenz, Probleme zu lösen: Der Beagle verliert sein Ziel nicht aus den Augen. Fordern Sie ihn. Aber übertreiben Sie es nicht: Ruhe muss sein.

Ich glaube, das ist der Moment, wo die Fotos der selig schlummernden Beagles entstehen. Lassen Sie ihn Beagle sein.

Dieser ganze Optimierungswahnsinn nervt nämlich.

Waldgedanken

Szenario: In einem hessischen Wald, unweit von zu Hause, aber doch schon so weit weg, dass man ein Stück mit dem Auto fahren muss, wenn man nicht insgesamt fünfzehn Kilometer laufen will oder kann.
Ein schöner, aber schon etwas fortgeschrittener Spätsommer- oder Frühherbstnachmittag.
Ausgangssituation: ordnungsgemäß mit drei Hunden losgelaufen.

Nach ungefähr zwanzig Minuten findet einer eine bessere Route. Und haut ab.
Georgia hört normalerweise gut und darf daher ohne Leine laufen. Ja, ich bin mir der Fahrlässigkeit bewusst, es musste ja so kommen! Denkbare andere Gründe sind: Der Karabiner hat den Geist aufgegeben. Die Leine ist gerissen. Hund verheddert sich im Strauchgewirr. Oder macht diesen unglaublichen Aus-dem-Geschirr-schlüpf-Trick.
Zunächst einmal kommt es bei der Hundeführerin zu einem interessanten Phänomen des optisch-kognitiven Zusammenspiels: Etwas sehen und es nicht checken.
Das Gehirn verweigert den Dienst, wieso ist denn jetzt bitte der Hund nicht mehr im Geschirr? Das ist natürlich ein richtig schweres Bilderrätsel, und es zu lösen, fordert dich 2 Sekunden zu lange. Jedenfalls: Hund ist weg.
Und kommt auch nicht wieder.
Die schrillen Pfiffe aus der eiligst hervorgefummelten Hundepfeife versickern in den temporär tauben Beagle-Fallschirmohren, die gerade das tun, was sie am besten können und am liebsten machen: Fliegen!

Das Jagdgejauchze verklingt, sehr weit weg auf einmal, wie eine ferne Melodie.
Vorhang auf, Ring frei.

Optionen:
1. Weitergehen, hoffen, dass Hund wieder aufkreuzt und den Spaziergang absprachegemäß als Teil eines Trios beendet. Cool bleiben. Gehorsam ist auf jeden Fall überbewertet. Was macht es schon, wenn der Hund mal eine Runde durch den Wald joggt?

Allerdings: Nach dem Motto »lerne von den Besten« scheinen Mike und Buddy darüber nachzudenken, ob sie es der Georgia nicht besser gleichtun sollten – die sich in maximaler Schräglage durch die Fichtenschonung bergwärts schraubt und selig dabei grinst.

Option 2: Vor Ort warten. Beagle kommen (fast) immer an den Punkt des Malheurs zurück. Irgendwann.

Option 3: Hinter dem Hund herlaufen.

Option 4: Panisch Kommandos brüllen, auf die Hund eh nicht (mehr) hört.

Option 5: Hund 1 und Hund 2 nach Hause verfrachten, zurückkommen, sich in Geduld üben und auf Hund 3 warten. Egal, bis wann, und egal, ob man vielleicht noch zum Nachtdienst muss oder Kinokarten hat oder mit dem Kind noch Mathe üben wollte.

Last, but not least – **Option 6.** Irgendwas anderes, noch nie Dagewesenes, besonders Ausgefuchstes, was mir leider gerade nicht einfällt bei all dem Stress. Genauso wenig wie die sinnvolle Reihenfolge derer, die man eigentlich über das Entlaufen eines Hundes informieren sollte.

Okay, lass mal sehen:

Option 2 ist keine, weil: Ein bis zwei andere Beagle da sind, die derweil lautstark hinter der Flüchtigen her heulen (irgendwo in den umliegenden Gemeinden kriegt gerade todsicher jemand eine Gänsehaut) und die verbleibenden 40 kg, die an meinem Schultergelenk reißen und somit ganz schnell zu 4HUNDERT Kilo werden, die Minuten zu Stunden werden lassen.

Option 3 ist extrem doof, weil ich nur zwei Beine habe und eher das Tempo einer griechischen Landschildkröte statt des Ferrari in Georgia-Gestalt, der da lauthals und mit einem Riesenspaß flüchtet.

Option 4 kann man vergessen. Auch als Absolvent von *AJT* oder *JET*, by the way. Und Kommandos hinterherbrüllen ist das Maximum an Dilettantismus, das Nonplusultra des Versagens, die Krone der Rat- und Hilflosigkeit.

Option 5 ... ist eine Überlegung wert. Aber was, wenn die Abgängige zwischendurch beschließt, die Flucht abzubrechen?

Option 6 – naja, da fehlt halt noch der zündende Funke. Und mit dem Informieren (Polizei-Jäger-Tasso) warten wir noch ein bisschen, die halten dich ja für völlig hysterisch.

Alles klar. Weil es irgendwie weitergehen muss – die geifernden Bestien am linken Arm warten nicht ewig, bis der zaudernde Mensch zu einem Entschluss kommt (welcher 100 Pro der Falsche sein wird, soviel ist schon mal klar)! Kommen wir zum

<u>**Verlauf der Ereignisse.**</u> Dieser ergibt sich – nach sorgfältiger, adrenalingefluteter Chancen- und Güterabwägung – aus einer Kombination aus Option 1, 5 und 6 (was war das jetzt genau?? Na, vielleicht fällt einem ja noch was ein!).

Ergebnis: Die Runde wird erstmal zu Ende gelaufen. Wo kämen wir denn auch hin, wenn wir uns das von dieser jagdgeilen Töle verderben lassen würden!

Na ja, Freude bereitet der Spaziergang nun nicht gerade. Mit einem Ohr ständig in den Wald hineinpeilend, bleibt Spontaneität ein wenig auf der Strecke. Nicht der Weg ist das Ziel, sondern das Ziel ist das Ziel!

Ab und zu hört man eine schöne Spurlaut-Darbietung, wirklich weit, weit weg, wie es scheint.

Meine Laune wird schlechter.

Unweit murmelt ein Bächlein. Sonnengesprenkelt rieseln Blätter zu Boden und bilden einen Teppich aus herrlichen Herbstfarben. Im Moos stehen lustige Fliegenpilze.

Nett, sehr nett.

Was nun folgt, rechtfertigt den lyrischen Titel dieser Erzählung. Wir zitieren Rilke: »*Die meisten Menschen wissen gar nicht, wie schön die Welt ist und wie viel Pracht sich in den kleinsten Dingen, in einer Blume, einem Stein, einer Baumrinde oder einem Birkenblatt offenbart.*«

Ja.
Ich hasse es.
Alle fünf Minuten ein Dreierpfiff aus der Hundepfeife. »Georgia! Georgia!« skandierend ziehen wir durch die Wildnis, die noch verbliebenen zwei Drittel des Beaglerudels machen einen irritierten Eindruck.
Danach warten wir noch ein Viertelstündchen am Pkw. Dann: Jacke im Wald drapieren, im Affentempo nach Hause, Hunde (2) raus aus dem Geschirr, ab ins Haus, Mensch wieder rein ins Auto, im Affenzahn zurück an besagten Waldparkplatz.

Leider hat sich Georgia in den vergangenen 18,5 Minuten nicht wie vorgesehen auf der Jacke (oder der Peripherie davon) eingefunden.

Die Laune geht gegen Null.

Ja, was nun? Nach erneuten kilometerweiten (Such-)Märschen steht mir nicht der Sinn. Also ein Stück weit in den Wald rein (soll ich die Jacke anziehen? Oder lieber liegenlassen? Warum habe ich mir nicht zu Hause noch 1,5 Minuten länger Zeit genommen, Zweitjacke, Fresspaket und Thermoskanne eingepackt?)

Was ich jedoch habe, ist eine Taschenlampe. Die kann ich auch gut brauchen, es wird nämlich bald dämmern. Der flirrende Oktobertag weicht einer mondhellen Nacht. Blödes Winterhalbjahr, blödes.

»Matt durch der Tale Gequalme wankt / Abend auf goldenen Schuhn, / Falter, der träumend am Halme hangt / weiß nichts vor Wonne zu tun«, könnte nun im Kontext zum rapide fortschreitenden Tag der Gott deutscher Romantik, Rainer Maria Rilke, deklamieren.
Mit der Wonne ist es hier nicht allzu weit her. Die Kulisse hat sich auch irgendwie zum Negativen verändert: Keine Sonnenscheintupfen auf Hagebuttenzweigen mehr, erst recht keine niedlichen Falter, das herbstliche Idyll wird an den Rändern schon trüb und, ja: unschön.

Mensch macht sich Gedanken. Literarische, in Ermangelung von Handyempfang, anderweitiger Unterhaltung und, vor allem, eines Hundes.

Im Hinblick auf das herrschende Gefühlschaos im Beaglebesitzerinnenherz geht es wild hin und her, quer durch jegliches Genre, Hoffnung und Schreckensszenarien wechseln in rascher Folge einander ab. Bei jedem noch so weit entfernten Geräusch alarmiertes Aufmerken – vergebens. Was ist das nur für ein dämlicher Hund! Fiona fällt mir ein. Fiona, die Prinzessin aus »*Shrek*«. Bevor sie sich in die Oger-Frau verwandelt, spricht sie die folgenden richtungsweisenden Worte: »*Des Nachts ist es so, bei Tage ganz anders.*«

Meine schöne, elegante Beaglehündin ist auch so eine Fiona. Sie verwandelt sich in einen Beagle-Oger, sobald man in Waldesnähe mal kurz zur Seite guckt.

Nach einigen hundert Metern gelangen wir an den Ausgangspunkt des Entsetzens, den Ort der Verselbständigung.

Herr Rilke meldet sich erneut, mit spottenden Versen: »*Da warst du einst. Wo bist du hin entwichen?*«
Der Wald antwortet erwartungsgemäß nicht.
Ein Ganghofer-Zitat wäre an dieser Stelle noch schön, es bezieht sich auf das »*Schweigen im Walde*«. Lassen wir das.

Der Weg wird steiler, der Wald finsterer. Spaß geht auch anders!
Zeit für einige Selbstvorwürfe, bemühen wir den gestrengen Herrn Kant, kategorischer Imperativ: »*Du-MUSST-den-Hund-fest-an-seiner-Leine-führen*«!

Und wo wir grade schon so nett beim Negativ-Denken sind, fällt mir Kafka ein, zwar nicht direkt als Zitat, aber die kafkaesk-bedrohliche Gedankenschleife »du wirst deinen Hund nie, nie, nie mehr wiedersehen, und wenn, dann in einem sehr unerwünschten Zustand« muss jetzt genügen!

Glücklicherweise leben wir hier in dieser Gegend nahezu im Paradies – allzu große Bedrohungen gibt es nicht, vom Straßenverkehr abgesehen, und die örtlichen Jäger kennen meine Hunde. Von daher: Kein Grund zum Ausflippen. Trotzdem! Der Status quo ist kein akzeptabler, Hund gehört ins Rudel und nach Hause, also frisch ans Werk!
Aber macht es denn überhaupt Sinn, nochmal die Runde zu gehen?

Zögernd, lauschend, langsam zaudere ich einige hundert Meter durch Bodennebel zurück.

Hey, Beagle: Du weißt aber schon, dass du bitte schön auf deiner eigenen Spur an den Startplatz des Dramas zurückzukehren hast, ja? Ja?? Wir fangen jetzt nicht mit unorthodoxen, kapriziösen Verhaltensvariationen an, kapiert? Das war doch jetzt lange genug Action!

Eine schöne Überleitung zu William Shakespeare, nebenbei! *»Die tolle Jagd, sie macht mir weh und bange / je mehr ich fleh, je minder ich erlange.«*
Aus dem »Sommernachtstraum«, übrigens.
Mir ist langsam nach hysterischem Gelächter zumute.

Ziel- und mutlos wandere ich am Waldrand hin und her. Die Kombination aus »nachts« und »draußen« macht mir grundsätzlich nichts aus, bin ja ein Landkind. Ab und zu raschelt es im Unterholz, manchmal erfasst der LED-Strahl des Taschenleuchtfeuers zwei reflektierende Augen: »Georgia?!«
Nochmal den ollen Shakespeare bemüht: *»Hoffnung ist oft ein Jagdhund ohne Spur.«* (Quelle: »Die lustigen Weiber von Windsor«-!-)
Mein lustiges Beagle-Weib hat den Jux ihres Lebens und denkt nicht im Traum daran, die Freiheit so schnell wieder aufzugeben.
Gespenstisch, wie schrill meine eigene Stimme in des Waldes Ruh auf einmal kreischt. Um mich von dem aus den Tiefen humanistischer Bildung heraufblubbernden unheimlichen »Schimmelreiter« – Theodor Storm! – gedanklich wieder wegzubewegen, suche ich nach Alternativen. Und stoße dabei leider ausgerechnet auf Hitchcock: *»WAS lauert in diesem WALD noch?!«*

Okay, okay ... konzentrieren wir uns mal. Sehen tun wir nix, außer komischen fremden Augen, aber HÖREN wir denn vielleicht was?
Ein Käuzchen. Geraschel. Gefühlte 100 Kilometer weit entfernt ein vorbeifahrendes Auto. Herrje! Und wenn die dämliche Hundelady, den lustigen Operettenweibern charakterlich normalerweise nicht allzu fern, nun auf die Straße rennt, in

ihrer Einsamkeit, ihrer ausnahmesituationsbedingten kopflosen, verzweifelten Begierde, ihr Rudel wiederzufinden?

Es sind ja auch leider gar keine 100 Kilometer, sondern höchstens einer! Mit dem Gedanken geht eine Welle der Panik einher, schleunigst bewege ich mich in Richtung B 253. Dann die Erkenntnis:

Momeeeeent! Welche Begierde denn, das Rudel wiederzufinden? Der treulosen Beaglefrau ist doch ihr Rudel sowas von schnuppe, erst recht der vermeintliche (!) Chef der ganzen Truppe, nämlich ich! Wer ist denn hier notorisch abgängig? Ich mach mich doch hier nicht zum Oberaffen und lauf nachts durch die Pampa –!
Aber der Zeitpunkt zum Weggehen und Coolsein ist verpasst. Es reicht mir.

»Weil meine beiden Beine / Erfolglos müde sind, / Und weil ich gerade einsam bin, / Wie ein hausierendes Streichholzkind, Setz ich mich in die Anlagen hin / Und weine.
Nun hab ich lange geweint./ Es wird ist schon Nacht; und mir scheint, / Der liebe Gott sei beschäftigt.« Joachim Ringelnatz, auch schön. Und nicht minder tröstlich!

Ich stehe wieder auf, laufe ein Stückchen hierhin und dorthin und pfeife ein bisschen auf meiner blauen Hundepfeife. Würde ich doch wenigstens noch rauchen. Tu ich aber nicht. Gottseidank! Soll reichen, sich die Knochen im dunklen, feuchten Nebel zu ruinieren, da möge doch bitteschön wenigstens der Rest heil bleiben.

Das Mobiltelefon erwacht unvermittelt aus einem der vielen hiesigen Funklöcher. Das daheim den Fernsprechverkehr hütende Töchterlein verlangt zu wissen, wie die Aktien denn mittlerweile so stehen.
Ich zitiere sanft und weise (Tolstoi): *»Alles nimmt ein gutes Ende für den, der warten kann.«* Tochter knallt erbost das Telefon in die Ladeschale zurück.
Gut, denke ich – mit einem Male wieder trotzig -, dann eben Nietzsche: *»Der Weg zu allem Großen geht durch die Stille.«*

In der Stille indes – noch dazu in der nächtlichen, leider sternenlosen – wird mir bald die Zeit lang. In einem Anfall von

Wagemut beschließe ich, doch noch ein wenig zu wandern, denn dieses untätige Rumsitzen raubt mir den letzten Nerv, und außerdem:
»Abendlich nur rauscht der Wald. / Alles geht zu seiner Ruh./ Wald und Welt versausen,
Schauernd hört der Wandrer zu, / Sehnt sich recht nach Hause.« – Joseph Freiherr von Eichendorff, der alte Träumer.
Apropos: »So will ich treu verträumen / Die Nacht im stillen Wald.«

-What?-

Nix da!, will ich nicht!, ich will heim, und zwar mit meinem Hund, aber sofort!

Wütend stapfe ich bergan, mir langt's, dieser dämliche Beagle, blöder Köter, mistige Töle, Jagdtrieb, was für ein Scheiß, Ohren auf Durchzug – wo sind wir denn hier!
Wieso muss man sich auch einen Beagle anschaffen! Es gibt hinreichend literarische Vorlagen dafür, es nicht zu tun! Zum Beispiel bei Eugen Roth:
»Von Wolf und Fuchs, nicht ohne Grund / Kommt man gewöhnlich auf den Hund./ Sieht doch der Laie selbst, der Schäfer-/
Hund ist ein Wolf - nur etwas bräver.«
Oder gar, einige Verse weiter: »Der Hunde fester Untergrund /Ist immer noch der Schäferhund!«
Ja, mit Selbigem passiert dir so eine Misere wie das hier auch garantiert nicht!

Ungefähr zehn Minuten später ist der heilige Zorn wieder verraucht. Ich lasse mich auf einen Stapel Abfuhrholz sinken. Es ist spät am Abend.
Um 22.30 Uhr, Georgia ist nun seit gut drei Stunden vermisst, versinke ich in Lethargie.
Um 22.40 Uhr, dicht neben mir ertönt ein grauenhaftes Krachen im Gebüsch, ist es aus mit jeglicher apathischer Anwandlung, der Geheimrat von Goethe bedarf der angemessenen Beachtung, am besten mit dem Erlkönig: »Wer reitet so spät durch Nacht und Wind ...!«
Es handelt sich um eine kapitale Bache, die durchs vom fahlen Monde erhellte Grün bricht, nebst Freundinnen.

Ich verhalte mich SEHR ruhig und krabbele unmerklich höher auf die toten Fichtenstämme. Schnaubend gräbt sie sich durch die nächste Wiese, die Bache. Es schaudert mich. Wo ist mein Hund?

22.55 Uhr: alles wieder ruhig. Zeit für ein Beckett-Zitat: »*Die Sonne schien, da sie keine andere Wahl hatte, auf nichts Neues.*«

Oh, oder dieses: »*Wir werden alle verrückt geboren. Manche bleiben es.*« (Aus: Warten auf Godot(!))

23.04 Uhr: Ein zarter, eigentümlicher Laut dringt an mein müdes Ohr. Ich kann es zunächst gar nicht einordnen. Es erscheint: Ein Reh. Aus dem Nebel tritt es in die Wiese ein, wie Theaterschauspieler aus dem Off, und verharrt dort, zart und elegant. Einen Moment lang hatte ich gehofft, es sei meine Georgia. Hemingway: »*To have and have not*«.

Noch eine halbe Stunde, überlege ich, nun doch sehr verzagt, dann fahr ich nach Hause.

Wieso kann der Hund denn nicht einfach mal Laut geben! Und was ist denn jetzt aus dem Spurlaut geworden, diesem zuverlässigen akustischen Peilsystem? Keine Rehe, Hasen, sonst was mehr da, dem man nachspringen kann?

Wann hab ich sie denn eigentlich zuletzt gehört? Vor einer Stunde vielleicht? Und klang sie nicht schon sehr heiser und erschöpft?

Was, wenn sie sich verletzt hat? In einen kilometertiefen Schacht gestürzt ist? Von einer Klippe gefallen? Es gibt hier Schächte, ja, und Klippen auch!

Was, wenn ein herabfallender Ast sie erschlug, oder die Schwester der dicken Bache sie meuchelte? Ein Jäger sie erschoss? (Hab keinen Schuss gehört. Aber es gibt Jäger mit Schalldämpfer auf der Büchse! Und mit Messern! Himmel, ich bin wohl doch schon zu lange in meinem Job.) Was, wenn eine Schlange sie biss? Gibt es Schlangen in Nordhessen, und wenn, sind sie giftig? War nicht neulich was über Wölfe in der Zeitung?

Manchmal verschwinden Hunde auch einfach so! Meine arme Georgia, die Schönste, Liebste und Beste, die man sich vorstellen kann!

Hierzu hören wir Rilke, mal wieder: *»Und der Mut ist so müde geworden und die Sehnsucht so groß.«*
    Mensch, Alter!!
Der Mann hatte Beagle, todsicher.
    23.51 Uhr, langsam fang ich an zu frieren. Ich ziehe die vergeblich drapierte Jacke wieder an. Sie ist leicht feucht vom Moos. In der linken Tasche finde ich zwei schwarze Käferchen, die sich wohl schon häuslich zur Nacht gebettet hatten.

Müden Schrittes begebe ich mich in Richtung Auto.
    Als Klassiker der Weltliteratur wäre nun Jack Kerouac hübsch. »Unterwegs« heißt der Bestseller, in dem es – logo – vor allem um ein freies, ungebundenes Lebensgefühl geht. »Die beiden *Helden des Buches trampen, springen auf Güterzüge auf, fahren mit Greyhound-Bussen, auf Lkw-Pritschen oder mit gestohlenen Autos quer über den nordamerikanischen Kontinent«* und tun exakt das, wozu sie Lust und Laune haben.
    Dass meine arme, süße Hündin nun solcherlei Anwandlungen hegt, denke ich nicht – allein schon des Mangels an Schienen und geeigneten Fortbewegungsmitteln halber – aber man kann nie wissen!
    Der Erfindungsreichtum des Beagles an sich ist Legende.

In derartige Phantasterei versunken ins Auto steigend, verpasse ich es fast: In ihrem ganz besonderen ausgreifenden Schritt kommt, leise durchs Gras raschelnd, mit hängender Zunge, aber hocherfreut wedelnd, meine Georgia quer über die nebelverhangene Wiese auf mich zu. Sie ist völlig ausgepowert, nass vom abendlichen Tau und hat einen kleinen Riss im Schlappohr.
    Und lacht über das ganze Beagle-Gesicht, als wollte sie sagen: »Schön, dich zu sehen! Und, auch so viel Spaß gehabt wie ich?«
    Tja. Und jetzt?

Rainer Maria Rilke: *»Mir war so bang, und du kamst lieb und leise, ich hatte grad im Traum an dich gedacht«*, oder lieber Eduard Mörike: *»Der Spiegel dieser treuen, braunen Augen / ist wie von innerm Gold ein Widerschein.«*

Ach, am besten sagen wir's mit Schiller: »*Freude, schöner Götterfunken, Tochter aus Elysium...!*«

   Ab nach Hause!

   Fazit: Georgia hat geschätzte 25 km mehr auf dem Beagle-Tacho. Ich habe wieder einmal immens an Erfahrung gewonnen.

Und um ein Haar hätten wir – gleichsam als Kollateralschaden – noch zwei Käfer entführt!

Ein letztes Zitat: »*Fortsetzung folgt*«.

Das war nun kein Literat, sondern ein Meister der Musik: Wolfgang Niedecken.

   Danke - euch allen.

Von Mäusen und ~~Menschen~~*
Fellnasen

Wir lieben Hunde.
Nicht nur unsere eigenen, auch die anderer Leute. Besonders, wenn sie irgendwie unser Mitleid, unsere Empathie wecken, sehr niedlich sind oder entzückende Dinge tun. Oder einfach nur ein mittelprächtiges Bild von sich irgendwo posten lassen.

Facebook, zum Beispiel, bietet dafür eine angemessene Plattform. Hundeforen auch, aber Facebook ist schon cooler und, vor allem, weltumspannender. Hier können mannigfaltige Tierschicksale, Todesfälle jedweder Art, neueste Erkenntnisse, Erkrankungen, Verhaltensauffälligkeiten und alles andere bis zum Abwinken kommentiert werden.

Sprache und Begrifflichkeiten sind für manch eine/n User/in, scheint's, schwierig zu umschiffende Klippen.

Deshalb erscheint beispielsweise in jeder Trauerbotschaft gefühlte 24 Mal die lapidare Abkürzung *R.I.P.*

Das ist – sofern nicht das ursprüngliche feine Latein zugrunde liegt, was ich ehrlich gesagt den meisten Anwendern nicht unterstellen möchte – gedankenlos-sinnfrei übernommen aus dem amerikanischen Sprachgebrauch alter Western und neuerer Fernsehunterhaltung, und ungefähr das kaltherzigste und plattitüdenhafteste an Beileidsbezeugung, was man so eben mal schnell in die Touchscreens des Smartphone wischen kann. Dann würde ich doch lieber gar nix schreiben, als solch unreflektierten Blödsinn Ersatztext.

Und zwangsläufig mutiert dann der Hund (ob tot oder lebendig).

Nämlich zur Maus.
Der kollektive Aufschrei »OMG, die arme Maus« (oder, in weniger dramatischen Fällen, mit anderen Attributen versehen: »sü(üü)ß«, »klein«, »frech« werden gerne genommen) durchläuft das Internet wie eine Schallwelle.

Bei einem Chihuahua oder Prager Rattler ist die Assoziation mit dem Nager vielleicht noch statthaft, bei einem mittelgroßen Jagdhund bereits zweifelhaft – aber einen gestandenen Neufundländer (oder unlängst eine majestätische Deutsche Dogge, so groß wie ein Shetlandpony) als Maus zu bezeichnen, ist schlichtweg paranoid.
Obwohl, bei der Dogge ist es irgendwie schon wieder augenzwinkernd-witzig – oder? Oder doch nicht?
Wenn es ganz dicke kommt, wird aus der Maus sogar ein Mäuschen, ein Mäusekind oder ein Mäuselchen.
   Boah....!
Ein weiterer immens verbreiteter Fehlgriff deutschen Sprachgebrauches ist die Umschreibung *Fellnase*.
Ist das ein neuer Begriff? Ein Körperteil, dass es bei meinen Hunden so irgendwie nicht gibt? Wo, bitte, ist denn an der Hundenase Fell?
Einen Ausflug in die Anatomie des komplexen Hochleistungs-Riechorganes erspare ich uns allen, aber Hundenasen sind gemeinhin glatt, oft schwarz, meist feucht. Und vorzugsweise kalt.
   Also das Gegenteil von Fell.
Fellschnauze, was ja noch politisch und vor allem semantisch korrekt wäre, sagt komischerweise kein Mensch! Über Fellgesicht stolpert man auch gerne, aber das ist ja noch hinreichend akzeptabel.

Okay, es gibt schlimmere Bezeichnungen für den Hund an sich. Es mag ja auch jeder seine ganz persönlichen Kosenamen und Verniedlichungsformen nach eigenem Gusto gebrauchen.
   Aber 42 Mal »MAUS«, »FELLNASE« und dann irgendwo als Tüpfelchen auf dem i noch »RIP« ... nee, echt nicht.
Auch Hunde – gerade Hunde – haben Respekt verdient!

---

* »Von Mäusen und Menschen« (Original: *»Of Mice and Men«*) ist eine Erzählung von John Steinbeck, in klarer und präziser Sprache geschrieben.

Von Montagshunden und Einzelkämpfern

Georgia ist ein Montagshund. Sie ist knapp elf Jahre alt und nimmt seit ihrem dritten Lebensjahr alles an gesundheitlichen Schwächen, Diagnosen und Behandlungsoptionen mit, was es gibt. Kein Jahr vergeht, wo Georgia sich nicht noch etwas Neues an physischer Baustelle einfallen lässt. Wir kennen jede hessische Tierklinik und haben schon einiges erlebt. Hätte sie eine Krankenakte, wäre die so dick wie ein Leitz-Ordner.

Sie hat deformierte Vordergelenke *(eine seltene Muskelerkrankung, kriegt nur einer von 100 Hunden)*, Spondylose, regelmäßig »Ohren«, aus- und angerissene Krallen, irreparablen Bluthochdruck, eine Nierenerkrankung, und neuerdings einen Lebertumor. Nichts davon lässt sie sich anmerken.

Sie hat eine dieser Medikamentenverabreichungsboxen, wo morgens-mittags-abends draufsteht. Sowas hat meine fast achtzigjährige Frau Mama auch. Mit beinahe identischen Medikamenten, übrigens.

Zum 18. Geburtstag meiner Tochter gab es vormittags einen hastigen Tierarztbesuch mit anschließender Notoperation – Gebärmutterentzündung, Kastration, grade noch mal gutgegangen. Georgia empfing die Gäste meiner Tochter auf einem Sofa lagernd, im lila-pinkfarbenen OP-Body, mit Camouflage-Muster, mit großer Gelassenheit, und erinnerte irgendwie an Queen Mum.

Wenn in den Facebook-Gruppen jemand irgendein Malheur seines Hundes postet, schicke ich immer das Emoji-Männchen mit dem erhobenen Arm (Mädel, langhaarig, lila T-Shirt) und schreibe lapidar: »Hier! Kenn ich!« Mit vier Exemplaren macht man im Laufe der Zeit allerhand durch. Meine Hunde haben die unschöne Eigenart, besondere Malaisen zu entwickeln. In der Tierarztpraxis sind wir wohl bekannt. Und gern gesehen. Ich glaube, wir sind so eine Art Langzeit-Studie.

Die Hunde meiner Familie pflegen sich gern mal zu verletzen, aber nur zu besonderen Anlässen. Kreuzbandrisse sind bei uns an der Tagesordnung. Buddy arrangierte ihren ersten zwei Tage vor Weihnachten. OP: unumgänglich. Merry Christmas! Happy New Year!

Das Implantat stieß Buddys eigenwilliger Hundekörper ab, wochenlange Antibiose und Verbandswechsel alle zwei Tage waren die Folge. Implantat wieder raus. Die Wunde verheilte dann rasch.

Inzwischen war Frühling, März, die Äcker wurden gepflügt. Am Gründonnerstag stolperte Buddy über eine frische Furche und landete unglücklich in einem Feldhamsterbau. Anderes Kreuzband gerissen. Neue OP, herkömmliche Methode, kein Implantat. Vier lange Narben zieren seitdem ihre Hüftgegend, die bei Hitze und Wetterwechsel gern mal jucken. Georgia hatte auch Kreuzbandrisse. Wurde konventionell therapiert, mit maßangefertigten Orthesen, ist richtig gut geworden. Immerhin.

Niemand hat ein solch perfektes Timing. Unsere Hunde wissen, dass sie etwas ganz Besonderes sind, und dementsprechend lassen sie sich ~~feiern~~ behandeln, ob nun Heiligabend ist oder nicht. ~~Shit~~ Pech happens, was soll man machen, es sind aktive Hunde, keine Porzellanfigürchen.

Drauf verzichten könnte ich trotzdem.

Mike »*the Hulk*« hat einen ganzen Behandlungsraum auf dem Gewissen, weil er die Notwendigkeit einer Narkotisierung vor der Zahnsanierung nicht einsah. Ihm beliebte es, sich am Tag vor dem Laborbeagletreffen in Burbach, dem heiligsten Feiertag des Vereins, die Pfote bei einem Unfall zu zerfetzen. Häuslicher Unfall: Auf der Suche nach einem sicheren Platz für den Knochen, den er im Garten zu vergraben beabsichtigte. Ohne einen Ton von sich zu geben, nebenbei bemerkt. Nur anhand der ausgeprägten Blutspur ließ sich der Unfallhergang rekonstruieren.

Mike verbrachte das Treffen mit halb amputierten Zehen in einer Box, bedröhnt von einem ausgeklügelten Medikamentencocktail, weil die häusliche Gemeinschaft die Betreuung des Frischoperierten ablehnte. War echt ein schöner Tag für mich.

Gibt es was Schlimmeres, als kranke, verletzte Hunde? Sie machen sich Tag und Nacht Gedanken, sorgen sich mehr als ums Kind und bei weitem mehr als um Ihren Partner, rasen kilometerweit zu Tierärzten, Physiotherapeuten und Apothekennotdiensten, weil der Hund sich samstagnachts den Verband abzuppelt, trotz Trichter um die Birne.

Kaum war Mikey wieder hergestellt, entschied sich Buddy – nahezu unbemerkt übrigens, Beagle sind hart im Nehmen – aus einer oberflächlichen Entzündung einen veritablen Abszess zu konstruieren. Pfote. Ballen. Vorne rechts. Hunde belasten diese Stelle beim Laufen am stärksten, wie jeder weiß. OP? Unumgänglich, was sonst. Der Termin war an seinem 10. Geburtstag, hatte ich es erwähnt? »Ballenverletzungen heilen so schlecht«, sagt die Tierärztin und guckt besorgt. Dann fragt sie mich, ob mir schonmal aufgefallen sein, dass meine Hunde sich immer so seltene Sachen einfangen.

So ist das, mit der Liebe. Hatte ich erwähnt, dass wir seit Jahren eine OP-Versicherung haben? Auch dort ist man großer Fan von uns.

Bei verletzten Hundebeinen verfällt man für gewöhnlich irgendwann auf die Idee, Kindersocken über die (verbundene oder nicht-mehr-verbundene) Pfote zu ziehen.

Heißer Tipp: Nehmen Sie Söckchen in Neonfarben. Sieht dann zwar ein bisschen aus wie Aerobic in den *Eighties*, aber wenn Sie draußen einen verlieren, finden Sie ihn wenigstens wieder. Zurückhaltung in gedeckten Farben ist hier nicht angebracht! Bei uns ist das egal: Kindersocken, Größe 24, haben wir auf Vorrat.

Ein Gedicht!

...in 13 Strophen. Quasi ein Fortsetzungsroman :-)

Frau Schmidt teilt mit
- voll Missvergnügen -
Sie müsse ihren Hund stets rügen.
Genervt ist sie: Es ist tagtäglich
mit dem Hunde unerträglich.
Häufen tun sich die Probleme
da er sich nicht gut benehme!
Zu Schmidtsens allergrößtem Graus
Lebt er so manche Unart aus.

Vier Beine, dick wie kleine Säulen
Rennen könn'n die wie der Wind
Ohren hat er, zwei derselben
Am breiten Kopf zu finden sind.
Die Lauscher sind meist out of order.
Frau Schmidt seufzt:
Hätt ich einen Border
Collie mir doch angeschafft!
Schmidts ist langsam schon zum Heulen:
»Er verweigert den Appell!«
Dickschädelig, stur und schwer erziehbar
Zum Haaren neigt das bunte Fell.
Der langen Liste kurzer Schluss:
Der Hund, so Schmidt,
Macht mir Verdruss!
Vom Wesen her sehr ungestüm
Entwickelt sich zum Ungetüm.

Der Hund heißt Max.
Während er - zu Schmidts Entsetzen -
Beginnt, die Möbel zu zerfetzen
Gönnt Herrchen sich ein Tässchen Schnaps.

Nach einer Weile spricht er: Schatz,
Wir brauchen einen Hundetrainer
Ertragen kann das sonst ja keiner.
Die Gattin nickt: Training tut not!
Auslastung, Übung, nicht zu knapp!
Die Nerven machen langsam schlapp.
Doch so schnell geben Schmidts nicht auf:
Hundeschulen
gibt's zuhauf!

Man möge, so der erste Lehrer,
Mal schildern, was dem Hunde fehlt.
Dem Hunde? Nichts! Es mangelt nur
An Schliff. An Ordnung. An Kontur.
Dies soll sich bessern, möglichst bald
So dass man an dem Hundekinde
Auch einmal ein Vergnügen finde.
Wie war das bisher?, fragt der Fachmann
Die Schmidts setzen zur Litanei an:

Den Rasen gräbt er gründlich um
Frau Schmidt: »Das wird mir bald zu dumm!«
Allein zu Haus - das möcht er nicht
Doch Frauchen muss zur Mittagsschicht.
Der Hund indes, er heult und jault
Sechs Nachbarn hat er schon vergrault.
Und überhaupt: Zu viel Gebell!
Abhilfe, bitte, und zwar schnell!
Stubenreinheit? Wieso das?!
Schließlich ist die Wiese nass!
Und außerdem: Bei diesem Wetter?
Da ist der Teppich doch viel netter.
Auch zieht er grässlich an der Leine
Erziehung, scheint es, gibt's hier keine.

In Forst und Feld
In Flur und Wald
gibt Max sich völlig durchgeknallt
Der Jäger macht Frau Schmidt zur Schnecke.
Kuhfladen, Mist und Mauskadaver

Für »Hund« das schönste auf der Welt
Geruchlich eine Katastrophe
Schmidt's Beifall sich in Grenzen hält.
Und mit recht viel Begeisterung
wälzt Maxe sich im Pferdedung.

Zu ihrem Maximalbetrüben
Mag Max sich nicht damit begnügen
Im Hundekörbchen einzuchecken
Er möcht ins Bett, unter die Decken!
Und gestern hätt er, ganz vermessen,
Den Sonntagsbraten aufgefressen
Auch täte er mit viel Behagen
Des Nachbars Hasen ständig jagen
Das Gleiche gilt für Omas Katz.
Was tun mit diesem frechen Fratz?

Man fragt sich: Was ist hier passiert?
Warum wird alles ignoriert
Was an bewährtem Regelwerk
Hundebesitzer kennen sollten
Falls sie mit Hund was lernen wollen!
Hunderte Bücher gibt es, nicht?
Ein paar sind daher leider Pflicht!
Lesen bildet. Fragen auch.
Frauchen/Herrchen muss erkennen,
der Weg ist lang, die Strecke schwer.
Einen Hund sein Eigen nennen
Reicht nicht. Ein Pädagogik-Plan muss her!
Das Hündchen ist mitnichten schuld
Auch mangelt's hier nicht an Geduld
Das Zauberwort heißt »konsequent«
Dies haben Schmidts bislang verpennt.

Wochenends sieht man zuweilen
Schmidts nun zu Probestunden eilen.
Leider traut sich keiner ran
an Max, den wilden Hundemann.
»Der braucht mal tüchtig auf die Glocke!«
sagt Lehrer 1, was Schmidt sehr stört.

Warum nicht froh und friedlich lernen,
wär das nicht die Sache wert?
Lehrer 2 legt wortlos auf, als man anruft, denn:
Mit Hunden von des Maxens Rasse
- das mache einfach keinen Sinn -
Er sich keinesfalls befasse.
Trainer 3 und 4 verzagen
auch schon gleich am Anbeginn.

Nummer 5 soll's endlich richten.
Sie kommt ins Haus, die gute Frau.
Einzelstunden? Sonderkurse?
Max muss schlimm sein - ja, genau.
Am Anfang tut sich leider gar nichts
Sie schleichen lauernd um sich rum
hat es den Anschein. Doch, allmählich,
stellt sich raus: Die Frau hat Mumm!
Sie hält durch, ist unbeeindruckt
von Hundecharme und Hundeblick
Es gibt auch gar nicht so viel Süßes
Sie weist den Max sogar zurück!
Das nennt man Grenzen setzen, sagt sie.
Grenzen sind das A und O
Ohne Grenzen weiß der Hund nicht,
was er tun soll.

Frau Schmidt erbleicht. Ihr Mann sagt: »So!«

Viele Wochen gehen dahin. Schmidtsens büffeln,
werden reifer. Auch Maxe lernt noch
Manches Ding. Irgendwann ist es zu Ende.
Verblüffung schlägt uns in den Bann:
Ah! Oh! Fantastisch! Sieh nur, Mann,
Was unser Max jetzt alles kann!
Schluss mit Chaos, Unmut, Streit
An einem Dienstag war's soweit.
Leben mit Hund? Doch nicht beschwerlich,
Ein Musterschüler erster Güte.
Der Hund ist für Schmidts unentbehrlich
Unerzogen? Gott behüte!

Wochen später, es ist Sommer.
Der Gatte rackert im Büro,
Frau Schmidt kommt um vor Langeweile.
Sie motzt: Schatz, ich bin nicht froh.
Warum muss mit so viel Eile
Der Hund mutier'n zum Musterknaben
Man hat ja kaum noch was zu tun!
Ich denk, wir sollten überlegen
Ob man nicht einmal, - beizeiten! -
Einen Zweithund finden soll
Um dem Maxe - und auch uns -
Eine Freude zu bereiten.
»Schatz«, sagt der Gatte,
»das wär toll!«

Abends schläft der Max. Im Körbchen.
Pfoten zucken, Ohren wackeln,
ein Hundetraum hält ihn auf Trab.
Lächelnd und gerührten Blickes
schaun Schmidtsens auf das Tier hinab.
Steht bald ein zweiter Korb daneben?
Möglich wär's!
Das Happy End von dem Gedichte

kommt jetzt. Das Fazit lautet knapp:
Nicht nur der Hund benötigt Schulung,
der Mensch ist's, der die Macke hat.
Doch, vorgeschoben ist der Riegel!
Ab sofort läuft alles glatt.
Schmidtsens sind jetzt hundetauglich.
Der Max ist übrigens

...ein Beagle.
♥♥♥♥♥

Rent a sheep

Wie mittlerweile sicherlich jeder weiß, haben wir ein ganz großes Grundstück mit technisch ungünstiger Topografie. Aufsitzmäher und die schicken neuen Mähroboter sind nach dem bisherigen Stand der Technik für das teils erhebliche Gefälle ungeeignet oder unbezahlbar. Wir besitzen daher ein Sortiment unterschiedlicher Rasenmäher: Benzin, Akku und elektrisch. Die beiden Letzteren treiben mich mit ihrer unzureichenden Leistung in den Wahnsinn. Ersterer ist eigentlich nur was für Männer. Solche, die sich den Winter über mit der Teilnahme an Bodybuilding-Meisterschaften auf die Rasenmähsaison vorbereiten.

Ich, nicht mehr die Jüngste, habe nach einer Stunde in Gesellschaft des Benzinmähers nur noch das Bedürfnis nach drei Tagen Streckbett.

Scharfes Nachdenken bringt uns auf eine geradezu unschlagbare Idee: Schafe müssen her. Die können gemütlich das ganze üppige Gras abfuttern, und wir sparen uns die Rasenmäherschieberei und das viele Geld, das wir letztes Jahr einem Kerl gaben, der ab und an mal die Plackerei übernommen hat. Und dabei übrigens kaltblütig mehreren Rosen, hübsch blühenden Sträuchern und zwei mühsam herangezogenen Nadelbäumchen den Garaus gemacht hat.

Wir geben rechtzeitig eine eBay-Kleinanzeige auf, und kurz darauf erscheint ein Schafhalter aus dem Wittgensteiner Nachbarbundesland. Er findet alles gut und verspricht, mir im Mai ein paar seiner Schäfchen anzuvertrauen.

Anfang Mai schneit es, das Gras tut somit alles, nur nicht wachsen. Mitte Mai pendeln die Temperaturen sich bei 6 Grad ein. Ich mähe einen ganzen Tag lang das untere Drittel vom Grundstück, damit die Beagles beim demnächst erneut auszurichtenden Beaglespielplatz nicht bis zu den Ohren im

Gestrüpp versinken. Um Pfingsten herum habe ich die Hoffnung aufgegeben. Futter ist jetzt zwar da, aber der Schäfer hat uns wohl abgeschrieben. Ich mustere meine Mäher-Brigade und rufe wildentschlossen den Mann aus dem Wittgensteinischen an.

Dann: Fronleichnam! Ein Transporter fährt vor. »Hallo, ich bringe die Schafe!«

Cool, dann mal los!

Irgendwoher manifestiert sich plötzlich eine Rolle Schafsnetz auf Hang und Wiese, in weniger als 10 Minuten durchziehen 50 Meter Plastikzaun die Landschaft. Ein Speisfass wird per Gartenschlauch mit Wasser befüllt (von mir), und schon wird uns das erste Schaf vorgestellt. Es ist ein Bocklamm, von angenehmer Größe und Gestalt, braun und beige mit einer hübschen Zeichnung im Gesicht, passt optisch wunderbar zu den Beagles!

Meckernd wird es auf der Wiese ausgewildert und rennt motzend weg.

Es handelt sich um Milchschafe, sagt der Schäfer, wenn ich melken könne, dürfte ich das gern tun! Hm, nö, das kann ich leider nicht.

Macht nix, muss man nicht, ist ja keine Kuh. Gut!

Okay ...

»Dann hol ich jetzt mal das Große«, sagt der Herr der Schafe.

Nach etwas Radau im Anhänger erscheint er mit dem größten schwarzen Schaf, das ich je gesehen habe. Es mustert mich streng und verschwindet direkt nach der Eingemeindung blökend mit dem Ziehsohn im Wald (der gehört auch zum Grundstück).

Dort verziehen sich die beiden in die abgelegenste Ecke und bleiben da erst mal bis zum nächsten Morgen.

Sobald der Schafmann mit einem fröhlichen »ich komm in zwei Wochen mal gucken« und einer Reihe Basisinformationen verschwunden ist, kommt mir der Gedanke, dass der Schafzaun leider nur bis zur Hälfte reicht – biegt Familie Schaf im Wald falsch ab, purzelt sie in den Gartenteich (inakzeptabel) oder steht im Rosenbeet der Oma (dito).

Also: Schafzaunstecken wieder rausgezerrt, alles neu verteilen, guck-mal-wie-schnell-der-das-gemacht-hat, kann so schwer ja nicht sein.

Innerhalb kürzester Zeit hab ich das Ding verheddert, aber sowas von, ich komm mir vor wie ein Walfisch. Einer im 50 m-Schleppnetz.

Gut. Nur die Ruhe. Nach ungefähr einer oder zwei Stunde(n) ist das Grundstück dann wunschgemäß längs geteilt, kein Entrinnen flüchtiger Schafe mehr in geschützte Bereiche möglich. Top!

Ich geh mal duschen. Die Hunde kreiseln fasziniert und laut kläffend an der Plastikdemarkationslinie entlang. Mein kleiner Schäferhund-Mix ist hellauf begeistert und beginnt sogleich mit dem ordnungsgemäßen Hüten. Der Nachbar erscheint, um zu überprüfen, was bei uns wieder los ist.

Das war Tag 1.

Tag 2 vergeht, bis auf zwei kleine Zwischenfälle, nahezu ereignislos. Das Schafpaar (ich hatte das wohl falsch verstanden, es ging gar nicht um ein paar Schafe, sondern um ein Paar Schafe, ach herrje, dumm von mir) lässt sich nicht blicken.

Ich überprüfe ab halb acht regelmäßig, ob es den Paarhufern mit den grazilen Beinen gut geht. Stündlich pilgert einer von uns in den Wald, beladen mit noch mehr Wasser, ein paar Äpfeln, Möhrenstückchen, altem Brot. Oder einer Handvoll Gras in handlicher 40-cm-Länge, Jungs und Mädels, dafür seid ihr doch schließlich hier!

Die streng blickende Frau Schaf steht schräg über mir am Hang und sieht auf mich hinab. Sie ist so groß wie ein Pony und schnaubt irgendwie, aber leise. *Un*-bedrohlich. Ich will ihr meine immerwährende Freundschaft erklären und werfe das Gras in ihre Richtung, bin ja nicht so vermessen, anzunehmen, sie fräße mir aus der Hand!

Aber genau das hat das Tier offenbar vor. Das fette Grasbüschel landet mitten auf ihrer Stirn, direkt zwischen den Augen. Ihr Gesichtsausdruck verändert sich. Der Blick ist der einer Fräulein Rottenmeier: niederschmetternd ... vernichtend. Niemals hätte ich erwartet, dass ein Milchschaf so gucken kann. Sie läuft nicht weg. Trotzdem: Ich hab's verkackt.

Am Abend stehen Mrs. Schaf und ihr Pflegeböckchen mitten auf der Wiese und mampfen entspannt vor sich hin.
Nach einer Weile richten sie sich an der frischgesetzten Hecke zum südwestlichen Nachbarn häuslich ein. Idyllisch! Gemütlich machen die Schäfchen ihren Job.

Und fressen an der Hecke, die dummerweise aus Thuja besteht. Thuja, wie auch Eibe und eine Reihe anderem Zeug, ist giftig. Nicht schädlich, sondern giftig.
Vorbei mit Idylle, schlagartig ist knallharte Action angesagt.
Ich nähere mich den Schafen, und sie schauen mir völlig gelassen entgegen. Ich darf ihre Nasen streicheln und staune über das enorm dicke Fell. Mrs. Sheep geht mir locker bis zur Taille. Sie lassen sich von mir ein Stück weglotsen, einfach ein bisschen anschieben, total easy. Ich setze wieder mal den Zaun um: »*Megan the mermaid, Part II.*« Die netten Schafe und die neue Hecke sind vor dem sicheren, baldigen Tod gerettet.

Uff.

Am Samstag fragt meine Mutter: Haben die Schafe Namen?
Und damit fangen die richtigen Probleme erst an.

Bei der Ankunft fragte ich pflichtschuldig den Schafbauern nach der korrekten Anrede für die edlen Tiere. Er warf mir einen langen, sehr nachdenklichen Blick zu.

Ich forsche nach.
Es gibt ein schönes Kinderbuch mit dem Titel »Charlotte, das Schaf, und seine Freunde«.

Die Freunde heißen aber vor allem Eduard (ein Schweinchen) und Kunibert (Stier), das sagt mir jetzt nicht so zu. Ohnehin heißen die meisten Schafe ja schon von Haus aus Dolly. Das ist mir zu langweilig. Auch einen »Shaun« möchte ich nicht haben.
Wir verabreden uns zu einem innerfamiliären Brainstorming und kommen dann auch auf ein paar hübsche Ideen: »Hermine« fände meinen Beifall, oder »Clara«.
Wir suchen mehrere Stunden nach den passenden männlichen Begleitern für Hermine, Charlotte oder Clara.

Ein besonders vorwitziges Familienmitglied schlägt »Wolfgang« vor, das könnte man bei einer gewissen späteren Vertrautheit auch sehr schön abkürzen zu »Wolle«.
Hm, hm.

Es dürfte auch gern etwas sein, woraus die Berufsbezeichnung des Tieres hervorgeht: Mählanie zum Beispiel, Amählie, oder vielleicht Mählissa!
Bei dem männlichen Part wird es schon wieder schwierig, und wir landen bei den orientalischen Volksgruppen: »Mähmet« wäre doch toll, das klingt auch gleich so international!
(Im südländischen Sprachraum gäbe es ja noch mehr geeignete Namen, aber ich habe jetzt Angst, dass sich ausländische Ministerpräsidenten auf den Schlips getreten fühlen, zumal es um das grenzwertige Thema Nutztiere geht).

Jemand äußert mutig den Vorschlag, die Vornamen der Groß- oder gern auch der Schwiegereltern zu verwenden. Schafe, die »Irmgard und Karl« oder »Ingeborg und Willi« heißen? Nun ja, warum nicht!

Meiner charmanten Tochter kommt der Gedanke, sie kenne mindestens zehn Leute, die in Mimik und kognitiven Fähigkeiten den beiden neuen Hausgästen ähneln.

Ich verbitte mir derartige Unverschämtheiten zuungunsten der lieben Bekannten, und meine Leihschafe sind garantiert nicht doof, und wir befragen jetzt lieber endlich das Internet.
Über »vornamen.com« verbringen wir den Rest des Abends und amüsieren uns königlich. Die Seite ist der Hammer, sie bringt zwar kein echtes Ergebnis, wird aber mit viel Liebe geliked, markiert und geteilt.

Und dann! Das wird mir jetzt keiner glauben, aber es gibt im World Wide Web eine Seite, die heißt

»schafnamen.de«.

DAS muss doch eine wahre Fundgrube an Inspiration sein! Ist es auch: Da gibt es nämlich die SCHAFNAMEN DER WOCHE. Aktuell wäre das: Idelgunda, Yohan und Puffi.

Die Qualität der Seite ist nicht hoch genug zu bewerten, denn: Die Namen sind mit den zutreffenden Eigenschaften versehen. Was wird wohl Christa für ein Schafsgemüt haben? Sieh da, Christa ist ein »Spaßvogel«! Das hätte ich nicht gedacht.

Aber wo Licht ist, ist auch Schatten – auch das Gegenteil ist vorhanden. In Gestalt von Alice. Alice ist eine »Spaßbremse«. Blöde Alice.

Hingegen ist Lennie »eher treudoof«, während Meruvina, wäre sie ein Mensch, »fast einem Astrophysiker« gleichkäme.
 Ich frage mich, wieso die nicht MÄHruvina heißt. Kannte ich noch gar nicht, den Namen!
 Hallo! Die Sache ist ernst.
Weil: »*Dieses Portal hilft dir dabei, dass dein Schaf einen Namen bekommt, der zu seiner Persönlichkeit und seinem Aussehen passt*«. Unzählige Namensvorschläge, von »Abdallah« bis »Zofia«, und jeder mit Bewertung und hervorstechendster Charaktereigenschaft. »Lara« ist auch wieder dabei. Geil! Spontan gefällt mir bei einer ersten Sichtung ja »Woldemar« ganz gut. »Wilfriede« hat es indes meiner Tochter angetan. Würde auch gut zum Gesicht des Schafsgirlies passen!
 Ja, dann mal wieder frisch ans Werk, unsere beiden RasenMÄHer sind noch immer namenlos, das geht so natürlich nicht.
Ich habe nicht geahnt, dass das so schwer ist! Schafe sind offenbar sehr spezielle Tiere. Die Namensfindung bei unseren Hunden war viel einfacher! Allerdings, die Internetseite »*hundenamen.de*« habe ich auch schnöde übergangen.
Film und Fernsehen geben auch tolle Namen her. Zu der oben bereits erwähnten Hermine wäre was aus Harry Potter ganz nett. Geht »Dumbledore« für ein Schaf? Es ist ein bisschen tapsig. Vielleicht also lieber »Ron« oder »Neville«.
 Kurz darauf landen wir bei dem Klassiker: »*Das Schweigen der Lämmer*«. Ich sehe meine Leihschafe als Clarice & Starling durchs Leben gehen. Bei den Jungsnamen-Alternativen Hannibal und Frederik brechen wir, vor Lachen fast unterm Tisch liegend, ab.
 Starsky und Hutch. Piggeldy und Frederik. Crockett und Tubbs vielleicht? Ach nee, sind ja gar nicht zwei Böcke. Obwohl Frau Schaf schon sehr androgyn aussieht! Donald und Daisy. Tommy und Annika. Oder was Klassisches: Orpheus und Eurydike! Hach, so viel Auswahl!

Bevor sich die Namensvakanz weiter zuspitzt und aus Sorge, hier schon die ersten schwerwiegenden Fehler zu machen, bekommen unsere zwei wolligen Kollegen erst mal Arbeitsnamen, ich muss mir das in einer ruhigen Minute ohne

all die Aufregung nochmal richtig überlegen! Bis auf Weiteres heißen sie *Eowyn* und *Legolas*.
Gute, einfach, leicht zu behaltende Elbennamen aus dem Herrn der Ringe also. »Ein Rrrring, sie zu knechten...«
   Upps, pardon.
War doch ganz einfach. Meine Mutter wird begeistert sein! Oder vielleicht doch Clara und Peter. Oder Charlotte und Edgar. Edgar ist doch toll!
   Wie denn überhaupt der Titel dieser unserer neuesten Homestory sein soll, frage ich meine Familie.
Jemand schlägt »Unsere kleine Farm« vor.

Zwei Tage später verwandelt sintflutartiger Regen die Schafe in triefende Wolldecken. Ich hab Nachtdienst und mach mir mächtig Sorgen. Gibt es eine Schaf-Gewerkschaft?
Am nächsten Morgen drapiere ich eine Plane in den Wald, befestige sie schön mit Kabelbindern und denke sogar daran, Löcher zu bohren, damit das Wasser auch ablaufen kann. Die bevorzugte Liegestatt meiner lieben Gäste hat einen hübschen Wetterschutz! Es regnet weiter, aber ich bin sehr beruhigt.
Bis Winnie blökend um die Ecke biegt. Hinter ihrem zuckenden Ohr hängt ein blauer Planenfetzen. Hm.
Wir entfernen die abgestürzte Plane wieder. Wahrscheinlich hat sie den Schafen nicht zugesagt. Macht nichts, wir haben ja einen perfekten Stall. Früher wohnten da Omas Ziegen drin, dann Katzen, dann die Meerschweinchen. Im Moment wohnt nur Gerümpel drin. Ich räume das Zeug aus. Der Boden wird nett mit Stroh und Heu ausgepolstert, davon haben wir reichlich. Schick! Ein Grand Hotel für Schafe! Ob sie sich rein trauen?
   Völlig unbegründet, die Sorge. Ich habe die Umbaumaßnahme kaum beendet, als mich Lego überholt und in den Stall saust, als gelte es, sich die besten Plätze beim Freibier zu sichern. Gemütlich Heu mampfend liegen die beiden in großer Eintracht in der Hütte und gucken zufrieden in die Sintflut.
Der Nachteil von so einem Schafstall ist, dass Mist anfällt. In beträchtlichen Mengen!
Aber wir haben ja alles: Schubkarre und Mistgabel werden reaktiviert. Ausmisten und neu einstreuen. Schafsparadies. Das ganze alle zwei Tage, denn, der Regen hört nicht auf. Viel

weniger Arbeit als selber mähen ist das jetzt irgendwie nicht ...
Aber: Hauptsache, die Schäfchen sind im Trockenen.

Lego ist ja sozusagen noch ein Welpe und hat naturgemäß eine Menge dummes Zeug im Sinn.

Er krabbelt unterm Zaun durch und steht plötzlich vor der Haustür.

Er steckt den Kopf durch den Zaun und erdrosselt sich um ein Haar.

Er grast im Efeu.

Er klemmt sich durch die Hecke, bis er festhängt und weder vor noch zurück kann.

Er frisst die Rosen kahl. *(Wie hat er das geschafft? Wie lang kann ein Schaf eigentlich seinen Hals strecken? In seiner Ahnentafel muss eine Giraffe enthalten sein!)* Er freundet sich mit den Beagles an, was naturgemäß nicht von Vorteil für ihn sein kann. Buddy beißt ihn freundschaftlich in die dürren Beine. Lego hüpft schafsmäßig. Doch, Spaß hat er!

Winnie ist das Frühwarnsystem für ihren Ziehsohn; je lauter und anhaltender sie blökt, umso größer der Quatsch, den der Schafswelpe gerade verzapft.

Am zweiten Samstag ist Winnies Gemecker besonders laut. Ich schaue aus meinem Küchenfenster.

Lego steht auf dem Dach der Schafsvilla und frisst die Wildrosen kahl.

In schnellem Trab begebe ich mich zwei Treppen im Haus runter und eine im Garten hoch, um das offenbar suizidgefährdete Schaf vorm drohenden Absturz zu retten, hinter dem Stall geht es drei Meter nach unten.

Lego indes ist ganz entspannt. Er legt sich auf dem schrägen Dach auf die Vorderbeine und sieht mich relaxed an. Aus der kauenden, malmenden Schafsschnute lugen Rosenblätter hervor. Nur Winnie versteht meine Panik! Ich greife nach dem Lego, rutsche in Schafshinterlassenschaften aus und falle rückwärts in die nasse Wiese.

Lego meckert. Ich glaube, er lacht.

Dann springt er an mir vorbei vom Dach.

Sein Hopser ist nicht allzu anmutig, aber er ist heil wieder unten. Selbstverständlich wird das Dach unverzüglich gesichert.
Oma hat Herzrandale.
 Am 9. Juni, nach drei Wochen, werden Winnie und Lego vereinbarungsgemäß wieder abgeholt.
Inzwischen ist das große Wiesenstück annähernd leer gegrast, es steht nur noch büschelweise unleckeres Grünzeug herum.
 Lego hat sich zunehmend anderweitig orientiert, die Buchenhecke hat komische Lücken, die Wildrose sieht irgendwie ... nun, herbstlich ... aus, und war da beim Birnbaum nicht eine große, wunderschöne Funkie? *Hm.*
 Als Winnie beginnt, häufiger den dekorativen Gartenteil ins gestrenge Auge zu fassen und auf der Reise dorthin ab durch die Hecke zu marschieren – was unvorteilhafte Schafs-Treibe-Aktionen nach sich zieht –, ahne ich, dass der Schafsurlaub bei uns dem Ende zugeht.
 Trotz des ganzen Mistens und aufregenden Zaunversetzens tut's mir irgendwie leid, dass sie schon wieder weg sind. Aber die schönen Rosen ...

Heute Abend kriegen die Hunde Lammknochen.

Von geeigneten und weniger geeigneten Ausflugszielen

»Geht eine Frau mit einem Beagle in Wildpark spazieren ...«
Könnte ein guter Einstieg für einen Witz sein. Tatsächlich ist es so, dass Sie beim Spaziergang mit Beagle nicht nur auf den Ort der Unternehmung, sondern auch auf die Uhrzeit derselben ein waches Auge haben müssen, zumindest wenn Ihre Hunde einen gewissen Jagdtrieb haben.
Sollte das nicht der Fall sein, können Sie diesen Artikel überlesen. Oder schadenfroh lachend mit der Lektüre fortfahren.

Morgens um 8 am Waldrand, mit den frischen Spuren von Rehen, Hasen und Füchsen, dürfte es schwierig sein. Oder Sie zumindest stark fordern. Stecken Sie Ohropax ein: Ihr Jagdhund heult seinem Frust über das unmittelbar verpasste Wild laut in die Welt. Falls jemand in Ihrem Ort noch nicht wach gewesen sein sollte: Jetzt ist er es.

Generell ungünstig ist auch die Kombination Radweg + Schleppleine.

Sportplatz mit trainierender Fußballmannschaft = keine gute Idee.

Häufig frequentierte Angelplätze wurden bereits ausführlich erwähnt.

Sollten Sie einen Stadthund besitzen, erahnen Sie vielleicht das Problem, falls Eisdielen, Cafés und Restaurants mit Außenterrasse auf Ihrer Route liegen.
Es ist nicht nur, dass der gemeine Beagle jeden Happen, der im Mund eines Menschen verschwindet, mit großen Augen verfolgt, falls er nicht ohnehin plötzlich bettelnd bei einem Ihnen vollkommen fremden Gast unterm Tisch sitzt. Es könnte auch passieren, dass Ihr Hund die Logenplätze der Menschen dazu nutzt, sich zu erleichtern. Wenn Sie dann nicht in Nullkommanix jede Menge Geistesgegenwart oder einen Kackbeutel parat haben, gnade Ihnen Gott. Noch schlimmer als

ein Häufchen ist hier nur ein Hund, der das Bein hebt. An was auch immer.

Die Hölle bricht los, wenn unter einem dieser Tische ein anderer Hund geparkt ist. Können Sie sich vorstellen, was passiert, wenn sich drei Meter Leine um einen dieser grazilen Bistrotische wickelt?

Ganz fatal sind Spaziergänge an oder um einen See, sofern sich dort Schwäne oder Enten aufhalten. Mit welchen Worten ich schon von Kurgästen beschimpft wurde, weil mein Hund einen starren Blick kriegt, sobald er startende oder landende Wasservögel sieht, möchte ich hier nicht wiedergeben müssen.

Gehen Sie keine Waldwege mit viel Windbruch. Falls Sie mehr als eine Schleppleine mit sich führen (oder eine, die länger ist als fünf läppische Meter) werden Sie die Hälfte des Spaziergangs gebückt in der Beschäftigung mit irgendwelchem Astwerk verbringen.

Und versuchen Sie um jeden Preis, auf Ihrem Weg liegende Feldhasensassen großräumig zu umgehen, sonst kann es passieren, dass Ihr Beagle mit einem frisch zur Welt gekommenen Hasenbaby im Fang herantrabt.

Meiden Sie Pferdeweiden: Ihr Hund könnte zum Cowboy mutieren. Sollte es gerade Winter sein, meiden Sie Strecken, die von Kindern als Rodelbahn genutzt werden.

Ultimativer Tipp: Gehen Sie nie, nie, niemals mit Ihrem Hund in einen dieser Hundeartikelläden, in welchem Fressbares offen dargeboten wird. Schweineohren, beispielsweise. Oder Trockenfleisch zum Selbstabzählen. Oder diese lustigen Ergänzungsnahrungsmittel in Röllchen- oder Zootierform, die in strategisch günstig platzierten offenen Containern nebst Waage angeboten werden.
Mitunter finden Sie Futterproben in Näpfen, ansprechend im Laden verteilt.
Beagle können pappsatt und mit leuchtenden Augen von so einem Einkauf zurückkehren, mit einem nassgeschwitzten, peinlich berührten und vollkommen gestressten Besitzer, wohlgemerkt.
Wer je erlebt hat, wie sich der kleine süße Beagle mit einem ausgewachsenen Hovawart um eine Handvoll bisher

verschmähtes Trockenfutter zankt, bestellt für den Rest seines Lebens nur noch online.

Selbst Tierarztbesuche bedürfen akribischer Planung. Werfen Sie präventiv einen Blick ins Wartezimmer! Meine Buddy gehört zu denen, die ausnahmslos jeden anderen Hund zum Spielen auffordern. Leider halten sich in Tierarztwartezimmern bekannterweise häufig Hundekollegen auf, die nicht besonders tierarztaffin sind. Was umgehend zu neuem Krach führt.

All dies ist der Grund, warum ich gern unbehelligt (und oftmals ungeschminkt) große Runden durch einsame Waldgebiete meiner hessischen Heimat drehe. Als Sparringspartner finden wir dort oft nur den zuständigen Jagdpächter (der sich freut, dass meine Hunde an der Leine sind) oder ein paar Forstarbeiter (die sich freuen, überhaupt mal jemanden zu treffen. Und sich wundern).

Es soll Menschen geben, die zur Erlangung eines besonderen Nervenkitzels oder dem ab und zu fälligen Adrenalinschub risikoreiche Sportarten ausüben oder teure Fahrgeschäfte auf dem nächstbesten Jahrmarkt besuchen. Brauch ich nicht. Ich habe Beagle.

Die Schafherden-Geschichte

»Was, noch eine?«
  »Nee. Ganz anders.«
»Ach so. Na gut.«

Bei uns gibt es nur noch matschige Feld- und noch schlimmere Waldwege, und deshalb gehen wir heute mal in A. spazieren.
Vier Hunde, drei davon mit, einer ohne Leine, sind hellauf begeistert. Wir kommen an ein paar Wiesen mit Kühen und Pferden, dann an einer Schafherde vorbei. Es sind schöne Schafe, nicht die dicken beigegrauen Wollschafe, sondern hübsche schwarze und helle Heidschnucken.

Die Schafe machen das, was Schafe eben so machen, wenn Hunde kommen: Sie laufen ein Stück weit weg. Sie flüchten nicht Hals über Kopf, sie entfernen sich nur etwas schneller aus der Nähe meiner Hunde. Die natürlich auf dem Weg bleiben und sich kein bisschen für die Schafherde interessieren, schließlich ist rechts der Wald, und da könnten ja Rehe sein. Schafe sind für meine Hunde voll langweilig.

Zwei Männer legen letzte Hand an den Zaun. Sie schauen zu uns herüber und machen ein paar Bemerkungen, lachen. Es klingt gehässig. Mir egal, ich achte nicht drauf, werde mich aber später noch daran erinnern.
Als wir um die Kurve biegen, steigen die Männer gerade in ein blaues Auto und fahren quer über die Nachbarweide weg. Hierbei hinterlassen sie tiefe Spuren in der Wiese.

Unser Spaziergang dauert noch rund eine Stunde, es ist ein kalter, nasser Tag, und obwohl wir uns in einem sehr beliebten Hundeauslaufgebiet befinden, ist außer uns kaum jemand unterwegs.

Die Runde führt uns durch Wald und Feld, und als wir uns etliche Kilometer später dem Ende der Wanderung nähern, stoßen wir erneut auf – eine Schafherde. Es sind andere Schafe, aber offenbar der gleiche Besitzer. Es ist das gleiche Auto. Diesmal ist er allein und müht sich mit dem Schafzaun ab.

Wir sind noch etwa zweihundert Meter weit weg. Mein Rüde #2, etwas vorlaut, rennt in Richtung der Schafe und meldet sie mir, für den Fall, dass ich sie womöglich noch nicht gesehen habe. Ich rufe ihn zurück, und er kommt sofort angeflitzt.
Der Schafherdenbesitzer brüllt: »*Hey, ihr da!*« – er muss mich meinen, ist ja sonst keiner da –, »*ich lass jetzt meine Hunde raus!*«
Haben Sie schon mal Border Collies at work *gesehen? Solche, die ihren Job verstehen? Fantastisch. Es gibt verschiedene Pfiff-Folgen für unterschiedliche Aufgaben und Anforderungen. Großes Kino!*
Nur, dass der Typ nicht der Typ für solche Border Collies ist.

Ich rufe zurück: »Alles klar!« Als Landkind weiß ich, dass Hütehunde, die ihrem Job nachgehen, keinen Spaß verstehen. Ich habe nicht vor, irgendwelche Arbeitshunde in ihren Kreisen zu stören, rufe mein Rudel zusammen und wechsele augenblicklich die Richtung. Mein Plan ist, großräumig an den Schafen vorbeizugehen, wie wir das schon mehrmals bei anderen behüteten Herden erfolgreich und ohne Schaden praktiziert haben.

Ich traue meinen Ohren nicht, als der Typ weiter brüllt: »...kann sein, dass Sie mit ein paar Kötern weniger nach Hause kommen! Aber macht ja nichts, Sie haben ja genug!«
What the fuck!
Ich, recht verwundert – woher diese Feindseligkeit, und warum? - rufe zurück: »Wir gehen einen Bogen! Alles gut!«
Und er, ich glaube es ja nicht: »Bisschen schneller, wenn ich bitten darf, sonst landen eure Dreckshunde bei mir in der Jauchegrube!«

Ich nehme meine Hunde, die zum Glück keinen Laut von sich geben, noch kürzer und beschleunige meinen Schritt. Wir machen uns entlang eines buckeligen Grasweges vom Acker. Dabei überlege ich, was das für ein Vollhorst ist. Egal. Im Weggehen höre ich ihn noch ein paar Unflätigkeiten austeilen, sicher ist es gut, dass ich nicht verstehe, was er vor sich hin brummelt.

Es ist ein Mordsumweg, den wir gehen müssen, um den nötigen Abstand zu dem Schafs~~kopf~~halter einzuhalten, aber ich bin weit davon entfernt, mich mit einem bekloppten Bauern und seinen blutrünstigen Killermaschinen anzulegen, dazu sind mir meine eigenen Hunde zu lieb und zu teuer.

Aus dem Augenwinkel beobachte ich den Kerl, wie er seinen Schaff mit dem Zaun hat. Hunde sehe ich keine, aber wer weiß, vielleicht sind sie noch in dem Auto. Obwohl das schon ungewöhnlich wäre.

Schließlich muss er die Schafe kontrollieren, während er alleine die Schafsnetze aufbaut. Hm.

Egal. Ich bin nass, ich bin müde, und meine Hunde allmählich auch. Nach 35 weiteren Minuten gelangen wir an unser Auto. Meine alte Hündin sinkt seufzend auf ihre Decke.

Das Dumme ist (ich merke es erst jetzt): Wenn ich den asphaltierten Feldweg nehmen will, muss ich an dem irren Schafstypen vorbei. Ich hadere eine Weile mit mir, trödele noch ein bisschen herum, aber irgendwann muss eine Entscheidung her. Um nicht über den Grasweg fahren zu müssen, mache ich mich notgedrungen auf in Richtung meiner Nemesis in Gestalt dieses blöden Schafhalters. Wohl ist mir dabei nicht, ich hasse es, jetzt da lang zu müssen.

Das Bäuerchen parkt natürlich mitten auf der Gasse. Will ich nicht durch die frisch umzäunte Schafherde pflügen, muss ich warten.

Er zieht gerade eine Stromlitze durch sein Netz. Übersehen kann er mich nicht. Will er auch nicht. Schon marschiert er in seinen Gummistiefeln auf unser Auto zu. Meine Hunde fangen an zu kläffen, was auch sonst. Ich fahre das Fenster herunter und äußere devot, sorry, aber das ist der einzige Weg...

Das scheint leider Wasser auf seine Mühlen zu sein. Er blafft mich an: Wenn ich mit meinen Scheißhunden schon nichts Besseres zu tun habe, als quer durch seine Wiese zu laufen, sollte ich ihn mal wenigstens nicht noch von der Arbeit abhalten.

Da weht mich ein Hauch Abenteuerlust an. Ich meine doch, dass es Grenzen gibt.

Auch für nordhessische Schafbarone. Ich stelle den Motor ab. Ich nehme sozusagen den Fehdehandschuh auf. Dazu steige ich aus dem Auto, was ihn offenbar völlig aus der Fassung bringt. »War da nicht noch irgendwas mit Ihren Hunden?«, frage ich, betont entspannt.

Wo auch immer sie sich aufhalten mögen – hier sind sie jedenfalls nicht. Auch nicht in dem verbeulten Opel Meriva. Dass mich das ja wohl einen feuchten Kehricht angeht, sagt er mir, sinngemäß. Die Antwort ist jetzt keine Überraschung!

Ich baue mich vor dem ältlichen Männlein auf und erkläre ihm, dass ich nicht durch das matschige Feld fahren möchte, das sei doch wohl ganz in seinem Sinne, so als Großgrundbesitzer?
Das ist zu viel für ihn. Er faltet mich nach Strich und Faden zusammen, und zwischendurch fällt sein Blick auf meinen Autoaufkleber. *LaborBeagleHilfe e.V.* prangt da, in nicht zu kleinen Buchstaben.

Er stutzt, fasst mich ins bösartig funkelnde Auge und deutet in Richtung meines Kofferraumes, in dem die Hunde immer noch ausflippen. »Sie! Sind das etwa solche Versuchshunde!«
Ich erwarte eigentlich, dass sich das Blatt nun wendet. Das ist nämlich oft so, wenn Leute erkennen, hier handelt es sich um jemanden mit Tierschutzwillen und Hunden aus dem Labor. Meistens lässt sich die erste Hürde schnell überbrücken, und am Ende plaudert man nett über die armen Labories und was wir doch alle für gute Tierfreunde sind. Meistens wird mein Hundekleeblatt dann auch noch gelobt, sie machen nämlich, wenn's drauf ankommt, alles richtig.

Nicht heute. Nee, da kenne ich den Typen aber schlecht! Er zetert los, dass sich so einen Schwachsinn ja wohl auch nur Frauen ausdenken können, vergast gehören die Scheißköter, und nicht auch noch auf die Menschheit losgelassen!

Das ist der Augenblick, wo es mir reicht. Ich habe, im Gegensatz zu meinem Gegenüber, eine gute Kinderstube genossen und sage daher nicht das, was mir schon durch den Sinn ging, als er uns zum Umweg zwang.
Das wäre etwas wie »du blöder W******« verbunden mit dem Ratschlag, wohin er sich seine verkackten Viecher hinstecken könne, gewesen.

Nein. Ich bin von Berufs wegen Begegnungen mit hirnamputierten Cholerikern gewohnt und lasse mich nicht provozieren. Außerdem ist mir bei seiner Tirade etwas Interessantes aufgefallen. Ich empfehle dem Rumpelstilzchen also, sich zu mäßigen und sein Auto an den Rand zu fahren (was locker machbar ist).

Ich frage mich, ob er mich gern schlagen würde. Bestimmt. Aber ich bin – obwohl ich eine Frau bin – zwanzig Jahre jünger und einen ganzen Kopf größer als er, sehe recht fit aus und: Ich verunsichere ihn.

Deshalb und mit dem bedauerlichen, offenkundigen Defizit seiner abwesenden Hunde (es gibt sie, ich habe sie bei anderer Gelegenheit schon gesehen, zwei sind es; die Art Hund, die in Scheunen aufwächst und lebt und durch Schläge lernt, aber sie sind – leider, leider – nicht da) hat er irgendwie schlechte Karten, und das macht ihm noch miesere Laune.

Er trollt sich fluchend in sein Opagefährt und zirkelt mit aufheulendem Motor und spritzendem Kies an den Wegesrand. Ich fahre moderat an, nicke noch mal freundlich, und hey!, schon bin ich vorbei. Ich bin sehr erleichtert.

Hinter der nächsten Biegung halte ich wieder an und führe mittels Mobiltelefon ein Telefonat. Der Polizist am anderen Ende der Strippe notiert sich meine Personalien, Ort und Uhrzeit, dazu Fahrzeugtyp und Kennzeichen von dem Schafe-Mann. Er hört sich meine Sachverhaltsschilderung und die Personenbeschreibung an.

Aber ja, selbstverständlich werde ich mich sehr gern als Zeugin zur Verfügung stellen. *Nein,* Anzeige will ich nicht erstatten (ich weiß, dass es ausgehen würde wie das viel zitierte Hornberger Schießen), aber ich möchte ja vor allem nicht, dass der Mann Auto fährt, betrunken, wie er ist.

Was da alles passieren kann! Und leider, leider – jetzt lüge ich ein bisschen -, konnte ich ihn ja nicht davon abhalten, loszufahren, so als Frau und bei der ganzen Aggression und alles.

»Ach, der Herr X.!« sagt der Polizeibeamte und pfeift auf den Datenschutz, »ja, der rasselt gern mal mit jemand aneinander!« Er werde eine Streife schicken, sagt er.

Als ich auf der Landstraße unterhalb der ganzen Felder bin, sehe ich, wie der blaue Opa-Opel anfährt und sich Richtung B. aufmacht. Da es jetzt auf zehn Minuten auch nicht mehr ankommt, bleibe ich auf einem Parkplatz stehen, beobachte, in welche Richtung der Schafsmann abbiegt, rufe nochmal bei der Polizei an und gebe die Information weiter.

Ein paar Minuten später kommt mir ein Streifenwagen entgegen. Ich wende und fahre gemächlich in die Richtung.

Ungefähr zwei Kilometer weiter sehe ich das Polizeiauto wieder, es hält hinter dem Rumpelstilzchen, das heute vielleicht mit der Falschen aneinander gerasselt ist. Der Alkoholtest verläuft todsicher positiv.

Das bestätigt mir auch der Kollege von der Wache, der später am Abend noch bei uns anruft und einige Details erfragt.

Rache ist wirklich sehr, sehr süß.

P.S.: *Wenn Hunde da gewesen wären, wäre ich übrigens brav im Auto geblieben und hätte den Rückwärtsgang eingelegt. Ich bin ja nicht doof.*

Nachrichten aus den sozialen Netzwerken

Bevor wir hiermit beginnen: Die Grammatikfehler wurden aus den Originalposts übernommen. Und bevor jemand mit bösen Strafmaßnahmen wegen des Urheberrechts winkt: Es ist alles rechtens.

Soziale Netzwerke haben – auch für Hundehalter – sicher irgendwelche Vorteile. Allerdings finden sich auch jeden Tag Fragen, Ergüsse, Anmerkungen von Unbedarften, Ahnungslosen, Ratsuchenden, die einem die Haare zu Berge stehen lassen.

Leuten Hunde zu geben, ist oft ein Wagnis. Verantwortung ist nicht jedermanns Sache. Nicht jeder sollte einen Hund besitzen. Von mehreren (Hunden) gar nicht zu reden.
Wes Geistes Kind etwa ist eine Hundebesitzerin, die der geneigten Öffentlichkeit folgenden Hilfeschrei zukommen lässt:

»HIIILLFFE! *Meine XYZ hat heute nach mir geschnappt! Sie ist schon acht Jahre bei uns, aber sowas hat sie noch nie getan!! Ich dachte immer wir hätten einen Traum Hund der so etwas NIE! NIE! NIE! macht, jetzt habe ich aber Angst, meine Kids mit ihr alleine zu lassen. Was soll ich tun!«*

Außer dem Ratschlag, sich erst einmal einer annehmbaren Syntax und Orthographie zu befleißigen (vor allem: einige Ausrufezeichen weniger verwenden!), fällt mir spontan nur ein: Einen Lehrgang machen. »Korrekte Interpretation der Signale meines Haustieres« vielleicht. Oder eine Therapie.

Und überlegen: Was könnte ich denn gerade heute falsch gemacht haben, was seit acht Jahren irgendwie gutging? Halloween lässt grüßen, aber mir drängt sich das Bild einer älteren, zähnefletschenden Marshall-Beagle-Bestie auf, vor der sich zähneklappernde Zehnjährige mit zerfetzten Klamotten panisch an die Wand drücken.

Es folgt, was zwangsläufig immer folgt: die Kommentare. Da ist bald von »*Dominanz*« die Rede. Und »*notwendiger Unterordnung*«. Von Alpha, und so.
Ja. Und dass das wölfische Erbe ... bla bla ... rharbarber...
Dann fragt eine Gruppenkollegin allen Ernstes: »*ich habe meinen Hund, ein weibchen, neu. Muss man eigentlich jeden tag mit dem hund raus?*«

Zum ersten: Hündinnen bezeichnet man als »Hündinnen«. Nicht als »Weibchen«.

Zum zweiten: Ja. Ja. Ja. Mehrmals.
Zum dritten: Nomen schreibt man groß. Das geht auch am Smartphone.
Die nächste Koryphäe lässt nicht lange auf sich warten: »*Hiilfe! Wir haben uns ein Beagel (sic!) angeschafft, aber er hört nicht und macht alles kaputt!*«

Ach!

Supergut gefällt mir auch diese Problemstellung: »*Mein Welpe ist fast immer aufgedreht und übermütig, was kann man dagegen machen?*«
Ich suche nach dem Nachsatz: »*...außer Beruhigungsmittel geben*«, finde ihn aber zum Glück (noch) nicht.
»*Hilfe!! Mein Hund hat blutigen Durchfall, frisst nichts + und ist ganz schlapp. Das ist jetzt seit drei Tagen, muss er zum Tierarzt?*«

Hey.

Manchmal denke ich, da möchte sich jemand mit spaßigen Fake-Posts auf Kosten der aufgeregten Community amüsieren. Ich bin sicher, dass in deutschen Wohnzimmern Menschen sitzen, die bei mangelhaftem Fernsehprogramm fiese, gefälschte Postings für Hundeforen aushecken!

Außer den vorstehend beschriebenen großen Problemen, die in den diversen Hundegruppen immer mit angemessener Verve diskutiert werden, gibt es noch einige kleinere Ärgernisse, über die man regelmäßig stolpert.

SIE sind zum Beispiel nicht die ELTERN Ihres Hundes. Die Eltern Ihres Hundes sind vermutlich ebenfalls Hunde. SIE sind nicht seine MAMA. Menschen sind nicht wirklich die Mamas von Hunden. Ihr Hund spricht Sie vermutlich auch gar nicht mit »Mama« an!

Man fragt sich, wie der Hund behandelt wird. Aber nein, natürlich wird kein Hund vermenschlicht, wo kämen wir denn da hin. Bitte, bitte verinnerlichen Sie das! Es ist fast so schrecklich wie das inflationär verteilte »*RIP*«, nur irgendwie naiver.

Die Mehrzahl von »Beagle« ist entweder »Beagle« oder »Beagles.«
»Beagel« ist falsch, »Beageln« (Plural) noch falscher. Der häufig anzutreffende fehlerhafte Gebrauch des Apostrophs lässt folgende Blüte sprießen: »Beagle'n«.
Das ist so ziemlich der Gipfel der legasthenischen Ausfallerscheinungen. Vor lauter Apostrophierung sieht die Aussage aus wie ein Schweizer Käse, es wird einem schon beim Hinsehen ganz schwummerig, da braucht man das dünne Textchen gar nicht lesen. Gender-Fans schreiben »Beagleline«. Englische Muttersprachler wenden sich mit Grausen ab. Und, übrigens: »*Bagle*« geht gar nicht.
Es gibt kein Verb und auch kein Adjektiv mit »-beagle«. Infantile Wortkreationen wie »verbeagelt« oder »beaglisch« sind daher einfach nur albern. Es gibt sogar Leute, die »beaglisch« sprechen können und beaglisch aussehen! Zumindest glauben sie das. Alle Achtung!
Spielt lieber mit euren Beagle*n«, wenn ihr lustiges dummes Zeug machen wollt, dann ergibt es wenigstens noch einen Sinn.

Es gibt Hunde, deren Bezeichnungen unaussprechlich sind. Oder es zu sein scheinen.
Die edle Rasse der Berner Sennenhunde darf man nicht verwandeln zu *»Bernasen«! (Um in den vollen Genuss der Lautmalerei zu kommen, müssen Sie die letzte Silbe betonen.)* Bernasen sind meine Zweitlieblingshunde, kommt direkt nach Beagel.
Katzenwelpen nennt man übrigens neuerdings allerorten »Kitten« (Plural: »die Kitten«).
Warum? Versteht keiner mehr »Katzenbaby«? Ein Hoch den Anglizismen! Hello, Kitty. Sorry, *kitten*.
Ja, und dann hätten wir noch den ollen Konjunktiv.

Man vermittelt einen Hund, versucht es jedenfalls.

Es klicken 125 Menschen auf »gefällt mir«. Schon mal gut! Man hofft das Beste.

Dann kommen die Kommentare.
Von zwanzig Kommentaren beginnen fünfzehn mit *»wir würden den Hund sofort nehmen, wenn… wir nicht schon drei hätten / wenn ich nicht den ganzen Tag arbeiten müsste / wenn unsere Hündin nicht immer jeden beißen würde / wenn ich nicht die vielen Katzen hätte / wenn … bla bla…«*
Herrje, dann sparen Sie sich doch Ihr Posting. Das hilft nämlich keinem. Bindet nur Zeit und Energie, Ihre wie unsere, ich muss das alles lesen! Und das traurig guckende Emoji können Sie auch gern behalten.

Vier weitere Antworten: »Oh die arme Fellnase!!! Viel Glück!!«
Genauso nutzlos. Und eine weitere kreativ-süßlich-dumme Wortschöpfung, die keiner braucht. Ein (1) Kommentar lautet: *»Was braucht der Hund, wohin kann ich mich wenden?«* **Yes! Danke!!**

Ach, nur nebenbei: Beagle laufen in einer »MEUTE«, nicht als »Rotte«, wie unlängst jemand beharrlich verbreitete.

Ständiges Thema ist das Gewicht von Hunden, am liebsten das der Hunde anderer Leute. Merksatz: Der eigene Hund ist nie zu dick oder zu dünn, jener der anderen oft. Kaum hat man einen dicken Hund erspäht (z.B. auf völlig unschuldig veröffentlichten Bildchen: Hund auf Sofa, schlafend, auf dem Rücken liegend, Wampe oben. »So so so süß, meine Maus!!«), geht es los.

Jemand schreibt: *»Ähm, du. Nicht dass ich dich kritisieren will, aber meinst du nicht, dein Hund ist zu dick?«*
Nach einem kurzen virtuellen Luftholen prasseln in fünfzehn Minuten fünfundzwanzig Kommentare aus allen Ecken der Republik auf die Hundehalterin ein, die wahrscheinlich erstaunt vor ihrem Laptop sitzt und sich fragt, wie das passieren konnte.

Am Ende sind alle sauer, der Tierarzt soll ran, Rufe nach dem Tierschutz kommen auf, die Gruppe bricht auseinander, die Emojis gucken zunehmend grimmiger, es wird geblockt und aus Gruppen gekickt und schon schreien die Ersten nach den *»Admins!!!!! Schließen!!!!!«*

Ich habe vier Hunde. Einer ist rank und schlank, idealer BMI, ein Hundemodel. Ein anderer ist normalgewichtig. Seine Taille ist vorhanden, aber er ist mehr so der athletische Typ und strotzt vor Power. Er fühlt sich an wie eine gespannte Flitzebogensehne.

Die beiden Damen haben Übergewicht, die eine mehr, die andere weniger. Dass das so ist, hat seinen Grund: Es wird zu viel gefuttert bei zu wenig Bewegung. Der Grund für die mangelnde Bewegung ist nicht meine eigene Bequemlichkeit. Das Dilemma bestand nicht immer, sondern ergab sich erst in letzter Zeit, zugrunde liegen gesundheitliche Umstände, die ich weder erläutern werde noch muss.

Man muss sich nicht vor irgendwelchen, meist fremden, Menschen für das Aussehen seiner Hunde rechtfertigen, erst recht nicht vor solchen, die sofort einen heiligen Krieg anzetteln, wenn man nicht veterinärmedizinische Rundumversorgung nach deren Vorstellungen nachweisen kann oder will.

Entschuldigungsgründe vorzubringen ist ohnehin sinnlos, weil jeder im Netz deinen Hund und dessen Lebensumstände besser beurteilen kann als du selbst.

Ob diese sensiblen Menschen wohl auch über die Figur anderer Personen urteilen und das öffentlich anprangern? Wie geht das? Sprechen sie Leute in Fußgängerzonen und Supermärkten an mit den Worten *»Ähm, verzeihen Sie bitte, aber sind Sie nicht ein wenig zu dick?«* Oder packen sie gleich den Holzhammer aus: *»He, Sie, Burger her! Abspecken, aber dalli!«*

Natürlich darf man Hundehalter, die ihre Tiere adipös füttern, darauf hinweisen. Klar gibt es massenhaft zu dicke Hunde.

Genauso unerotisch ist es aber, dem Beagle jetzt aber mal statt den üblichen 96,5 Gramm nur noch 48,75 Gramm edelstes Trockenfutter zu kredenzen, weil das Tier wieder quasi »unkontrolliert zugelegt« hat.

Boah, ey, wie uncool.

Hoffentlich sind die sich selbst (oder ihren Kindern) gegenüber auch so verflixt *taff*.

Gerade beim Beagle gibt es viele übergewichtige, aber auch extrem dünne Hunde. Das sind manchmal genau die, die über Tische und Bänke bei der Jagd nach dem kleinsten Häppchen gehen, die bei Veranstaltungen Melonenschalen und eklige Dinge aus dem Müll klauen, die mit hektischem Blick alles nach Fressbarem scannen. Und dann jedes Mal Durchfall kriegen. Was eine Futterpause nach sich zieht. Merkt ihr was? Ich hoffe dann immer, dass ein Veterinär das im Blick hat.

Normalgewicht ist, wenn der Hund normal aussieht, gesund ist und sich angemessen verhält. Spillerige, aufgeregte, gierige Hunde mit hungrigen Augen und dürren Hälsen und einer Taille wie Kaiserin Sissy sind vielleicht als Karikatur okay, als Familienmitglied nicht.

Beagle sind keine Windhunde. Rippen, Wirbel und Hüftknochen nicht nur tasten, sondern auch eckig und deutlich sehen können, ist vielleicht nicht ganz richtig.
Das passende Posting dazu: »*Mein* {hier bitte einsetzen: seltsamer Hundename aus Disneyworld, dem Elbenwald oder StarTrek} *hat auf dem Hundeplatz nicht gespurt, jetzt hat unser Trainer ihm 48 Stunden Futterentzug verordnet!*«
Dazu das Foto eines acht Monate alten Rüden vor dem leeren Napf, den Blick ratlos in die Smartphone-Knipslinse gerichtet, garniert mit vielen feixenden Smilies.

Daumen hoch.

Liebe Jungbeaglebesitzerin: Ich hätte dem übergeschnappten pädagogischen Ausnahmetalent auch einen Entzug verordnet, ach was, mehrere, und zuallererst hätte ich ihm meinen Hund entzogen.

Solange die Leute nicht selber denken, müssen es wohl andere für sie tun und meckern. In diesem Fall waren die entrüsteten Kommentare gerechtfertigt, fand ich. Leider hat wieder jemand nach dem »*Admin!!!!*« geschrien, bevor geklärt werden konnte, ob der kreative Trainer seine Lizenz noch hat.

Wie gut, dass er nicht auch noch Wasserentzug verfügt hat, der sanktionstechnisch gewiefte Schlingel, der.

Die hohe Schule im Futter-Kampfdiskutieren ist übrigens das Thema »Barfen«. Dabei werden Hundemütter *(*brüll*)* zu Hyänen!

In letzter Zeit tauchen ab und an Menschen auf (meist Frauen. Das ist bei Hunden, Katzen und Pferden halt so), die ihren Hund, der ja, wie alle im Internet mitgekriegt haben, in direkter Linie und ohne links oder rechts abzubiegen vom Wolf abstammt (einem Raubtier), vegan ernähren. Und Stein und Bein schwören, der Hund sei glücklich und gesund, aber sowas von!
Ey.
Leute, wechselt die Tabletten.
Wenn man mit der Futterfrage durch ist, kommt unweigerlich das Thema »Auslastung« aufs Tapet. Auch dieses Sujet führt in den Gruppen schnell zu unkontrollierbaren Interferenzen, weil es eben bei Hunden bzw. Beagles keinen goldenen Mittelweg gibt.
Da sind Hunde, die einen strafferen Stundenplan haben als ein Oberschüler. Warum? Was will denn so ein Hund? Da wir hier ja hauptsächlich Beagle-interessiert sind, fragen wir mal: Was will denn so ein Beagle?
Richtige Beagle wollen vor allem zwei Dinge (also, abgesehen von futtern und schlafen, aber hier geht es jetzt um Beschäftigung): laufen, und schnuppern. Sozusagen die Nase einsetzen, und dabei rennen. Dafür sind sie gemacht!

Beagle finden es zwar auch mal nett, irgendwelche Agility, Degility, Jagility, Geräte- oder Apportierspielchen zu spielen, sie laufen auch mal eine Weile am Fahrrad – aber richtig, richtig toll ist für den gemeinen Beagle nur eins: Im Zickzack seiner (!) Wege gehen, im beagleeigenen Tempo (= mal Überschall, mal Schnecke) und jeden Grashalm und jeden Quadratmillimeter einer Spur einzeln zu beschnuppern.
Ich kenne einen Beagle, der fast nur am Fahrrad läuft, nie darf er anhalten und in Ruhe etwas erforschen. Kaum ein Hund ist mehr zu bedauern.
Es gibt daher auch tausend Möglichkeiten, einen Beagle schön zu beschäftigen: Man denke sich einfach ein paar lustige Aufgaben für die Hochleistungsnase aus oder spielt bei einem der zuhauf vorhandenen Treffen mit Artgenossen. Das ist allerdings mit etwas Aufwand verbunden. Da ist so eine Fahrradrunde natürlich bedeutend schneller abgearbeitet. Was macht den Hund wohl zufriedener?

Ich möchte mich nicht darüber wundern, dass »der Hund« nicht raus will, weil es ein bisschen tröpfelt, und angeblich lieber auf der Couch dümpelt. Zugedeckt.
Beim nächsten Post mit diesem Inhalt schreibe ich drunter, was ich denke: Dass der (Jagd- bzw. Lauf-) Hund mit dem wetterfesten Fell und der robusten Konstitution eher so aussieht, als ob er vor Langeweile die Wände hochgehen möchte, weil seine träge Halterin nicht in die Puschen kommt, da sie keinen Bock hat, durch den Regen zu trotten. Der Beagle an sich kommt aus Großbritannien! Da wird es doch auch mal geregnet haben! Dem Beagle ist Draußensein bei regnerischem Wetter quasi in die Wurfkiste gelegt!

Eine supertolle Sache sind Beagletreffen: Beagle verhalten sich unter ihresgleichen anders. Die Treffen sind meist sehr gut organisiert und für alle Teilnehmer ein Genuss. Bevor man als Gast bei einem Beagletreffen teilnehmen darf, muss man seine Personalien angeben und dafür unterschreiben, dass man eine gültige Hundehaftpflicht hat. Der Impfstatus des Hundes muss aktuell sein. Das dient sowohl dem eigenen Schutz, als auch dem der anderen Teilnehmer.
Manche Hundetreffenveranstalter erfinden eigene Klauseln, was zu gewissen Auswüchsen führt.
In einem Vertragswerk für die Teilnehmer eines solchen Treffens lese ich neben viel Gedöns über Impfschutz und (ungültige) Haftungsausschlüsse aller Art den folgenden Satz: »Wer einen Beagle tritt, bekommt eine Verwarnung, beim zweiten Tritt einen Platzverweis!«

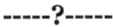

Ich muss erst mal schlucken. Was herrschen dort für Zustände? Das Maßregeln von Hunden wird maßgerecht geregelt, geil. Anscheinend wissen die Besucher dort nicht, was angebracht ist. Es scheint sich bei den Teilnehmern um Schwererziehbare zu handeln.
Die »Betreuer« wissen es dafür umso besser.
Beim ersten Tritt kommt der Brutalo also immerhin noch mit einer Verwarnung davon, gelbe Karte, eine Gnadenfrist! Zwei

Kicks gegen den Hund = rote Karte, Feierabend. Aufgemerkt, bitte:

Mal abgesehen davon, dass der Verfasser dieses Blödsinns dem Jargon nach offenbar beim städtischen Ordnungsamt angestellt ist – würde ich mitkriegen, wie jemand in meinem Beisein nach irgendeinem Hund (ich würde das jetzt nicht an der Rasse festmachen!), Kind, Oma, Katze oder Hamster tritt, gäbe es einen ordentlichen Satz warmer Worte, und damit ist die Lage dann bereinigt. Ich zähle dann nicht noch akribisch mit! Meine Güte.

Im Internet werden die gefälligen Gruppenbesucher mit adäquaten Bezeichnungen tituliert. An den allgegenwärtigen Dosenöffner hat man sich ja schon widerwillig gewöhnt, aber wer will sich denn unter erwachsenen Mitteleuropäern als »*Napfspüler*« und »*Leinenhalter*« anreden lassen?
Ich bin doch die Familie meiner Hunde, nicht ihr Dienstmädchen oder ihr Handlanger! *Menno!*

Die oben erwähnte Veranstaltung habe ich dann übrigens nicht besucht.

36 Grad

Juli 2018, 36°C.
Im Sommer werden geparkte, ordnungsgemäß verschlossene Kraftfahrzeuge im Fahrgastraum mitunter unerträglich heiß. Das weiß bestimmt jeder Autofahrer, der schonmal vom Einkaufen zurückkam, die Fahrertür öffnete und augenblicklich den starken Eindruck hatte, in einen Glutofen einsteigen zu müssen: Die Sitze sind knallheiß, Lenkrad und Armaturen kann man mit bloßen Händen kaum berühren, die Wüstenluft, die im Auto steht, versengt einem die Härchen an den Armen. Bei den meisten Menschen hat herumgesprochen, dass Hundehalter ihre Vierbeiner bei solchen Außenbedingungen am besten zuhause lassen. Das Internet und alle Zeitungen sind vollgepackt mit entsprechenden Warnungen, dennoch gibt es immer noch neue Fallbeispiele.

Es gibt Leute, die lassen ihre Hunde *kurz* im Auto, während sie *noch schnell* etwas besorgen müssen. Läuft es ungünstig (insbesondere für den Hund), trifft der zurückkehrende Autofahrer später seinen vierbeinigen Kumpel gesundheitlich stark beeinträchtigt oder tot an. In manchen Fällen wartet auch eine mehr oder minder freundliche Streifenwagenbesatzung an dem betreffenden Auto.

Es gibt Bilder, die man nie vergisst.
Stellen Sie sich bitte vor, Sie sind der Pechvogel, der einen Hund (oder ein Kind?) im 50, 60 oder 70 Grad heißen Auto findet (es gibt eine Reihe gelb-orange-rote Tabellen, die belegen, in welcher Zeit sich ein Autoinnenraum wie stark aufheizt) entdeckt.
Was machen Sie denn nun? Wissen Sie sofort und ohne Zweifel, wie Sie sich jetzt sinnvoll verhalten?
Keine Sorge, kaum einer weiß das, woher auch.
Niemand sollte in so eine Lage geraten. Wollen wir mal überlegen, was es da alles gibt: Wir dürfen nicht ohne weiteres

das Auto öffnen. Wir dürfen aber auch nicht zuschauen, wie der Hund (oder: der Mensch) in immer größere Not gerät. Wir müssen also versuchen, die Lage angemessen zu beurteilen.

Wo steht denn das Auto? Im Parkhaus, unterm Dach? Oder ohne jeden Anflug von Schatten mitten auf dem Supermarktparkplatz? Wie warm ist es denn heute überhaupt? 20 Grad? Oder dreißig? Knallt die Sonne vom blauen Himmel oder ist es bewölkt? Sind Fenster auf? Weit genug? Könnte der Innenraum vielleicht auch kühl sein, durch irgendwelche technischen Finessen? Welchen Eindruck machen Kind(er) oder Hund(e), wie verhalten sie sich?

Was mach ich, wenn ein Kind im Auto schläft? Oder ein Hund im Auto schläft? Was mach ich, wenn ein Rottweiler im Auto tobt? Oder ein kurznasiger Kleinhund gestresst japst? Was ist mit einem hektisch bellenden, schlanken Jagdhund? Kann man abschätzen, wann etwas noch okay ist und wann die Lage sich ändert?

Was machen Sie denn, wenn ein Rollstuhlfahrer in der prallen Sonne steht und nicht wegkommt? Sprechen Sie ihn an? Oder trauen Sie sich zu, einen Hitzschlag *per se* auszuschließen? Wie würden Sie sich verhalten, wenn Sie jemanden entdecken, der möglicherweise am Ertrinken ist?

Wie erkennt man denn, wie es dem Hund geht? Ersetzen sie doch einfach mal »hechelnden Hund« durch »weinendes Kind«. Beschleunigt das Ihre Phantasie? Vermutlich werden Sie sich die Sache eine Weile anschauen, sie beurteilen und dann eine Entscheidung treffen. Sie müssen sozusagen beurteilen, ob Gefahr im Verzug ist und wie schnell ein sinnvolles Handeln erforderlich ist.
Nehmen wir nun mal an, der Hund steuert rapide auf den Kollaps zu.
(Wir beschränken uns hier jetzt mal auf »Hund«: die meisten Leser suchen hier doch eher nach Hundethemen, eher wenige nach Tipps, das Kleinkind unbeschadet zu transportieren. Vielleicht ist es auch leichter, zu erkennen, wie es einem kleinen Kind bei extremer Witterung geht – hochroter Kopf, Schweiß, Apathie usw.)
Bei einem Hund müssen Sie Rückschlüsse aus seinem Verhalten ziehen, was nicht ganz einfach ist. Okay: Die

Situation kommt Ihnen komisch vor, der Hund erregt Ihr Mitleid und Ihre Besorgnis, Sie überlegen, was Sie tun können /sollen. Was Sie nicht tun, ist: einfach weggehen. Weil Ihr Bauchgefühl Sie daran hindert. Schon mal sehr gut! Aber jetzt? Als Erstes: Informieren Sie die Polizei. Nicht enttäuscht sein: Sie werden auch von der Polizei die Entscheidung nicht abgenommen bekommen, was Sie zu tun haben, solange niemand vor Ort ist. Erst die eintreffende Streife wird Sie von der Verantwortung entbinden. Trotzdem: Zuallererst – Notruf absetzen (110 oder 112, führt letztlich zum gleichen Ergebnis).

Dann: Holen Sie sich Hilfe. Sprechen Sie andere Passanten an. Stellen Sie einen davon neben das Auto. Gehen Sie an die Information (oder Kasse) im Supermarkt. Zuvor haben Sie ein Foto mit Ihrem Handy gemacht (nicht nur vom Hund und dem, was Sie von außen sehen können, sondern auch vom Kennzeichen, denn das haben Sie in Ihrer Aufregung sonst nach ein paar Metern und etwas Gedankenkarussell vergessen!)

Dies ist keine Rechtsberatung, kein Aufruf zu Straftaten und sicher auch nicht der Weisheit letzter Schluss. Aber vielleicht finden Sie eine kleine Hilfestellung, etwas Handlungssicherheit, in den folgenden Zeilen.
Also: Wovor muss ich denn als Passant Angst haben? Vor dem Unmut des Hundehalters? Vor einer Strafanzeige wegen Sachbeschädigung, nachdem ich mich entschieden habe, eine Autoscheibe einzuschlagen? Vor der Polizei? Davor, für irgendetwas kostenpflichtig gemacht zu werden?

Was kostet denn eigentlich so eine dämliche Seitenscheibe? Was kostet mich mein Gewissen, das mir dann die ganzen restlichen Sommer meines Lebens Bilder von akut hyperthermischen Tieren vorhält?

Was kostet denn demgegenüber ein Hund, einer, den man so doll lieb hat, dass er bei jedem Trip in die laute, heiße City mitgeschleppt werden muss?

Und was ist denn überhaupt »kurz«?
Bin ich »kurz« vom Auto weg, vielleicht am Briefkasten / Bankautomaten / der Tanke / dem Bäcker, dann habe ich meinen Pkw in der Regel im Blick. Eine solchermaßen

kurze Zeit im hochsommerlichen Auto packt jeder Hund. Sobald an meinem Auto jemand durch die Scheiben luhrt, bewege ich mich also schnellen Schrittes dort hin. Ich warte nicht ab, bis mein Hund heult und sich eine Menschenmenge um die Karre bildet!

Auch parke ich nicht, wenn ich beispielsweise mit meinem Hund vom Gassi im Wald komme, in der prallen Sonne, um noch dies und das und jenes zu erledigen. Wenn das arme Tier schon aus welchem Grund auch immer bei hohen Temperaturen mit ins Auto muss, halte ich mich bei notwendigen Stopps zurück und habe eigentlich nur einen Gedanken, nämlich, dass der Hund in möglichst gemäßigte Zonen kommt.

Er leidet nämlich unter der Hitze, daran gibt es keinen Zweifel. Man kann vielfach nachlesen, wie sich der Hundeorganismus vom Menschlichen unterscheidet. Es gibt sogar etliche Untersuchungen darüber, wie lange genau es dauert, bis der Hund in ein gnädiges Koma fällt.

Hunde können ihre Körpertemperatur ab 27 Grad nicht mehr durch Hecheln regulieren. Der Körper überhitzt, das Eiweiß in den Hundeorganen verfestigt sich, Organversagen ist die Folge. Das dann dringend nötige Wasser wird der Bello in seinem Blechgefängnis vermutlich gerade nicht zur Verfügung haben. Er hat Todesangst, die man in den Augen der Hunde leider glasklar erkennt, wenn man sich die Mühe macht.

Probieren Sie es aus! Setzen Sie sich in einer einfachen Versuchsanordnung in ihr Auto, parken es hübsch in der Sonne, schließen Sie die Fenster *(okay, die dürfen Sie den berühmten *Spalt* offen lassen, aber nicht so viel, vielleicht wird das Auto sonst samt Ihrer selbst noch geklaut)*. Nun warten Sie eine Weile. Vielleicht mal zehn, fünfzehn Minuten. Ach, und wenn's geht, ziehen sie sich vorher noch einen schönen kuscheligen Pulli an!

Wann bricht Ihnen der Schweiß aus?

Wann bekommen Sie Kopfweh? Wird Ihnen schon schlecht? Schwindelig? Wann wird ihr Mund trocken, und bekommen Sie schon Schluckbeschwerden? Hecheln sie doch ein bisschen, vielleicht hilft's ja. Oder heulen Sie, zu Anfang so laut wie möglich, leiser werden Sie dann schon von allein. Heulen bedeutet, nach dem abtrünnigen Rudel zu rufen. Machen Sie das!

Sie könnten sich auch ein bisschen im Auto bewegen. Springen Sie doch etwas herum, kratzen Sie an allem, was da ist! Oder versetzen Sie sich ein bisschen in Panik. Haben Sie Angst? Vielleicht ohnehin schon, weil Sie nicht gern allein sind, aber vor allem, weil Sie sich möglicherweise langsam Sorgen machen, dass Sie aus dieser Nummer nicht mehr lebend rauskommen? Wie oft tasten Sie nach dem Türgriff?

Sie öffnen nach 10 Minuten patschnass, mit hochrotem Kopf und jagendem Herzen die Tür.
Und das, obwohl Ihr Körper die wunderbare Fähigkeit hat, zu schwitzen und Sie dank Ihrer kognitiven Fähigkeiten in der Lage sind, zu entscheiden und danach zu handeln! Ihr Hund kann beides nicht: weder schwitzen noch selbstbestimmt handeln. Er kann nur warten und versuchen, sich im Auto irgendwie zu verkriechen, was natürlich keinerlei Sinn macht, aber das weiß er ja nicht. Inzwischen unternimmt er allerhand, um auf sich aufmerksam zu machen. Das tut er vielleicht, indem er bellt, winselt oder an die Scheibe springt. Er ist ihrer Gedankenlosigkeit und Nachlässigkeit ohnmächtig ausgeliefert.

Ja, es ist Ihr Hund, und bis zu einem gewissen Grad ist es Ihre Entscheidung, was sie ihm zumuten.

Nein, es ist kein Mensch, dessen Leben Sie mit Ihrer Fehlplanung, Ihrer Fehleinschätzung in Gefahr bringen.
Ja, die zulässige Toleranz ist bei einem einer Gefahr ausgesetzten Kind noch um einiges geringer.

Und nein, ein Hund ist nicht wirklich eine »Sache«. Tiere sind, in Ermangelung einer klareren Bezeichnung, einer Sache gleichgestellt. Es gibt einen Unterschied. Es gibt nur leider im Strafgesetzbuch nicht immer die verständlichsten Begriffe.
Weil es einen Unterschied gibt, werden Tiere durch besondere Vorschriften geschützt (vergl. § 90a BGB), nämlich das Tierschutzgesetz.

Es gibt gewisse moralische, ethische Grenzen, innerhalb derer sich die meisten Menschen – zum Glück – bewegen. Da stößt es auf wenig Verständnis, wenn man Schusseligkeit, eine Stunde mit der einem zufällig über die Füße gelaufenen Freundin im Eiscafé (huch!) oder dieses fürchterliche Anstehen an der Umkleidekabine in den Läden mit dem »&« in der Mitte oder Ähnliches als Rechtfertigung für einen infundierten Hund mit bleibenden Schäden anführt. Verfahren Sie dafür gern mit dem Rest Ihres Besitztums, wie immer Sie möchten.

Zum Schluss wird dann immer unweigerlich auf die Polizei geschimpft, die Bullen, die ja immer zu langsam / zu spät / gar nicht kommen.

Mitunter könnte das eventuell daran liegen, dass der Notruf falsch abgesetzt wird. Kleine Notrufkunde: Bewahren Sie Ruhe. Versuchen Sie, Ihren Namen und Ihre telefonische Erreichbarkeit zu nennen (praktischerweise werden Handy-Nummern fast ausnahmslos auf dem Display in der Einsatzzentrale angezeigt) und fassen Sie Ihr Erlebnis in ein paar möglichst klare Sätze. Der geschulte Mensch am anderen Ende der Notrufleitung wird Ihnen ein paar Fragen stellen: Hören Sie zu und beantworten Sie sie. Im besten Falle weiß die Einsatzkraft nach dem Gespräch mit Ihnen, dass in X-Stadt in der Y-Straße, Hausnummer Z, ein schwarzer Golf Variant mit dem Kennzeichen X-Y 123 steht, in dessen verschlossenem, überhitzten Inneren ein kleiner Hund gerade in Ohnmacht gefallen ist, und vom Besitzer seit einer halben Stunde keine Spur.

Oder vielleicht liegt es auch daran, dass im Moment wirklich keine Streife frei ist, weil es gerade mehrere Sachverhalte gibt, wegen derer der Bürger die Polizei benötigt.

Dass es dabei dringliche (Verkehrsunfall A: jemand verletzt, eingeklemmt, schlimmeres. Mensch in Not. Nicht ganz geringwertige Straftatbestände) und eher nicht ganz so dringliche (Verkehrsunfall B: abgefahrener Spiegel, Delle in Stoßstange. Ruhestörungen. Nachbarschaftsknatsch. JA, all dies ist für die Betroffenen auch schlimm, sogar das Wichtigste im Moment! Aber: Rettungskräfte dürfen abwägen und beurteilen, was gerade oberste Priorität hat) gibt, muss sicher nicht erörtert werden. Vielleicht sind auch die einzigen beiden Streifen im großen ländlichen Dienstgebiet gerade 40 km weit weg und brauchen dann leider einen Moment, um zum Ort Ihres Geschehens zu gelangen.

Wie dem auch sei: Hilfe ist unterwegs, weil Sie so clever waren, welche anzufordern, was prima ist. Aber leider dauert es. Initiative ist gefragt.

Woher ich das alles so genau weiß?

Jahr für Jahr fürchten Leute wie ich solche Sommertage, sie müssen gar nicht mal über 30 oder 35 Grad haben, um katastrophal zu sein. Jedes Jahr stirbt uns mindestens ein Hund unter den Händen weg. 2019 war es schon im April über mehrere Tage fürchterlich heiß. Es war ein zartbitterfarbener, acht Monate alter Labrador, um genau zu sein. Namens Schoko. Schreien möchte man.

Ich gehöre zu denen, die am Ende immer das Gejammer beider Seiten ertragen müssen: Die einen, die zwanzig Minuten den sterbenden Hund zu beobachten gezwungen sind, weil sie, zur Untätigkeit verdammt (!), warten müssen.

Und die anderen: Die dann fassungslos die Einkäufe fallen lassen und heulend neben dem teuren Herzenstier auf dem heißen Asphalt zu Boden sinken. *»Ich war aber wirklich nur zehn Minuten weg!«*
Gegen Ende der Veranstaltung kommt es meist zu Aggressionen, seltsamerweise oftmals zuerst durch den Hundebesitzer (und am häufigsten dann, wenn es durch korrekt angewandte Erste Hilfe am Hund grade noch mal mit knapper Not gereicht hat).

Man hört dann Dinge wie:
»Das ist schließlich mein Hund, was geht Sie das denn an?« *(Entschuldigung, es versaut mir halt irgendwie den Tag, wenn der Hund hier vor meinen Augen und Ohren eingeht)* oder: »Dem macht die Hitze nichts aus!« Na, dann aber Glückwunsch zum genetischen Hauptgewinn!

Und wenn ich noch weitere 20 Jahre in dem Beruf arbeiten müsste (was nicht der Fall ist), eines werde ich niemals verstehen: Dass Menschen, die sich erkennbar falsch verhalten haben – die sogar andere zu Schaden gebracht haben (und sei es einen Hund), nicht einfach EINmal ganz kleine Brötchen backen können; nicht EINmal einfach den Rand halten können, sich nicht einfach mal entschuldigen können.

Und wie wäre es einfach mal mit einem »Danke, dass Sie meinem Hund geholfen haben« statt »Ich zeig den an, das Auto ist so gut wie neu!«
Es gibt gerade im Sommer noch viele andere Dinge, die absolut tierschutzrelevant sind. Hundeausstellungen, Hundetransporte

und mancherlei Hundesport sind nur die eine Seite, wo man eine Menge unschöne Fakten finden kann. Es stehen aber auch Pferde, Kühe und andere Nutztiere zuhauf auf Weiden, auf denen man keinen Quadratmeter Schatten, dafür aber nur ein Wasserfass findet, das mit Sicherheit nicht die erforderlichen 40 Liter Wasser pro Tier und Tag enthält. Es wäre ein leichtes, den Elektrozaun so zu setzen, dass ein paar Bäume einbezogen werden, und auch der Bach, aber es ist auch hier die Gedankenlosigkeit, Interesselosigkeit, die vorherrscht. Und was sagt der Viehhalter, wenn die Polizei ihn endlich ausfindig gemacht hat und auf das Fehlverhalten hinweist? »Die halten das aus.« Ja, notgedrungen. Aber ist es deshalb richtig?

Was passiert aber denn nun, wenn ich den Hund im Auto kollabieren sehe und beherzt die Scheibe einschlage?
Und was passiert dem Hundehalter, der seinen Hund der Qual ausgesetzt hat?

»Ein Blick ins Gesetz erspart das Geschwätz« ist ein beliebter Spruch bei den Juristen und erst recht bei der Polizei. Schau'n wir mal:
Der Passant läuft über den Parkplatz und hört/sieht den eingesperrten Hund. Das Auto steht in der prallen Sonne. Der Passant wägt sorgfältig ab: Sind die Scheiben zu oder geöffnet? Wie sieht der Hund aus?
  Stress bei Hunden erkennt man am Gesicht.
Also: Gestresst oder ruhig? Hängende Zunge? Kläfft er den Passanten an? Verteidigt er sein Territorium? Probieren Sie es aus: Wenn Sie sich ein Stück weit entfernen, wird er ruhiger? Oder versucht er, sich zu befreien? Liegt er auf dem Sitz und schläft womöglich ruhig, oder wartet er entspannt? Oder liegt er im Fußraum, hechelt mit gestrecktem Hals? Ist er noch in Panik oder schon fasst bewusstlos? Sitzt er vielleicht sogar in einer Box oder hängt am Kurzführer (beides würde die Lage verschlimmern, es sei denn – was es auch gibt! – Box oder Wageninneres haben eine Klimaeinrichtung. Das erkennen Sie aber am Verhalten des Hundes!)
  Der Passant beurteilt also die Lage. Sieht sich um und wartet noch einen Moment. Vielleicht geht er noch irgendwo hin und lässt den Halter des Wagens ausrufen (oder schickt

idealerweise jemand anderen, der zufällig vorbeikommt). Der Passant zückt sein Smartphone und macht einige Fotos, ruft er die Polizei an. Inzwischen werden sich andere Passanten hinzugesellt haben.
(Diese Liste klingt endlos, aber glauben Sie mir, Sie haben das alles in Sekunden abgecheckt.)

Nutzen Sie die Öffentlichkeit! Notieren Sie sich Namen und Telefonnummer Ihrer Mitstreiter, machen Sie Fotos oder Videos mit dem Handy. Dokumentieren Sie unbedingt die Uhrzeit = Wartezeit. Notieren Sie Fahrzeugtyp, Farbe, Kennzeichen, Zustand, Zeit, Ort, und am besten noch die Temperatur. Notieren Sie Besonderheiten: beschlagene Scheiben, zerkratzte Polster. Es hat Hunde gegeben, die Autositze in Wolken von Schaumstoff und Inventar in Kunststoffkonfetti verwandelt haben, solange sie es noch konnten.

Die Polizei sagt ihr Kommen zu oder teilt Ihnen mit, wann mit dem Eintreffen der Streife zu rechnen ist. Vielleicht schickt man Ihnen auch die Feuerwehr. Wenn Ihnen dies ausreichend erscheint, warten Sie am Auto. Beobachten Sie das Tier, aber regen Sie möglichst weder sich noch den Hund auf. Kommt Ihnen die Wartezeit zu lange vor, handeln Sie! Die Info an die zuständigen Behörden entbindet Sie nicht vom Helfen bzw. Handeln.

Korrigieren Sie notfalls Ihre Einschätzung. Während Sie warten, lassen Sie Ihre Helfer Wasser und (nasse) Handtücher organisieren. Geht es dem Hund erkennbar schlecht, kann die Polizei einen Tierarzt benachrichtigen.

Handeln heißt nun: Schauen Sie nach, ob das Auto überhaupt verschlossen ist. Falls ja, und falls es Ihnen nicht gelingt, ausreichend schnell Hilfe oder den Besitzer hinzu zu holen, die Alarmanlage des Autos zu aktivieren (der Halter wäre bestimmt in Nullkommanix da), oder sich eine neue Idee ergibt, schlagen Sie die Scheibe ein (denn zu warten, bis der Hund ex ist, wäre ebenfalls nicht gesetzeskonform – Stichwort: Güterabwägung). Aber bitte nicht die Front- oder Heckscheibe, dies wäre ein nicht gerechtfertigter Exzess. Sie behalten also die Nerven und schlagen die SEITENscheibe ein, vorzugsweise noch eine der hinteren. Möglicherweise gelingt es nun, eine Tür des Fahrzeuges zu öffnen. Kleine Hunde kann man durch das zerstörte Fenster vielleicht herausheben. Achtung: Verletzen Sie möglichst weder sich noch den Ihnen fremden Hund.

Diese Aufzählung naturgemäß stark einzelfallabhängig und daher unvollständig, aber: Not macht erfinderisch! Und bitte: Immer alles dokumentieren!

So, haben Sie die Scheibe denn nun eingeschlagen? Lohn Ihres Mutes ist: Sie haben eine Straftat begangen, auch noch mit sowas von Vorsatz. § 303 StGB stellt das Zerstören oder Beschädigung einer Sache, die nicht Ihnen selbst gehört, unter Strafe. Ja, eine Freiheits- oder Geldstrafe könnte Ihnen dafür blühen. Das ist die schlechte Nachricht.

Die Gute ist: Die deutsche Gesetzgebung hat mit § 34 StGB das Instrument des sogenannten Rechtfertigenden Notstandes erfunden. Dies bedeutet, dass man nicht rechtswidrig handelt, wenn man zum Beispiel eine Sache beschädigt, um ein höherwertiges Rechtsgut zu schützen.

Das Leben und die Gesundheit von Personen, aber auch vom Hund, steht somit über der zerdepperten (Seiten!-)Scheibe. Das wird jeder nachvollziehen können, sogar Menschen, bei denen Hunde nicht automatisch an Kindes statt stehen, wie es ja bei vielen von uns Hundeleuten der Fall ist.

§ 34 StGB verlangt aber von Ihnen, dass Sie sich vor Ihrer frevelhaften sachbeschädigenden Tat Gedanken gemacht haben: Ob die Gefahr für den Hund zum Beispiel auf weniger drastische Weise als durch das Zerstören des Autofensters) abzuwenden ist. Und: Ob der Zustand wirklich so schlimm ist, wie Sie zugunsten des Hundes annehmen – das Mittel muss ein »angemessenes« sein, um die Gefahr abzuwenden.

Achtung: Überlegen Sie einen Moment. Es gibt beim Rechtfertigenden Notstand keinen Irrtum, der Ihnen zugutegehalten würde, falls Sie die Umstände verkannt haben *(den gäbe es beim sog. Entschuldigenden Notstand, der hier aber leider nicht zutrifft: anderer Paragraph, andere Voraussetzungen; und sowieso für den Moment auch zu viel des Guten Gesetzestextes).*

Außerdem zählt natürlich wieder, ob Sie sich bei Ihrem Tun auf das absolut notwendige Maß an Zerstörung beschränkt haben, oder ob Sie womöglich in Ihrem Hass auf den Hundehalter das ganze Auto kurz und klein geschlagen haben.

Deshalb sind Zeugen wichtig.
Rasten Sie alleine an der tödlichen Hundefalle in Autogestalt aus, ergibt sich ein anderes Bild, als in einem Sachverhalt, wo jemand ruhig und besonnen im Kreis mehrerer anderer versucht, Schaden vom Hund abzuwenden.
(Möglicherweise ergibt sich im Einzelfall auch noch eine andere Möglichkeit, das Auto zu öffnen. Scheibeeinschlagen ist nicht immer das einzige/mildeste Mittel. In einem selbsterlebten Fall kam zufällig jemand – kein Zauberkünstler, sondern ein Autohaus-Werkstattmitarbeiter vorbei, der einen guten Trick kannte, die Tür durch den schmalen Fensterspalt zu öffnen, völlig ohne Schäden. Oder es fällt jemandem etwas anderes Gutes ein – einzelfallabhängig, eben).

Niemand verlangt von Ihnen, eine über jeden Zweifel erhabene, physikalisch und biomedizinisch fundierte Beurteilung der Gesamtsituation unter Berücksichtigung aller denkbaren Besonderheiten abzugeben. Was man aber durchaus erwarten kann, ist: Gesunden Menschenverstand und etwas Empathie – auch gegenüber einem Hundehalter, der sich völlig danebenbenimmt, weil ihm bewusst wird, was fast passiert wäre (oder womöglich passiert ist).
  Die zweite gute Nachricht ist: Sachbeschädigung wird nur auf Antrag verfolgt. Es müsste also irgendwann später der Pkw-Besitzer einen Strafantrag gegen Sie stellen, er könnte auch Privatklage gegen Sie erheben. Aber: Die Polizei wird Sie wegen der eingeschlagenen Seitenscheibe nicht anzeigen (man liest immer gern Markiges wie: »Da können die Bullen mich ruhig anzeigen!!« Das machen die normalerweise nicht. Das kann nur der geschädigte Pkw-Besitzer tun. Falls er sich das noch traut.)
  Denn sollte es dazu kommen, werden Sie den Pkw-und-Hundebesitzer selbstverständlich auch anzeigen. Wegen des Verstoßes gegen das Tierschutzgesetz. Falls Sie das nicht ohnehin vorhatten (vermutlich macht das dann aber auch sowieso die Polizei, denn hier kommt etwas Wichtiges hinzu: das sogenannte öffentliche Interesse).

Zudem haben wir ja unsere Doku des Dramas, und hoffentlich ein paar Zeugen. Die Gretchenfrage für den Passanten ist: Mute ich mir zu, dem Hund beim Leiden zuzugucken, oder setze ich mich eventuell einer Strafverfolgung in einem nicht allzu hoch anzusiedelnden Ausnahmedelikt (ja, Sachbeschädigung IST ärgerlich, und es gibt SACHBESCHÄDIGUNG und SACHBESCHÄDIGUNG. Will sagen: Es gibt eine gewisse Abstufung, derer sich Juristen bedienen können.)

Nun ist es aber nicht so, dass man dem Hundebesitzer unterstellen wird, vorsätzlich seinen Hund der Gefahr des Hitzetodes ausgesetzt zu haben. Dies wäre zu Recht strafbewehrt, aber glauben wir mal, dass niemand seinen Hund in den vierrädrigen Backofen sperrt, um ihn dort jämmerlich zugrunde gehen zu lassen. Wir erinnern uns an die gedankenlosen Umstände, die dazu führten, dass man die Zeit und den Hund vergessen oder falsch eingeschätzt hat.

Einen Straftatbestand »Tierquälerei« gibt es nicht. Allerdings sieht das Tierschutzgesetz gern die Bestrafung mittels Bußgeld (auch Ordnungswidrigkeiten können teuer werden) vor. Zudem können weitere Sanktionen über den Hundehalter hereinbrechen, die aber selbstverständlich in der Hand eines Richters liegen.

Was Sie nicht, niemals, auch in der heftigsten Wut nicht, tun sollten, ist, die Fotos, die Sie vom Hund und vom Auto gemacht haben, ins Internet zu transferieren. Das hilft dem Hund in der akuten Situation kein bisschen, wird Ihnen aber vermutlich sehr große Schererein bereiten!

Die meisten Menschen haben mehr Angst vor irgendwelchen finanziellen Nachteilen als davor, wegen irgendwas angezeigt zu werden. Die große Sorge, die viele zögern lässt, ist somit die Frage: Und wer bezahlt das dann alles?

Womit meist die Kosten für den angeleierten Polizei- und/oder Feuerwehreinsatz gemeint sind, die anfallenden Tierarztkosten (ob erfolgreich oder nicht), und am Ende die des Schadens am Auto. Was kostet noch gleich die Seitenscheibe? Die Tierarztkosten trägt der Hundehalter. Möchte er dies nicht, darf er gern klagen. Man wird sehen, wem Recht gegeben wird. Ich würde es glatt drauf ankommen lassen, als Hunderetter.

Als trödeliger Auto-und-Hundebesitzer würde ich tunlichst versuchen, Stillschweigen über die Sache sinken zu lassen, und die blöde Scheibe ganz kleinlaut selbst bezahlen. Außerdem würde ich das doppelte der Kosten für die Neuverglasung in einen Präsentkorb für den- oder diejenigen investieren, die das Leben meines Hundes, den ich liebe, gerettet haben. Und den gleichen Betrag noch mal an eine Tierschutzorganisation spenden.

Rettungseinsätze bezahlt grundsätzlich immer derjenige, der die Ursache für den Einsatz gesetzt hat. Dies ist aber nur in den seltensten Fällen der zivilcouragierte Bürger, der die Polizei ruft (wir bewegen uns hier nicht in Richtung Missbrauch von Notrufen, das ist ein ganz anderes Thema).
Die Ursache für den Einsatz setzt der Autofahrer, der seinen Hund im sich aufheizenden Auto vergisst. Trägt dieser die Kosten dann doch nicht, weil sich irgendeine Begründung ergeben hat, kommt der Staat (= der Steuerzahler) für die Einsatzrechnung auf. Wir werden es bestimmt alle überleben.

Der Hund aber vielleicht nicht.

Falls Ihnen eine andere Denkweise die Entscheidung erleichtert, hier noch eine Anregung: Stellen Sie sich – als Passant –bitte mal vor, es ist IHR Hund, der in dem Auto leidet. Vielleicht sind Sie in der festen Absicht weggegangen, in drei Minuten wieder zurück zu sein – aber es hat aus irgendwelchen gewichtigen Gründen nicht geklappt.

Was wäre Ihnen wichtiger: Ihr Hund? Ihr Auto? Jemanden anzuzeigen?
Nicht jeder ist sauer, wenn man einem Tier in Not hilft – vorausgesetzt, es gibt die Not auch tatsächlich. Augen auf und Denkapparat an, trotz aller Aufregung und allem gerechten Zorn, ist schon ein prima Anfang.

Forever young

Eines Morgens sehe ich es: Mein Beagle-Rüde Mike springt aus dem Bett und knickt beim Aufkommen in der Hüfte leicht ein. Ein winziges Zögern, er streckt sich, aber es sieht nicht so fließend aus wie sonst. Es sieht steif aus. Er macht ein paar staksige Schritte.

Mikey ist 12 Jahre alt. Er war 5, als er zu uns gelangte, und bis zum vergangenen Sommer hätte ich noch voller Überzeugung behauptet, da habe man sich wohl vertan, mit dem Geburtsjahr – der ist bestimmt nicht schon 2007 geboren.

Aber plötzlich kann man bei genauem Hinsehen erste Zeichen erkennen: Ein winziges »weniger« an Entschlossenheit, wenn eine Spur in seine Nase dringt. Ein etwas kürzerer Sprint als vor einem Vierteljahr. Oder eben ein kaum merkliches Einknicken der Hüfte nach einem Sprung und eine gewisse Steifheit beim Gehen auf den ersten Metern.

Mike ist ein Meutehund, ein echter, er hat die ersten drei Jahre seines Lebens tatsächlich in einer Jagdmeute gelebt und hält sich für unsterblich. Er hat viel Zeit seines Lebens in hohem Tempo gejagt, gezerrt, gekämpft. Das hinterlässt Spuren, auch in so einem rennerprobten Beaglekörper.

Er war noch nie krank, bis auf einmal Husten. Er ist der asketische Typ, wenn er ein Mensch wäre, wäre er sicher so ein Gesundheitsapostel. Er geht natürlich noch immer jedem Karnickel hinterher, aber er tut es eine Spur weniger energisch. Mir graut vor dem Tag, wo es ihm egal sein wird.

Unsere Runden werden allmählich kürzer, die Durchschnittsgeschwindigkeit sinkt, und das Wetter fängt an, ihm zu schaffen zu machen. Er leider unter Hitze und wenn es morgens regnet, überlegt er einen Moment länger, ob er die erste Pipirunde im Garten wirklich schon jetzt machen muss.

Im Winter stapfen wir durch den Tiefschnee, wie einst Frodo auf dem Weg nach Mordor, durchs Nebelgebirge in Mittelerde. Mikes Hundenase ist puderüberzuckert, er pflügt durch den

Schnee auf der Suche nach Spuren und macht dabei Geräusche wie ein Trecker.

Aber er macht es nicht mehr so lange und ausdauernd wie in den letzten Wintern.

Aus dem strahlenden Nachmittag wird unmerklich eine milde Abendsonne, und ein Horizont kommt in Sicht, an den wir jahrelang nicht gedacht haben.

Wenn ich meine Hunde ansehe, empfinde ich Liebe, Respekt und Demut. Ich nenne sie bei ihren Namen, aber tituliere sie auch mit ausgesprochenen Albernheiten, wenn mir danach ist. Weil mir manchmal einfach das Herz übergeht, wenn ich sie betrachte, und da redet man schon mal dummes Zeug.

Aber warum um alles in der Welt musste ich vier Hunde ansammeln? Sie sind in diesem Jahr 10, 11 und 12 Jahre alt und werden mich einer nach dem anderen verlassen.

In weniger als einem Jahrzehnt werde ich pensioniert sein. Drei Viertel meiner Hunde werde ich dahin nicht mitnehmen können, sie werden dann bereits vorausgegangen sein in eine andere Welt. Teils, weil sie bereits jetzt gesundheitlich so angeschlagen sind, dass ein halbes Dutzend weitere Lebensjahre vermutlich nur fromme Wünsche sind, und teils, weil auch der fitteste Beagle keine 20 wird.

Hans wird, wenn alles gut geht, dann noch da sein. Was werden wir tun mit den leeren Plätzen und der freien Zeit?

Nun, es wird sich sicher wieder ein vierbeiniger Begleiter finden, aber – mein Gott, das Herz wird mir brechen, mehrfach.

Alle Erinnerungen, die wir mit den Beagles angehäuft haben, sind mir unendlich kostbar. Es wird ein Tag kommen, wo wir uns davor fürchten, die Fotos aus den guten Zeiten anzuschauen. Weil es zu weh tut, das zu sehen, was einem dann so schrecklich fehlt.

Dabei habe ich darin reichlich Übung. Wir haben schon viele Tiere begraben, Meerschweinchen, Katzen und eine ganze Reihe Hunde haben uns einen Teil des Weges begleitet. Geliebt habe ich jedes Einzelne von ihnen.

Bei jeder neuen Reise über die Regenbogenbrücke schworen wir uns: Dies war das letzte Mal, diesem Schmerz setzen wir uns nicht mehr aus.

Natürlich war es nie das letzte Mal.

Eines Tages werden wir an eine Gabelung unseres Weges kommen, Mike, und wir werden nicht gemeinsam weitergehen können. Ich glaube, dass Menschen und Tiere den endgültigen Zeitpunkt ihres Todes bis zu einem gewissen Grad selbst bestimmen (sofern man sie lässt).

Vielleicht haben wir Glück, Mike, und du wirst einfach nur altern. Vielleicht haben wir weniger Glück, und du wirst krank, leidend, und schließlich nimmt dich diese Erkrankung uns weg. Wir werden dich liebhaben und auf dich aufpassen, und wir werden dafür sorgen, dass es dir so gut wie möglich geht. Wenn du Schmerzen haben solltest, werden wir sie dir nehmen, das verspreche ich dir. Auch Angst sollst du nicht haben, egal, was kommt. Ich lass dich nicht im Stich, das haben andere mit dir schon zu oft getan. Wenn du dann gehen musst, will ich es dir leicht machen, Mikey.

Ich will meine Angst, meine Panik und mein Entsetzen über die schließlich doch eintretende Notwendigkeit des Abschiedes in mir verschließen, um es dir nicht schwerer als unbedingt nötig zu machen. Bei deinen Vorgängern hat das geklappt, und es ist auch für die Menschen gut.

Ich hoffe, wir werden uns in Würde voneinander verabschieden können, und ich hoffe, du wirst mich leichten Herzens verlassen können. Ich bleib dann hier und bete dafür, dass noch einer von euch geliebten Gefährten bei mir sein wird, um mich zu trösten.

Sollte man Tiere nicht so lieben? Doch. Näher an die echte Bedeutung von »bedingungslos« wird man nie gelangen.

Bis es soweit ist, machen wir es uns gemütlich.
Die Bedürfnisse ändern sich. Ganz langsam schleicht sie sich ein, eine gewisse Ruhe, eine Gelassenheit, die vorher nicht da war. Wir kennen uns gut, und wir können mittlerweile mit fast allen Dingen, die uns über den Tag so begegnen, entspannt umgehen.

Wir sind bereits in der Mitte der zweiten Halbzeit, Mike. Ich wünsche mir, dass die Puste auch noch für die Verlängerung reichen wird.

Der Charme alter Hunde ist unbeschreiblich.
Wenn man das Glück hat, einen Hund bei sich alt werden zu lassen, gewinnt man einen großen Schatz positiver

Erfahrungen. Vertrautheit und Innigkeit bestimmen den Umgang.

Es etabliert sich eine Ruhe, eine Gemütlichkeit im Leben, die man mit jungen Hunden nicht haben kann. Beides hat seine Vorteile.

Kommt ein Hund schon als älteres oder gar altes Tier in die Familie, verändert sich auf einmal das Tempo des Alltags. Es ist, als ob plötzlich jemand auf die Bremse getreten hätte. Entschleunigung ist ein Modebegriff, aber hier trifft es den Kern: Nicht der neue alte Hund muss sich Ihnen anpassen, wahrscheinlich wird er dazu nur in sehr begrenztem Maße in der Lage sein. Idealerweise passen Sie sich ihm an.

Es muss nicht mehr viel gespielt und bespaßt werden. Lange Spaziergänge verschwinden vom Tagesplan, die Ruhepausen verlängern sich, das Tempo allgemein sinkt.

Die Souveränität steigt – neue Eindrücke werden mit einer unvergleichlichen Abgeklärtheit aufgenommen, kurz bedacht, und lässig ad acta gelegt. Alte Hunde sind Persönlichkeiten. Mitunter etwas schrullig und kauzig, stur, senil – aber immer etwas ganz Besonderes, wie alte Menschen es auch sind.

Bis es so weit ist, gibt es eine Menge Dinge, die dem Beagle das Altwerden erleichtern.

Ihn genau zu beobachten, ist Ihre Aufgabe. Gewichtsverlust ist immer ein Alarmzeichen, ob mit oder ohne Nahrungsverweigerung. Kurzatmigkeit, großer Durst, plötzliche Verhaltensveränderungen ebenso. Achten Sie auf die Zähne: Zahnstein kann zu Zahnverlust führen. Bürsten Sie sein (meist stoffwechselbedingt) stumpfes Fell, die meisten Hunde lieben die Massage und die damit verbundene Nähe zu Ihnen. Passen Sie das Futter gegebenenfalls an. Besprechen Sie Veränderungen mit Ihrem Tierarzt.
Bestimmte Nahrungszusätze können körperliche Symptome lindern. Und sorgen Sie für das passende Gleichgewicht aus Anregung und Ruhe. In Ruhe alt werden, ist ein Geschenk.

Wirklich alten Tieren merkt man die Nähe zur Regenbogenbrücke manchmal an.

Sie haben einen Blick, der schon weit hinüberschaut, auch wenn die Augen trüb sind. Sie haben eine besondere Ruhe, und wenn sie dann gehen müssen, sollen sie es in dem Bewusstsein tun können, dass sie geliebt und geachtet wurden.

Manche Hunde wissen das von Welpenbeinen an. Andere müssen sehr alt werden, um diese Erfahrung machen zu dürfen. Wir möchten den Senioren ermöglichen, dass sie sie machen, und wenn die Zeit auch kurz sein sollte. Qualität ist häufig wichtiger als Quantität.

Jeder dieser besonderen Hunde hätte sicher seine ganz eigene Meinung dazu.

Teil 2 – Über Laborbeagle

Die ultimativen Top 20 der blöden Sprüche

...die Ihnen begegnen, wenn Sie sagen, dass der Hund an Ihrer Leine ein ehemaliger Laborbeagle ist:

1. »Es gibt Tierversuche in Deutschland?!«
2. »Oh Gott, der ist bestimmt ansteckend!«
3. »Was für Krankheiten hat der denn noch?«
4. »DER ARME HUND!«
5. »Gottchen, ist der süß!«
6. »Der ist doch bestimmt verhaltensgestört!«
7. »Und so unterstützen Sie die Tierversuche!«
8. »Ist da ein Beagle mit drin?«
9. »Ist wohl noch ein Welpe, ja?«
10. »Das ist aber mutig von Ihnen!«
11. »Und du bist so richtig in das Labor eingebrochen und hast ihn da raus gerettet?«
12. »Wie - aus dem Labor? Hä?«
13. »Beagle sind aber normal nicht so schlank!«
14. »Der Hund da ist zu fett, der kann ja kaum laufen!«
15. »Beagle können aber normal nicht ohne Leine laufen!«
16. »Die leben aber hoffentlich nicht alle bei Ihnen im Haus?«
17. »Wie können Sie die denn eigentlich auseinanderhalten?«
18. »Verkaufen Sie die?«
19. »Na, SIE müssen ja viel Zeit haben!«
20. »Och wie SÜSS!! Cockerspaniel!!«

Der nonverbale Klassiker, ausnahmsweise mit Hund: Warum muss ich mit den vier Hunden an drei Schleppleinen eigentlich dem uns entgegenkommenden einzelnen Schäferhund am Kurzführer ausweichen?!

Designer-Tierschutz

Ein gruseliger Trend: Man paart den hauseigenen Beagle mit allen möglichen anderen schicken Hunden. Vor allem, um den Hybriden dann wieder flotte Namen geben zu können, nehme ich an. Die Hunde, kaum auf der Welt, haben einmal mehr die beknacktesten Namen, doppelte sogar, bei so viel klasse Auswahl muss das Hundekind Heaven-Amadea heißen. Oder Andromeda-Calliope. Daran hängt man noch den exotischsten aller exotischen Zuchtnamen.
Die entstehenden Wortungetüme treiben mir regelmäßig den Schweiß auf die Stirn. Getoppt wird das nur noch von dem Hund mit der Futtermittelallergie, dem man als Gipfel des Zynismus das englische Adjektiv »Itchy« als Rufnamen angehängt hat. Ach so, sind Simpson-Fans! Na dann).

Es gibt Pudel-Beagle. Bully-Beagle. Wahrscheinlich auch irgendwo Ridgeback- oder Schäferhund-Beagle, Gott bewahre uns vor der Ignoranz der Menschen.

Es gibt aber auch solchen Wahnsinn wie Australian-Shepard-Beagle: Ein Hund, der womöglich hin und her gerissen ist zwischen Jagd- und Hütetrieb, zu groß, unkontrollierbar, schnell, eine multiple Hundepersönlichkeit.
Oder Jack-Russel/Beagle: Das bisschen Gleichmut, den man dem Beagle mühsam anselektiert hat und den man den Rest seines Hundelebens trainieren und bestärken darf, sucht man beim Jack Russell völlig vergebens.

Hunde, die aufgrund ihrer vielsetigen jagdlichen Talente als Spezialisten für bestimmte Dinge gezüchtet werden, brauchen kein entspanntes Wesen, sondern Schmackes.
Zwei superkluge, absolut spurtreue, eigenverantwortliche Jäger treffen aufeinander. Erdarbeiter trifft auf spurlauten Dauerläufer.

Toll.
Ein hibbeliger Hund ist da, dessen genetische Defekte sich auch noch bestens ergänzen. Glückwunsch zum Nachwuchs. Die armen Übernehmer! Ob die stolzen »Eltern« die nötige

Aufklärung leisten? Und dem Hund das passende Revier bieten können? Ob sie die Nerven für so ein Powerpaket haben?

Die Leute geben schon ihre reinrassigen Hunde ab, weil sie sich hoffnungslos übernommen haben, was soll aus solchen dreifarbigen Pulverfässern werden?

Ja, die Mischungen können lustig aussehen, besonders als Welpen. Schade, dass die Welpenzeit so kurz ist und der Hund plötzlich etwas ganz Unerwartetes tut: Er wird erwachsen. Und ist nicht mehr ausschließlich »süß«.

Man hat den Eindruck, der Beagle, dieser Allerwelts-Wald-und-Wiesen-Tausendsassa, böte sich schamlos zu jedweder Mixtur an. Das mag auf süd- und osteuropäischen Straßen ja passieren, bei »gewusst und gewollt«, womöglich noch dem Deckakt von der Terrasse aus beifällig zuschauend, ist es Irrsinn und tierschutzrelevant.

Designerhunde.
Leider ist nicht jedes durch Laienhand erschaffene »Design« preisverdächtig. Oder auch nur gefällig. Hoffentlich sind die Hunde gesund, und hoffentlich handelt es sich tatsächlich nur um aus blauäugiger Romantik geborene Nachwuchsverliebtheit, fern jeder Gewinnerzielungsabsicht.

Ein intensives Studium der Genetik kann man wohl bei dieser Art der Fortpflanzung nicht voraussetzen, aber vielleicht haben die verpaarungswütigen Hundehalter wenigstens in Betracht gezogen, dass Defekte mitunter eine Generation überspringen. Falls nicht, haben eben die nächsten Hundeeltern den schwarzen Peter, ist ja auch egal.

Wo Beagle sind, ist es nicht weit bis zum Laborbeagle.
Fast immer sehr lohnenswert ist es, einem ehemaligen Laborhund den Weg in ein würdiges, artgerechtes Leben zu ebnen.
Dass auch ein Laborbeagle vor allem ein Beagle ist, wird dabei gern vergessen.

Nicht immer handelt es sich bei den Versuchskaninchen in Hundeform um schreckhafte, traumatisierte Wesen. Mittlerweile ist es gar nicht selten, dass das Kerlchen die Versuchseinheit verlässt, sich schüttelt, umguckt und fragt: Wow - hallo, was kostet die Welt und wie komm ich möglichst fix zu dem mir zustehenden maximalem Spaß?

Die Menschen erwarten einen total verpeilten Zitteraal, voller Narben an Körper und Seele, und bekommen – huch – einen relativ normalen, aktiven Hund. Aber einen, der auch im fortgeschrittenen Alter (= der Welpenzeit entwachsen, gerne pubertär) noch eine Menge lernen muss, um alltagskompatibel zu sein.

Komisch, dass Welpenpipi in der Wohnung irgendwie niedlicher und viel weniger anstrengend ist als Erwachsenenhunde-Pipi.

Daran scheitern viele. Geduld? Für arme, kleine Laborprügelknaben wäre die ja dank des besonders bei Frauen tief verwurzelten Mitleidsmechanismus, der beim Anblick des ängstlichen Tierchens sofort einrastet, auch vorhanden! »Dieser hier ist aber fit, der braucht nicht so viel Geduld, der kann funktionieren.« Manchmal merkt man sehr deutlich, dass das grundlegende Verständnis für die Canidenpsyche noch fehlt, egal, wo das Hundchen vorher gewohnt hat.

Den verpeilten Zitteraal bekommt man heutzutage gern aus dem Ausland geliefert. Da haben Sie die besten Chancen auf den »Angsthund«, der für manche Hundehalter offenbar das Nonplusultra an gelebtem Tierschutz ist. Höhere Weihen für Tierschutzfreaks sozusagen.

Erstens ist nicht jeder Hund, der Angst hat, ein Angsthund. Angsthunde sind schwer traumatisierte Tiere, denen man keinen Gefallen tut, wenn man sie in menschliche Nähe und Behausungen zwingt. »Richtige« Angsthunde wünscht sich kein normal denkender Mensch, und niemals wird ein Angsthund in unserer Nähe glücklich und frei werden. Glauben Sie mir, ich weiß, wovon ich rede. Verdienen Sie sich Ihre Tierschutzmedaille anderswo, bitte.

Tierschutz. Es hat den Anschein, als betreibe jeder, der eine Stubenfliege nicht reflexartig erschlägt, sondern umsichtig an die frische Luft setzt, schon Tierschutz.

Kaum etwas schießt so pilzgleich aus dem Boden wie Tierschutzorganisationen. Wäre es nicht besser, all die vielen bedeutungslos Winzigen würden sich zu wenigen Größeren, die sich dann weitaus besser und schlagkräftiger engagieren könnten, zusammentun? Es möchte aber offenbar jeder sein eigenes dünnes Süppchen kochen. Warum?

Und zweitens betrifft all dies nicht nur Hunde oder gar ausschließlich Beagle, sondern Tiere aller Art und Gattung.

Was macht ein einzelnes Kaninchen oder ein einzelnes Meerschweinchen auf seiner vierzig-mal-sechzig-Plastikgrundfläche? Meinetwegen auch hübsch ausstaffiert im Außengehege?

Darauf angesprochen, bekommt der besorgte Tierschützer zur Antwort:
»Ach, das ist okay. Das ist das so gewohnt.«
Ja, was soll es denn auch machen, das Nagetier? Einen Kaninchenaufstand anzetteln?
Sich in einen Meerschweinchen-Ninja verwandeln und mit angefeilten Gitterstäben bewaffnen?

Hey, es ist euch ausgeliefert! Wenn der Mensch falsch füttert, es einzeln – ohne Artgenossen – hält, es zu lange in der Sonne lässt, Unwohlsein nicht erkennt oder sonst wieder meint, alles besser zu wissen *(oder erst mal bei Facebook drei Tage lang blöde Fragen an andere Ahnungslose stellt, bevor man endlich den seit 48 Stunden überfälligen Tierarztbesuch und die damit verbundene finanzielle Belastung auf sich nimmt, womit das 15-€-Nagetier dann plötzlich acht Mal so viel wert ist)*, badet der hilflose Nager das aus.

Kaninchen, Goldhamster und Meerschweinchen sterben auch nicht, sie »gehen ein«. So wie zu viel oder zu wenig gegossene Topfblumen. Man bekommt den Eindruck, einen höheren Stellenwert hätten sie auch nicht.

Holen wir eben ein Neues!
Es gibt Kinder, die würden den Austausch nicht mal merken. Die kleinflächige Einzelhaft zeigt, dass hier wieder jemand null Gedanken an das Baumarkthäschen verschwendet, sich keine Sekunde damit beschäftigt, was das Tier zum artgerechten Über-Leben benötigt.

Je kleiner und preiswerter eines der kuscheligen Familienmitglieder, desto unüberlegter wird angeschafft, geholt, sich zugelegt.

»Adoptieren« ist ein schönes, der Menschenwelt entliehenes Wort, das manche Tierschutzorganisationen für ihre Vermittlungen benutzen.
Es impliziert eine gewisse Verantwortung, eine Hürde, die der Tierhalter in spe erst einmal überwinden muss.

Recht so! Die Verträge, mit denen Tiere an fremde Leute überantwortet werden, können gar nicht ausgefeilt genug sein. Bitte noch mit einem Sanktionenkatalog hintendran, wenn es nach mir ginge.

Man glaubt ja nicht, wie häufig blitzartig zu Tage tretende Allergien sind! Fast so grassierend wie die (zu) späte Erkenntnis, dass Hunde Mühe machen – man muss mit ihnen raus, sich kümmern um allerhand Bedürfnisse, und Haare verliert das Tier auch noch.

Es gibt tatsächlich Menschen, die es in einem ganzen Jahr nicht geschafft haben, ihren Kindern den einfachen Vorgang des Schließens einer Tür nahe- und beizubringen (die Alternative, einen vernünftigen Zaun ums Grundstück zu drapieren, kam offenbar nicht in Betracht).

Ergebnis: Der Hund geht regelmäßig stiften, was bei einer jagdlichen Disposition gewisse unschöne Verwicklungen nach sich ziehen kann. Nach dem einen Jahr, in dem der Junghund sich die Freiheit nehmen konnte, zu kommen und zu gehen, wie es ihm beliebte, wird es schwierig mit der Erziehung.

Inzwischen ist aus dem »*Zucker!!!*«-Welpi ein eigensinniger Hundeteenie geworden, was die Entscheidung zur Trennung sehr erleichtert.

Hunde werden auch gern weitergereicht, wenn sie so unverschämt sind, an irgendetwas zu erkranken. Oder zu altern!
Wenn sich doch nur mal die Erkenntnis Bahn brechen würde, dass nicht in jedes Leben ein Hund / eine Katze / ein Meerschweinchen passt :-(

Leider ist der Hund so ängstlich

So beginnen viele Gespräche, die sich um neu aufgenommene Hunde, respektive frisch entlassene Beagle, drehen. Und egal, ob es sich um Pflegehunde oder feste Familienmitglieder handelt, immer schwingt viel Sorge und ein Hauch Verzweiflung bei den Menschen mit.

Daher eines vorweg: Es ist die Regel, nicht die Ausnahme, dass ein frisch entlassener Laborbeagle eher ängstlich ist.
Wir sind in letzter Zeit verwöhnt von so manch glückstrahlendem Springinsfeld und leiten zu gern davon ab, dass das Was-kostet-die-Welt-Schlappohr repräsentativ für alle seine Kollegen aus allen möglichen Instituten ist. Wäre ja auch schön.

Oder besser: Schön wär's!
Meistens ist es anders. Schon von Abteilung zu Abteilung in ein und derselben Forschungseinrichtung kann der Hund voller Elan und sehr zutraulich oder schüchtern und eher scheu sein. Lassen Sie sich beruhigen: es ist weniger »Angst«, es sind meist einfache Anpassungsschwierigkeiten.

Stellen Sie sich bitte einmal in Technicolor und Dolby Surround vor, Sie würden eines trüben freitagmorgens plötzlich und unerwartet von Leuten, deren Miene zwischen Betretenheit und Aufregung schwankt, abgeholt, verpackt und mit unbekanntem Ziel verladen.

Niemand kann Ihnen verständlich machen, wieso Sie nun Ihre vielleicht nicht traumhaft behagliche, aber immerhin gewohnte Umgebung (in der Sie ja bis jetzt einigermaßen durchgekommen sind, und schließlich: Sie kennen nichts anderes!) gegen Kälte, Lärm, Unruhe, Gestank, völlig unbekannte klimatische Verhältnisse und eine Menge fremde Menschen eintauschen müssen.

Man redet sogar noch beständig bemüht-beruhigend auf Sie ein, fasst Sie ungewohnt an, trägt Sie weg. Das ist nicht gerade geeignet, Ihnen Ihre urplötzlich abhandengekommene, ohnehin nicht besonders reichhaltig vorhandene Sicherheit postwendend zurückzugeben!

Dann, Stunden später, landen Sie irgendwo.

Ihr Weltbild ist um 180° Grad gedreht.

ALLES ist anders als zuvor. Von »besser« ist da zunächst keine Rede.

Vielleicht geht es Ihnen sogar körperlich gerade nicht so gut, vielleicht ist Ihnen richtig schlecht vor lauter Auto-und-Herumtrage-Gewackel, womöglich durften Sie seit gestern nichts essen. Sie frieren, Ihr Herz schlägt Ihnen bis zum Hals – da wären Sie auch für die nächsten Tage erst einmal verschüchtert und lieber unsichtbar – wer weiß denn, was noch kommt!

Es ist ein Segen, dass die allermeisten unserer Hunde sich relativ schnell in die neue, aufregende, volle Welt einfügen. Und warum sollten sie es auch nicht tun – die Veränderung bietet ja jede Menge Vorteile, und Hunde sind gemeinhin Opportunisten.

Die Zeit, die sie zum Ankommen benötigen, ist individuell. Jeder Hund, selbst, wenn es sich um Wurfgeschwister oder langjährige Zwinger-Kollegen geht, ist einzigartig in seinem Erleben und seiner Stresstoleranz.

Es gibt Hunde, die hüpfen nach wenigen Schrecksekunden mit allen vier Pfoten und Anlauf ins neue Glück. Dann vermag der Neu-Beagle-Halter seine Verblüffung kaum in den Griff zu kriegen, weil er das natürlich auch nicht erwartet hätte: Könnte der Hund nicht wenigstens ein bisschen ängstlich sein? Wer glaubt dem denn die Labor-Vita?

Die weitaus meisten Hunde brauchen ein paar Tage, um glauben zu können, was ihnen nun an Zuwendung und Positivem widerfährt. Währenddessen schauen sie sich zurückhaltend und still alles an, warten ab und fassen Mut, um dann langsam aus dem Quark zu kommen.

Es gibt aber auch Beagle, die verbringen die erste(n) Woche(n) außerhalb ihres gewohnten Labor-Behaviours wie in Erwartung eines schrecklichen Schlages: Sitzen erstarrt auf der Couch, starren blicklos ins Leere und haben eigentlich mit allem abgeschlossen. Hilfe, Apokalypse!

Das ist für mitfühlende, menschliche Wesen, wie wir es sind, schwer auszuhalten. Man möchte dauernd hingehen und das arme Tierchen trösten, drücken und knuddeln, ihm beständig über den Kopf streicheln – bitte: tun Sie es nicht.

Menschen neigen zum Mitleid, was grundsätzlich gut ist, aber Ihren Ex-Laborhund müssen Sie nicht (mehr) bedauern: Er/sie ist ein Glückspilz, ein Gewinner – kein Pechvogel.

Aber bis der Hund seinen Schöne-neue-Welt-Overkill einigermaßen verdaut hat, vergeht einige Zeit.

Es ist nicht schlimm, wenn er einstweilen mit nach innen gerichtetem Blick Löcher in die Luft guckt. Bedrängen Sie ihn nicht zu sehr, verlangen Sie nicht zu viel. Umso ergreifender ist es, wenn er nach einer Weile von selbst seine Neugier entdeckt – und Sie.

Zum Lernen ist später noch Gelegenheit genug, und auch die nötigen Regeln verinnerlicht Ihr Hund auch nächste Woche noch.

Das Internet ist voll mit Angsthunden, schwer traumatisierten Tieren, denen man nur mit sehr viel Unterstützung ein würdevolles Leben ermöglichen kann. Unsere Laborbeagle gehören dazu in aller Regel nicht.

Aber auch Laborhunde sind die Summe ihrer Erfahrungen, die sie bisher mit den Menschen und dem Umfeld gemacht haben.

Unter Laborbedingungen begründen sich diese Erfahrungen meist auf wenige Meter Raum, auf die Beschaffenheit einiger weniger Dinge, auf ein eingeschränktes Repertoire an Geräuschen und Gerüchen, und auf einen gewissen Umfang an Maßnahmen im Rahmen der am Hund durchgeführten Forschung.

Nach ihrer Entlassung werden die Hunde plötzlich überschüttet mit neuen Eindrücken. Je nach Charakter ist dann eben eher »lernen durch beobachten« angesagt, statt einem forschen »learning by doing«.

Lassen Sie ihn gewähren, und stellen Sie sich vor, wie in seinem Gehirn gerade ein Feuerwerk an Synapsen wächst.

Es gibt kaum etwas Anrührenderes, als so einen kleinen Hund mit langen Ohren, dem die Beine im Sitzen weggrätschen, wenn er sich da entlang der Boxen-Wand zusammenduckt. Wir alle wollen ihn am liebsten vor sämtlichem Übel beschützen. Doch auch der schüchternste Beagle wird sich Ihnen irgendwann anschließen, sich anpassen, sich sehr gut mit dem neuen Umfeld arrangieren. Sie helfen Ihm dabei, wenn Sie möglichst wenig zu seiner Verunsicherung beitragen.

Die Variable in der Gleichung »Laborbeagle + Freiheit = Glück« lautet bedauerlicherweise: Es kann leider niemand vorhersagen, wie viele Tage oder Wochen diese Entwicklung in Anspruch nehmen wird.
Es gibt Hunde, die monatelang brauchen, um nicht mehr bei jeder plötzlichen Bewegung zusammenzufahren. Und es gibt auch Hunde, die zeitlebens anscheinend mehr Rück- als Fortschritte machen.
Aber irgendwann geht es meist vorwärts, und jeder Schritt auf diesem Weg wird Sie stolz machen wie Bolle, sobald er erst einmal getan ist.
 Nicht mehr lange, und das bedauernswerte Geschöpf wird Ihnen frech den Platz in Ihrem eigenen Bett streitig machen, und vielleicht werden Sie sich augenreibend wundern, was aus Ihrem Häufchen Elend im Laufe der Zeit geworden ist.
Jedenfalls sind wir optimistisch, dass es so kommt – beim einen, wie gesagt, früher, beim anderen später.
 Zeit heilt tatsächlich alle Wunden.
Mitunter bleiben Narben zurück, aber selbst die werden allmählich blasser.

Die größeren Narben, physisch wie psychisch, haben allerdings in letzter Zeit nicht die Laborhunde, sondern die, die aus dem Ausland (besonders aus dem westlichen, nicht, wie es gemeinhin als Standard erwartet wird, dem östlichen) zu uns gereist sind.
 Entlassene Laborhunde sind gesunde Hunde ohne Erfahrung mit dem »echten« Leben. Man spricht bei einem solchen Mangel an Erfahrung von »Deprivationsschäden«, nicht aber von einem Deprivationssyndrom (= einer massiven Schädigung, die kaum nachhaltig therapierbar ist). Schäden

kann man beheben – vor allem mit Geduld, Zeit, Sicherheit, Regelmäßigkeit und – Spaß.

Sie hatten anhand eines kleinen, etwas unscharfen Bildchens und einer netten, aber dürren Beschreibung sicherlich eine gewisse Vorstellung von dem Wesen, das Ihnen vom LBH-Team per Box serviert wurde.

Da haben Sie Glück: Vor nicht allzu langer Zeit gab es nicht mal Fotos der avisierten Hunde, stattdessen wurden lediglich rosa oder pastellblaue hinterlegte Beagle-Silhouetten unter dem Hundenamen abgebildet, was der persönlichen Phantasie beträchtlichen Raum ließ.

Doch auch die heutigen Fotos, die wir aus den Instituten erhalten, werden der Schönheit und dem besonderen Typ des jeweiligen Beagles nur selten gerecht. Die kurze Charakterisierung, die wir von den Tierpflegern erhalten, trifft allerdings meistens zu.

Auch wenn sich kaum glauben lässt, dass sich irgendwo in dem Ihnen soeben vorgestellten, zitternden Beaglebündel mit dem stumpfen Blick ein »freundlicher, verspielter Hund, toll für sportliche Menschen« verstecken soll.

Natürlich werden die Eigenschaften »ruhig, zurückhaltend und anfangs ängstlich« weitaus öfter anzutreffen sein. Glauben Sie es: Auch der anfangs ängstliche Beagle wird seinen Weg finden, und vermutlich werden die Beteiligten ihre Freude daran haben. Dennoch: Es handelt sich um eine Prognose, nicht um ein Versprechen – schon gar nicht um eine Garantie.
Meine Laborhündin Georgia, die 2010, mit knapp zwei Jahren, ihren Job hinwerfen durfte, hat ein halbes Jahr gebraucht, bis sie nicht mehr vor uns auf den Bauch robbte, sobald jemand die Hand nach ihr ausstreckte. Sie kam dünn und ohne Muskulatur bei uns an, fiel in jede Pfütze und stolperte über jede Treppenstufe.

Heute ist sie, obwohl die Zweitjüngste, unerschrockene Chefin unseres vierköpfigen Rudels und steckt jeden doppelt so großen Hund locker in die Tasche.
Solche Geschichten kann Ihnen fast jeder Laborbeagle-Halter erzählen, und so gut wie immer hört man den Stolz und das Glück über die Entwicklung deutlich heraus.
Und ein bisschen Erstaunen.

Seit 2010 hat sich in den hundehaltenden Instituten eine Menge getan und zum Besseren verändert. Natürlich gibt es Ausnahmen, die gibt es ja immer, aber dieser Artikel soll schließlich zum Mut-Machen dienen!

Als ersten, ungebetenen, Ratschlag hätten wir diesen hier, da sehr oft die Hundebox als Nonplusultra für den ängstlichen Hund empfohlen wird:

Die persönliche Meinung der Verfasserin ist, die Box eher nicht als Lösung aller Probleme und als Schutz vor der ganzen bösen Welt zu betrachten. Hunde in Boxen (oder unter Betten, oder andere ähnliche Einbahnstraßen) sind isoliert.

Boxen sind zum Transportieren da.

Nutzt man die Box als Hunde-Wohnsitz, schafft man sich womöglich schnell neue Probleme, die die erforderliche Adaption erschweren, statt sie zu erleichtern. Der Hund soll und muss sich mit Ihnen, Ihrer Familie und Ihrer Wohnsituation auseinandersetzen und sich damit arrangieren, ob ihm das nun alles gut gefällt oder nicht. Machen Sie es ihm leichter, indem sie ihm die Option des Rückzugs in die Box gar nicht erst anbieten.

Also, raus aus der Box, bitte! – aber nicht mit Gewalt, und da fangen die Schwierigkeiten schon an. Zum Glück lassen sich viele Transportkisten auch relativ geräuschlos auseinandernehmen.

Der Hund wird staunen und sicherlich sehr an Ihrer Entscheidung zweifeln! Solange Sie ihm einen guten Ersatz als Rückzugsort bieten (vielleicht eine geschützte Ecke, die Ihnen Zugang zum Hund ermöglicht, ihn aber nicht den ganzen Raum überwachen lässt), wird er Ihnen aber mit Sicherheit verzeihen und in ein paar Stunden oder Tagen mit der Vertrauensbildung fortfahren.

Ich hoffe mit Ihnen, dass die ängstlichen Tage Ihres ehemaligen Laborbeagles bald hinter Ihnen liegen und keinen allzu großen Schatten auf Ihr Glück, einen wunderbaren Hund zu haben, werfen.

Wie man (k)einen Hund aus dem Tierschutz adoptiert

- Nur weil ich acht Stunden außer Haus bin!
- Nur weil der Hund im Zwinger schlafen soll!
- Nur weil ich von Brustgeschirren und doppelten Sicherungen nichts halte und den lieber mit dem praktischen Kettenwürger führe und generell ein Fan von Erziehungshilfsmitteln bin!
- Nur weil ich drei unkastrierte Rüden habe!
- Nur weil meine Frau (im dritten Trimester) schwanger ist!
- Nur weil ich Jäger bin!
- Nur weil ich … (hier bitte beliebige Berufsbezeichnung einfügen) bin!
- Nur weil wir unsere Hunde vegan ernähren!
- Nur weil ich Tageskinder habe, neben meinen drei eigenen, und dabei sind die alle unter 4!
- Nur weil ich noch nie Beagle hatte, dafür aber Schäferhunde, die in Unterordnung alle Preise abgeräumt haben!
- Nur weil ich jeden Tag 5 km Fahrrad fahre und der Hund da selbstverständlich mit muss!
- Nur weil ich frage, ob man am Preis noch was machen kann!
- Nur weil ich nicht akzeptieren kann, dass mir keiner v erraten will, aus welchem Institut der Hund kommt!
- Nur weil ich keinen Zaun um den Garten habe! (*obwohl:* Darüber könnte man reden)
- Nur weil ich im 6. Stock wohne – wozu haben wir einen Balkon!
- Nur weil ich keine Alternative zur Unterbringung habe, falls ich mal ausfalle!
- Nur weil ich Sie ein bisschen unter Druck setze und vielleicht ein bisschen beleidigend war!

- Nur weil ich ein Fan von Erziehungshilfsmitteln bin!
- Nur weil ich den passenden Deckrüden für meine Hündin suche!
- Nur weil ich eine Vorkontrolle wegen Ihrer blöden Zweifel abgelehnt habe!

Diese Liste mit den Top 20 der No-Go's erhebt keinen Anspruch auf Vollständigkeit.

Diskussionen darüber führen sämtliche Kriterien, die man sich als Vermittler von Tierschutztieren setzt (irgendwelche Kriterien muss man sich ja setzen, sonst braucht man keine Richtlinien, keine Vorkontrollen und auch keine Tierschutzziele), ad absurdum.

Gründe genug

Stellen Sie sich vor, Sie möchten einen Beagle. Stellen Sie sich vor, Sie möchten einen Laborbeagle. Und jetzt stellen Sie sich bitte vor, wie Sie diesen Weg beschreiten: Information, Aktion, Reaktion.

Sie machen sich schlau, so schlau Sie können. Sie finden einen Hund, der Ihnen gefällt, und vergucken sich in ihn. Mit dieser Motivation und eingedenk Ihres geballten neuen Wissens über den zukünftigen Hausgenossen rufen Sie die Vermittlerin an. Sie reden eine Weile miteinander, vielleicht sogar mehrere Stunden, verteilt über mehrere Telefonate. Um Ihre Begeisterung zu teilen und um die Sache rund zu machen, schließen Sie sich als versierter *social networker* in Ihren diversen Facebook-Gruppen kurz. Man freut sich mit Ihnen und gratuliert schon mal, prophylaktisch.

Dann sagt Ihnen die Vermittlerin, dass sie lieber absehen möchte von der Vermittlung dieses Hundes in Ihren Haushalt. Macht nichts, sagen Sie, dann hätten Sie eben gern einen anderen Hund. Aber nicht den, bitte, der ist ja schon 5, also alt, und dafür wollen Sie ihr Geld ja nicht ausgeben.

Die Vermittlerin, diese impertinente Person, teilt Ihnen daraufhin mit, dass sie Ihnen leider, leider gar keinen Hund vermitteln möchte, also, überhaupt keinen, noch nicht mal den Ladenhüter da.

Das Telefonat endet unschön. Sie sind empört. Sie werden uns »schlechtmachen«, kündigen Sie an.

Ach herrje.

Lassen Sie es mich bitte kurz erklären.

Glauben Sie, dass wir jetzt sofort einknicken und den gewünschten Hund ohne Verzug (schon gar keinen schuldhaften) zu Ihnen karren?

Nö.

Ein anderer Herr hat mit einer anderen Kollegin telefoniert und wurde leider abschlägig beschieden, da wir nicht möchten, dass ein frisch entlassener Laborhund tagtäglich mit zur Arbeit genommen wird. In einem medizinisch orientierten Beruf, nebenbei bemerkt. Zahntechnik, um genau zu sein. Immer noch besser, als allein bleiben, entgegnet der Interessent.

Na ja.

Weil die Ansichten über Hundehaltung zu stark differierten, nahm die Kollegin von dieser Vermittlung Abstand. Es passiert, was meistens passiert: Der Interessent telefoniert die anderen Vermittlerinnen durch. Die allerdings wissen schon von der Ablehnung und den Gründen dafür.

Wenn Sie von einem Tierschutzverein als Hundehalter abgelehnt werden, tut man Ihnen damit vielleicht Unrecht. Aber es wird sich niemand im ganzen Verein – wirklich niemand – finden, der dann doch eine Vermittlung vornimmt. Quasi an den anderen rechts vorbei. Vergessen Sie es. Sparen Sie sich die Mühe. Sparen Sie sich die Zeit.

Merksatz Nummer 1: Ablehnung *von* einer Vermittlerin einer Tierschutzorganisation bedeutet Ablehnung *durch* die Tierschutzorganisation.

Es geht nicht um einzelne Vermittlerinnen, sondern um den Verein in seiner Gesamtheit. Man spricht miteinander und tauscht sich aus, besonders über Interessenten die, irgendwie, *na ja,* sagen wir, nicht ganz passend sind.

Sie brauchen jetzt nicht nach dem Datenschutz zu schielen (glauben Sie es: Der ist gewahrt) oder »Verleumdung« und »Üble Nachrede« zu rufen (kein Straftatbestand erfüllt, ehrlich).

Tierschutzorganisationen machen keinen Wettbewerb draus, welche Vermittlerin am schnellsten ihre Platte geputzt, sprich: alle Hunde untergebracht hat.

Merksatz Nummer 2: Regen Sie sich ab. Machen Sie sich nicht zum Affen. Gehen Sie in den Keller, werfen Sie ein paar Pfeile. Wenn wir auf jeden blöden Facebook-Post in irgendwelchen Gruppen, der uns zum Gegenstand hat, reagieren müssten, hätten wir ja noch mehr zu tun. Es gab schon einige Shitstorms, ja. Und? Sind wir noch da?

Sehen Sie.

An diesem Punkt setzt meist etwas ein, was in letzter Zeit immer öfter vorkommt: Der inadäquate Umgang mit Absagen (wir haben das Phänomen schon an diversen Welpenthemen hinreichend erläutert, gehen aber gern noch mal kurz drauf ein).

Bitte versuchen Sie, mit dem Nein zu leben.

Es gibt so viele Hunde auf der Welt, von denen der eine oder andere vielleicht besser für Sie und Ihre ganz speziellen Umstände geeignet wäre. Kleines Beispiel: Wenn man ganztägig arbeiten geht, braucht man definitiv keinen Jagdhund. Wenn man eher zum Bewegungsmuffeln neigt, ist ein agiler Hund vielleicht nicht ganz das Richtige. Und wenn man die 70 bereits überschritten hat, ist es leider *per se* nicht einfach, den passenden Hund für sich zu finden (und ich sage Ihnen: Ein Welpe ist da ganz klar die falsche Wahl, egal von welcher Rasse).

Es gibt noch andere Organisationen, die Laborbeagle vermitteln. Versuchen Sie es gern dort. Aber wundern Sie sich nicht, wenn das Ergebnis das gleiche ist.

Das Schöne am ehrenamtlichen Vermitteln von ganz speziellen Hunden ist, dass man in seinen Entscheidungen einigermaßen frei sein darf. Es gibt keinen Rechtsanspruch darauf, von diesem Tierschutzverein einen Hund vermittelt zu bekommen oder als Pflegestelle Verwendung zu finden, es gibt keine Schiedsstelle, keinen Verbraucherschutz, keine Klagemöglichkeit und auch sonst nix. Wir haben keinen Supervisor und auch keinen Chef, der uns auf die Finger haut, wenn wir unsere Vermittlungsquote im Monat nicht geschafft haben (was daran liegt, dass es keine gibt). Es zählt nur eins: Dass der Hund das Zuhause bekommt, das wir uns für ihn wünschen. Die Betonung liegt auf wir, denn die Entscheidung *(Achtung, Merksatz 3!)* liegt letztendlich bei uns.

Nicht bei Ihnen, so leid es uns tut. In den sozialen Medien liest man immer gern »...*dann hole ich mir auch so einen Laborbeagle*«. Ich möchte dann immer aufschreien: *Jahaha*, aber nur, wenn Sie den Leuten am anderen Ende der Strippe halbwegs gefallen. Sonst nicht.

Deshalb nennt man es auch gern »Bewerbung«. Es geht nicht darum, ein Möbelstück zu kaufen, und wir müssen alle keine Freunde werden. Wir wollen keinen Krieg mit Ihnen anfangen.

Wir wollen auch keine Interessenten verärgern oder sie, noch schlimmer, von dem Plan mit dem Tierschutz forttreiben. Es geht primär gar nicht um die Menschen. Primär geht es um den

Hund. Bitte sparen Sie sich den dritten, vierten und fünften Anruf, in dem Sie uns vorhalten, wie scheiße wir unsere Arbeit tun.

Hoppala, schon *Merksatz 4*: Drohen Sie uns bitte nicht.

Wenn wir sagen, dass wir am längeren Hebel sitzen, klingt das bestimmt ganz eklig arrogant. Wer hinter die ganze Sache schaut, versteht, was wir meinen. Wir möchten nicht mit Ihnen streiten. Wir machen das alles in unserer Freizeit, und zwar meistens mit viel Lust und mit viel Enthusiasmus. Natürlich möchten wir unsere Hunde gern vermitteln, aber nicht um jeden Preis. Wenn wir jemanden ablehnen, hat das einen Grund, und es muss auch im Team gut begründet werden können. Unbegründete Ablehnungen sind nicht zielführend, weder für Sie, noch für uns.

Wenn Sie übrigens finden, diese Kolumne sei ja wieder ausgesprochen frech, dann wenden Sie sich am besten bitte gleich an mich (nicht an den Vorstand, die können dafür nichts).

Wir würden uns glücklich schätzen, wenn sich jeder Anrufer uns gegenüber höflich und vielleicht sogar freundlich verhalten würde, was leider nicht immer der Fall ist. Wenn sich Teammitglieder anpöbeln lassen müssen, weil erwachsene Menschen ihren Willen nicht bekommen, dann hört der Spaß auf. Wir leben in einer Einspruchs- und Widerspruchsgesellschaft. Heutzutage hinterfragt jeder alles. Jeder macht von seinen vermeintlichen Rechten Gebrauch (das kommt wahrscheinlich davon, wenn man Debattierkurse in der 8. Klasse anbietet: Argumente, Argumente, erdrutschartig. Ob sinnvoll oder nicht).

Viele Telefonate kämen gar nicht erst zustande, wenn die potentiellen Anrufer sich ordentlich informieren würden. Lesen Sie unsere Seite durch, von vorne bis hinten, lesen Sie im Forum, lesen Sie unser Buch, lesen Sie unsere FAQ, lesen Sie unsere Satzung, lesen Sie, was wir bei Facebook antworten. Wir denken uns die Regeln nicht jeden Tag neu aus, sondern setzen auf Erfahrungswerte, die bei uns immerhin in 12 Jahren gewachsen sind.

Wenn wir am Ende nicht mehr in der Lage sein werden, den frisch entlassenen Labories ein besseres zu Hause zu bieten, als jenes, das sie bisher hatten, dann lassen wir das Ganze besser sein.

Das heißt nicht, dass wir uns niemals irren würden. Am Telefon bekommt man manchmal Dinge als Tatsachen angedreht, die der Wahrheit nicht entsprechen. Dann ist die ebenerdige 4-Zimmer Wohnung mit Garten plötzlich eine 2-Zimmer-Butze mit Handtuchbalkon im siebten Stock, und die angeblich »maximal« vierstündige berufliche Abwesenheit ist plötzlich täglich auf sechseinhalb Stunden ausgedehnt worden, huch, plus An- und Abfahrt, während derer der Hund jault und die Tür verkratzt, so dass der Vermieter seine Vermietererlaubnis widerruft. In diesem Fall holen wir den Hund wieder ab. Was hat er gewonnen? Nichts, außer vielen zusätzlichen Stunden in einer Box im Auto, und dem neuen Verhaltensproblem, dass er wahrscheinlich Ihnen zu verdanken hat. Vielen Dank, wir haben ja weiß Gott noch nicht genug, um das wir uns kümmern können. Also: Das wollen wir nicht.

Wenn Sie uns arroganten Schnepfen das alles nicht glauben, werden Sie doch Teil unseres Teams. Aber Achtung: Auch die Teamleute suchen wir uns aus. Womit sich der Kreis wieder schließt.

Merksatz 5: Es gilt das Zerrüttungsprinzip. Will heißen: Wenn wir uns schon *vor* der Vermittlung permanent mit Ihnen auseinandersetzen müssen, streiten müssen, uns ärgern müssen, dann wird sich das *nach* der Vermittlung vermutlich nicht bessern. Allein schon aus dem Grund, weil wir keine perfekten Hunde haben. Und dann ist das Verhältnis leider genau zerrüttet, schon in den Kinderschuhen. Sie werden bestimmt Ihren Traumhund finden. Und wir unsere Traum-Besitzer. Weil wir nämlich schon ganz viele davon haben. Das lässt uns bei der Stange bleiben, auch wenn man manchmal eher das Gefühl hat, man tanzt um einen heißen Draht.

Wissen Sie, warum die ganzen ehrenamtlichen Tierschutzmitarbeiter diesen Kram eigentlich machen? Um irgendwelchen Hunden, ganz egal wo sie herkommen – ob aus Ungarn, aus dem Labor oder aus dem Mittelmeerraum –, um diesen Hunden einen guten Platz zu geben. Ohne solche Hilfe würden sie alle dort verrecken. Oder sehen Sie sich in der Lage, dort persönlich vorzusprechen und Ihren Hund zu holen? Wohl nicht, und wenn, wäre es auch erfolglos.

Nächstes Thema, auch ganz ein beliebtes: Schutzgebühren. Erste Frage bei vielen Telefonaten und Anfragen: Was kostet der Hund?

250 €, sagen wir in den meisten Fällen.

Was! Soo teuer!, kommt es zurück.

Tja, sorry – und wir entschuldigen uns wortreich dafür, dass wir alles alleine machen. Dass wir den Hund holen müssen. Dass wir zum Institut fahren müssen. Dass wir ihn ausstatten müssen. Dass Sprit Geld kostet und wir Boxen, Telefon, Zeit bezahlen müssen. Dass wir Versicherung und Steuer zahlen, dass wir Tierarztkosten stemmen in meist nicht geringer Höhe, dass wir Impfungen bezahlen, Chips bezahlen, dass wir Verwaltungskosten haben. Dass wir ab und zu ein paar Flyer drucken lassen müssen, dass vielleicht mal ein Faxgerät ersetzt werden muss, dass Briefporto bezahlt werden muss.

All dies schlägt sich irgendwann einmal in ein paar Euro für die Schutzgebühr nieder, und glauben Sie uns: Es reicht niemals, und wenn wir 500 € für den Hund verlangen würden, würde es auch nicht reichen.

Aber eine Tierschutzorganisation ist kein auf Zugewinn ausgerichtetes Wirtschaftsunternehmen, sondern ein gemeinnütziger Verein. Als solcher sind wir auf Spenden angewiesen und wir freuen uns total, wenn das jemand mit etwas Benzingeld honoriert.

Angenommen, wir übernehmen in Bayern einen Hund, Sie jedoch wohnen in Kiel. Was glauben Sie, wie der Hund dorthin kommt? Mit einem Postpaket für 8 Euro?

Nein: Wir fahren Ihren Hund bis zu Ihnen vor die Haustür, weil: Abholen wollten Sie ihn ja nicht. Wobei das unserem Vorsatz, die Vermittlung mit einer Kontrolle und ja Überprüfung der angegebenen Verhältnisse zu verbinden, ohnehin widerspräche. Also meckern wir an diesem Punkt natürlich nicht lange herum, sondern fahren Stunden, Tage, hunderte von Kilometern mit oft heulenden, fast immer stinkenden Hunden in der Box bei Eis und Schnee und bei Gluthitze.

Nun wenden Sie ein, vielleicht berechtigt: Wenn Sie doch so viel Erfahrung haben, dann sagen Sie mir doch auch, wie der

Hund nun genau sein wird, diese vagen Beschreibungen in ihrem Vermittlungstexten sind ja nicht zum Aushalten.

Lieber Interessent! Ja, wir haben Erfahrung. Ja, wir haben schon fast alles gesehen. Nein, wir können nicht hellsehen, und die Vermittlungstexte geben nur einen sehr geringen Einblick in den Charakter der Hunde wieder: Sie sind wortwörtlich unter Laborbedingungen entstanden.

Wie der Hund bei der Übergabe ist, entspricht meist nicht dem Bild, wie er mal sein wird. Was natürlich auch an Ihnen liegt. Wir übergeben Ihnen ein unfertiges Tier, das bestenfalls neutrale Erfahrungen mit Menschen und mit seiner Umwelt gemacht hat.

Betrachten Sie Ihren Hund als Leinwand. Dann überlegen Sie: Sind Sie ein Picasso? Sind Sie ein Monet? Oder jemand, der schon an den Kreidekästchen auf dem Gehweg scheitert? Was nach der Übergabe mit dem Hund passiert, ist für uns die große Unbekannte. Wir versuchen uns bestmöglich gegen alle möglichen Katastrophen abzusichern. Weder soll dem Tier etwas passieren, noch Ihnen und Ihrer Familie. Schön wäre es, wenn nicht allzu viel an Einrichtung zu Bruch ginge und der Hund nicht nach drei Stunden bei Ihnen über den als viel höher und sicherer angegebenen Gartenzaun flüchten würde.

Ideal wäre es, wenn der Hund dann den Rest seines Lebens bei Ihnen bliebe. Fast nicht zu toppen wäre es, wenn der Hund und Sie ein glückliches Leben miteinander führen würden. Das es immer Abstriche gibt, ist uns bekannt – wir haben auch Beagle.

Aber wenn Sie schon im Vorfeld daran zweifeln, dass der von uns avisierte Hund nicht verschmust, nicht stubenrein, nicht gelehrig, nicht cool, nicht mutig, nicht verspielt, nicht freundlich, nicht ruhig, nicht pflegeleicht genug ist, dann wird es schwierig.

Wir hören uns an, was Sie zu sagen haben und machen uns davon ein Bild. Wir lesen durchaus auch zwischen den Zeilen, aber das macht jeder, der am Telefon mit jemanden spricht.

Zur Verifizierung Ihrer Angaben dient dann die Vorkontrolle, die bei uns aufgrund der weiten Strecken meist mit der Vermittlung zusammenfällt. Wenn Sie uns zu krass belogen haben, kann es passieren, dass wir wieder abfahren. Allerdings mit Hund.

Wenn wir uns bereits am Telefon gegen eine Vermittlung entscheiden, hat das gewichtige Gründe. Entweder entsprechen Sie leider gar nicht unseren Vermittlungskriterien (die Ihnen jeder Vermittler gerne erläutert, sofern ein vernünftiges Gespräch noch möglich ist) oder Ihre Ansichten decken sich so gar nicht mit den unseren. Das kann kurzsichtig von uns sein, hat sich aber grundsätzlich bewährt.

Kein Grund für eine Ablehnung sind religiöse, partnerschaftliche oder berufliche Gründe (Ausnahme: Dauer der Abwesenheit).

Vermittlungen sind immer Einzelfallentscheidungen. Wenn Sie spätestens beim Anruf bei uns nicht verinnerlicht haben, dass ein Laborbeagle kein Hund ist, der in allen Belangen perfekt wird, dann ist irgendetwas verkehrt gelaufen. Bei manchen Anfragen könnte man denken, bei einem Laborbeagle handele es sich um einen Hund, der im Reagenzglas nach Ihren Wünschen designt wird.

Verpflichtet sind wir Ihnen erst nach einer Vermittlung. Vorher nicht.

Alles gut

Von Zeit zu Zeit steckt das Team der Laborbeaglehilfe e.V. mitten in einem wahren Vermittlungs- und Übergabemarathon – weil viele Hunde auf einmal entlassen werden, was toll ist, aber logistisch manchmal ganz schön schwierig wird. Wir werden den Teufel tun und auch nur einen davon ablehnen, weil einmal abgelehnt nämlich in der Regel heißt: Für immer abgelehnt. Es sind Hunde ohne Plan B. Wir wollen jeden, den wir kriegen können, so sieht's aus.

Also wird in einer fahrplanungstechnischen Meisterleistung eine große Anzahl Hunde in ihre neuen Familien und in die Pflegestellen gebracht. Und wir hoffen, es geht alles gut. Nicht nur die Fahrt, oft hunderte von Kilometern, und die immer wieder spannende Übergabe, sondern das, was kommt, wenn wir die Tür schließen und die Menschen mit ihren neuen Hunden allein lassen.
Wir bleiben in Kontakt, klar. Wir werden anrufen, sie vielleicht auch besuchen, hoffen auf ein Wiedersehen in Burbach oder auf privaten Treffen. Wir haben ihnen allen nochmal extra versichert, dass wir immer für sie da sind. Egal, bei welchen Fragen, Unklarheiten und Schwierigkeiten: Rufen Sie uns an, wir finden eine Lösung.

»Etwas Besseres als den Tod finden wir überall«, heißt es bei den Gebrüdern Grimm, in den »Bremer Stadtmusikanten« nämlich.
Vorgestern meldeten sich die Halter eines achtjährigen Rüden, den wir 2017 vermittelt haben, und stellten uns vor die Wahl: Entweder den Hund abholen, sofort, oder er wird im Wald angebunden, besser noch eingeschläfert.
   Sie glauben ja nicht, wie schnell dieser Beagle in unserer Obhut war.
Er ist in bedeutend schlechterem Zustand als bei seiner Entlassung aus dem Institut. Er ist verstört, ungepflegt, verletzt

und vielleicht auch noch stressbedingt erkrankt. Jetzt ist er auf einer unserer Pflegestellen.

An der Misere schuld sind natürlich: wir. Verängstigte Laborhunde zu vermitteln, *ts,* also wirklich! Kann ja nicht gutgehen.

Die Vermittlung war sorgfältig. Die Leute waren nett, das Umfeld prima: Haus, Garten, zwei Hunde anderer Rasse, es gab Kontakt. Vierzehn Monate lang hat niemand etwas gesagt. Alles war unauffällig. Jetzt heißt es seitens der Familie, der Hund wäre schon immer völlig Banane gewesen, beißt Hundekumpel und den präpubertären Teenie, UND HEUTE SEI ENDGÜLTIG SCHLUSS mit dem Unfug.

So. Da ist er nun, der Kalle. Ironischerweise hatte ihm die Familie den optimistischen Namen »Lucky« verpasst. Den haben wir ihm gleich wieder aberkannt, denn wenn irgendetwas nicht mit dem Häufchen Elend assoziiert werden kann, dann ist es dieser Euphemismus.

Es gibt dennoch Anlass zur Hoffnung: Bei der Inobhutnahme durch unsere PS war Kalle anscheinend erfreut. Wir werden ihn einem unabhängigen Tierarzt vorstellen und alles daransetzen, ihm seine Lebensfreude zurückzugeben.

Kalle wird bestimmt wieder gesund. Was körperlich mit ihm los ist, werden wir schon in den Griff kriegen. Wie es in seiner Hundeseele aussieht, können wir noch nicht einschätzen. Beagle sind Stehaufmännchen. Aber das ist gar nicht der Punkt.

Der Punkt ist: SIE sind ab einem bestimmten Zeitpunkt verantwortlich für den Hund, den wir Ihnen bringen.

Er wurde UNS anvertraut, und wir haben ihn IHNEN anvertraut.

Das ganze Brimborium um die erfolgreiche Vermittlung von Laborhunden hat etwas mit Vertrauen zu tun: Sie dürfen darauf vertrauen, dass wir wahrheitsgemäße Angaben zum Hund machen, soweit es unsere Möglichkeiten zulassen. Und wir setzen Vertrauen in Sie: dass Sie uns bei Ihrer Vorstellung keine Legenden aufgetischt haben.

Dass Sie dem Hund Gutes wollen. Bitte beschönigen Sie Ihre Zweifel, Ihr Umfeld und Ihre Wohnsituation nicht – es kommt doch raus, und wir werden den Hund wieder mitnehmen, wenn es große Differenzen zwischen Vorstellung und Realität gibt.

Sie haben die Pflicht, uns von Auffälligkeiten zu berichten, und zwar nicht erst dann, wenn alles restlos vor die Wand gefahren ist. Wenn der Hund immer gestresster wird, wenn er zunehmend Angst entwickelt, dann stimmt etwas nicht, und SIE müssen darauf reagieren.

Wenn es nicht (mehr) gut läuft, dann finden wir einen für alle Seiten gangbaren Weg, ohne Ihnen Vorwürfe zu machen. Wenn es auf Kosten des Hundes geht, so wie bei Kalle, wenn sich Probleme abzeichnen, dann können wir Ihnen nur helfen, diese zu lösen, wenn uns jemand Bescheid sagt. Und bitte, bitte: rechtzeitig!
Wir sind nicht in der Lage, bei allen vermittelten Hunden turnusmäßig vor der Tür zu stehen. In 98% aller Vermittlungen gibt es gar keine Veranlassung für Überwachung.
Wir können aber in den weitaus meisten Fällen auch nicht von jetzt auf gleich einen Fahrer losschicken, der Ihnen den Hund aus den Augen schafft. Der Hund muss untergebracht werden, und möglichst nicht in einer Notlösung. Geben Sie uns die Chance, das vorzubereiten. Machen Sie sich nach Möglichkeit vorher ein paar Gedanken, wie Sie in einer Notsituation handeln können.
Das ist der Grund, warum unsere Vermittlerinnen so viele Fragen stellen und alles so genau wissen wollen. Sorgfalt und Besonnenheit bei der Vermittlung und ein genauer Blick bei der Übergabe sind unsere einzige Handhabe. Danach sind SIE dran. Bitte achten Sie auf die Hunde.
Knapp oberhalb der Minimalanforderung, also so, wie der Esel im Märchen es tröstend zum Hahn sagt, reicht nicht. Deshalb ist das Vermitteln so schwierig, und wir leisten Abbitte bei jedem, der vielleicht gut geeignet gewesen wäre, uns dies aber nicht plausibel machen konnte.
Fälle wie der von Kalle sind selten, aber es kommt ab und an vor. Sam wurde mit einer Gehwegplatte um den Bauch in einem Gewässer ertränkt. Fanny verbrachte ihr halbes Leben in einer engen Box. Warum sagen die Leute denn nichts? Und warum bekommt niemand etwas mit?

Kalle kommt nicht nur zu spät zurück, er kommt leider auch zur Unzeit. Die wenigen Pflegestellen, die über die Feiertage überhaupt können, sind gerade voll, und Kalle braucht eine besondere Stelle, um wieder gesund werden zu können. Einen Platz, an dem er nicht allein gegen den Rest des Rudels steht und überhöhte Erwartungen erfüllen soll.

  Wir sind erschüttert über Kalles Leid und über die Menschen, die glauben, mit der Übernahme wäre alles erledigt.
Es reicht leider nicht aus, einem Hund ein Dach über dem Kopf zu geben.
Empathie, Liebe, Verständnis und einen klaren Blick erwarten wir auch.

Der ungefähr 17. Artikel über die Vermittlung von Laborhunden

Sehr geehrter Herr A. aus B.!

Vielen Dank, dass Sie sich für einen unserer Hunde interessierten und dafür, dass Sie sich die Mühe eines Telefonates mit einer unserer Vermittlerinnen und, infolge eines bedauerlicherweise nicht zufriedenstellenden Verlaufs, mehrerer nachfolgender Emails machten. Vielen Dank auch dafür, dass Sie sich bemüßigt fühlten, die trübe Zukunft unseres Vereins und das noch bescheidenere Schicksal des betreffenden Hundes zu prophezeien. Vielen Dank insbesondere auch für Ihr vernichtendes Urteil an der, Ihrer maßgeblichen Meinung nach, grottenschlechten Qualität der Fotos und Pflegestellentagebücher, des Mangels an Marketing, der wenig professionellen Vereinsführung und diverser anderer Dinge, die, Ihrer Ansicht nach, im Argen liegen.

Ja, es ist ein Wunder, dass wir überhaupt Hunde vermitteln. Unsere Vermittler sind egoistisch und schlecht informiert, genervt und überarbeitet, neigen zum Starrsinn, und schlecht geführt sind die Telefondrachen sowieso. Unsere Hunde haben zweifelsohne beträchtliche Macken, so werden wir die natürlich nie los, und intern sollten wir die Aufarbeitung unserer zahllosen Fehlleistungen vorantreiben, unsere Haltung schadet dem Verein.
   Hallo-o, Herr A-ha! Momentchen mal! Wir SIND der Verein. Aber selbstverständlich muss sich was ändern, Sie haben ganz Recht, lieber Herr »A.« aus dem nordrhein-westfälischen »B.«, der sympathischen Universitätsstadt voller angehender Akademiker. Und Fahrräder.

(Labor-)Beagles gibt es da anscheinend noch nicht so viele, und in naher Zukunft wird sich an diesem Umstand auch nichts, gar nichts, gravierend wandeln. Jedenfalls, wenn es nach uns geht.
Ändern, indes, ändern wird sich was. Und zwar zunächst einmal an der Art und Weise, wie offen wir mit Leuten umgehen, die uns bei jeder Gelegenheit mit grauenhaften Folgen (»an die Öffentlichkeit gehen«, an »die Presse gehen«, sich beim Vorstand beschweren, Leumundszeugen anschleppen, Pranger, teeren, federn, vierteilen, standrechtlich erschießen) für unser kundenunfreundliches Verhalten drohen.

Sie sind aber jetzt nicht zufällig Hauptmann bei den Panzergrenadieren, Generalmajor bei der guten alten *Légion étrangère* oder Polizeipräsident? Schade.

Wenigstens CEO bei Siemens? VW?*
Ach, auch nicht. Naja.

In diesem Fall hätten Sie vielleicht ein bisschen Ahnung von Menschenführung und wie man mit Leuten spricht, von denen man was will, verflixt.
Sie wollten einen Hund von uns, Jamie, wen auch sonst. Nicht wir wollen etwas von Ihnen, was einen kleinen, aber feinen Unterschied in der Sache an sich macht. Das Einzige, was wir eventuell wollen könnten, ist, dass Sie Ihre Einstellung zum Besitz und dem Erwerb eines ehemaligen Laborhundes möglicherweise nochmal einer strengen Überprüfung unterziehen sollten.

Wir wollten Ihnen den nicht geben, und auch keinen anderen, und so nahm das Unglück seinen Lauf. Jetzt sind Sie böse mit uns. *Et tu!*
Sie also auch, so wie vor Ihnen Herr B., Frau C. und Familie D. Und einige mehr. Sie machen Ihrer beträchtlichen Verärgerung Luft.
Das ist völlig in Ordnung, wirklich! Nur: Es ändert nichts an der Entscheidung. Sie glauben ja bestimmt selber nicht, dass wir nach Ihrer Beschwerdeführung sogleich reumütig einknicken, huch, Herr A., auch bei uns ist der Kunde König,

selbstverständlich sehen wir gern von unseren Prinzipien ab, was soll's, dann ist der kleine Hund eben den halben Tag allein, tja, da muss er durch, der Ladenhüter, und überhaupt – als gemeinnütziger Tierschutzverein, betrieben von machtbesessenen Ehrenamtstussis im Dauerstress, kann man nicht alles haben!**

Sobald Sie also die LBH aufgekauft und in eine AG umgewandelt haben, dürfen Sie uns gern Weisungen und/oder hilfreiche Tipps geben, wem wir wie welchen Hund wie schnell zu vermitteln haben. Und wann gegebenenfalls ~~sein Preis~~ seine Schutzgebühr herabzusetzen ist, damit es mal voran geht.
 Bis dahin, hochverehrter Herr A., entscheiden WIR das. Und notfalls das betreffende Vorstandsmitglied ganz alleine! Also verschonen Sie uns bitte mit Mails an andere Vorstandsvertreter, in welchen Sie anregen, mal schnellstens die Frau E. zur Vernunft zu bringen, ehe die trotz gut 100 Anfragen immer noch unvermittelten Welpen über unsere Unlust, das eine Hundekind umgehend zu Ihnen zu karren, alt und grau geworden sind.

Ja, es waren SO VIELE Interessenten. Nein, es war wirklich kein passender dabei.

Wir haben nun mal solche exotischen Ansprüche an die Übernehmer von Hunden. Wir wollen halt nicht, dass das Hundebaby von einer 84-Jährigen aufgezogen wird. Wir werden auch nicht mit dem »Preis« runtergehen, weil der Hund ja schließlich »übrig« ist. Mit »*sale*« und werbewirksamen Sonderkonditionen haben wir es nicht so. Wir wollen nicht, dass er im 6. Stock mit einem handtuchbreiten Balkon wohnt. Wir wollen erst recht nicht, dass ein vier Monate junger Hund sechs oder mehr Stunden am Tag sich selbst überlassen ist.
Wieso wir das nicht wollen? Weil es um Hunde geht, die uns kostbar sind. Um über das Ego der Menschen nachzudenken und ob sie uns in den Kram passen, fehlt uns gemeinhin die Muße.
Wir sind da so ein bisschen personalchefmäßig, stimmt schon, und natürlich ist jede Anfrage so etwas wie eine Bewerbung. Im

Anforderungsprofil fänden Sie Tugenden wie: Kontaktfreude, Offenheit, Sensibilität und Empathie, Führungskompetenz und die Fähigkeit zu selbstständigem Arbeiten; Belastbarkeit, sicheres Auftreten und Teamfähigkeit bei Einzel- und Gruppenarbeit sowie beim Krisenmanagement. Die Liste ließe sich fortsetzen.

Wir haben nun SCHON SO IRRE VIEL über diese Welpenvermittlungen und die Erlebnisse drumherum geschrieben, vor allem präventiv. Offenbar hat es nichts genützt.

Deshalb hier einfach mal ein paar Tipps. Sie haben ja jetzt wieder mehr Zeit zum Lesen, so ohne neuen Hund, und ich würde statt spitzer Kolumnen eigentlich viel lieber an einem netteren Text arbeiten, statt dauernd gebetsmühlenartig das Mantra *wir-halten-oh-so-sorry-nicht-jedermann-für-geeignet* herunterzuleiern:

Lesen Sie die Homepage der LBH. Lesen Sie dort die FAQ. Lesen Sie die Kolumne, und die Texte, die wir auf der Startseite haben. Bitte machen Sie sich die Mühe, nach unten zu scrollen – gern auch Jahre zurück, denn die Dinge wiederholen sich.
Und falls Sie wirklich ganz unerschrocken sind, und davon gehe ich aus, da Sie gleich mit schweren Geschützen kommen: Lesen Sie die folgende Story (»Über das Retten von Welpen« heißt sie).

Da steht auch schon ALLES über den traurigen Umstand, dass erwachsene Menschen lernen müssen, mit Ablehnung umzugehen, und dass die Welt sich trotzdem weiterdreht. Bis jetzt jedenfalls. Ob sie es für die Autorin auch noch nach dem Erscheinen dieser infamen Schrift tun wird, ist ja doch mehr als fraglich.

Hach, Herr A., Sie schlimmer Schlingel!
Sollen wir Ihnen lieber augenzwinkernd-frivol mit dem (virtuellen) Zeigefinger drohen – du, du, du! – oder besser mit der (virtuellen) Keule eins über die Rübe geben, bis die Manieren und das vernunftbegabte Denken wieder an Deck sind?
Mitunter treibt mich ja der Gedanke um, es könne sich bei Bewerbern wie Ihnen, Herr A. vielleicht um eine Art »Testkäufer« handeln – entsandt von den Instituten, dem

Landwirtschaftsministerium, PETA, dem Verbraucherschutz oder einer NOCH höheren Macht, um uns auf den Zahn zu fühlen, ob wir das auch ja richtig machen, das mit dem Loswerden von den drolligen Laborbeagles und dem ganzen unnötigen Zinnober mit den komischen Vermittlungskriterien, also ehrlich, soll der Hund vermittelt werden oder nicht, HERRJE!

Somit fängt das neue Jahr an, wie das alte aufgehört hat: Mit Stress wegen Jamie. Denn um den geht es natürlich wieder mal, diesen Unruhestifter.
Keine Angst, Junge! Wird schon! Unsere Pflegestellen sind in der Lage, ein paar Tage länger durchzuhalten.

    Hoffentlich hält der Verein noch so lange.

Die Autorin dieses fiesen Textes, die voll und ganz VOR der LBH und HINTER ihren KollegInnen steht, vermittelt nicht, und das aus gutem Grund. Seien Sie dankbar, dass unser erfahrenes Vermittlungspersonal mehr Langmut und aufgrund der vielen Anfragen weniger Zeit zum Gemeine-Dinge-Schreiben hat.

*willkürlich gewählt, beliebig durch irgendwas anderes zu ersetzen.
Bitte nicht gleich falsche Zusammenhänge konstruieren.
Bitte nicht gleich wieder grässliche Verfügungen schicken.
Bitte nicht gleich Klageschriften basteln.

**Doch. Kann man. Da wir schon von Legion sprachen, wenn auch in anderem Zusammenhang: Unsere vermittelten Hunde sind Legion.

Über das Retten von Welpen, Hypoglykämie und Spontankäufe

Dunkel. Regnet. Wochenende.

Hätte ich keine Beagle, käme ich vielleicht auf den zu dieser Jahreszeit naheliegenden Plan, es mir auf dem Sofa gemütlich zu machen. Tässchen Kaffee, Stück Torte, ebenso fettes Buch vors Gesicht. Abends etwas Fernsehen.

So einen ressourcenschonenden Tag habe ich seit Jahren nicht verbracht. Jedenfalls nicht ausführlich, also, nicht länger als fünf Minuten. Solange dauert es maximal, bis einer der Hunde mir entweder die Pfote auf den Arm legt oder gleich sich selber auf mich drauf.

Wenn ich nicht sowieso in nebelverhangener Novembertrübnis draußen durch Wald und Felder stolpere, vier Hunde neben mir, die mit wachsender Begeisterung und völlig nieselregenresistent schnüffeln, was die Beaglenase hergibt.

Obwohl, wäre ich überdies nicht *part of the team* bei der LBH, könnte man sich damit vielleicht sogar arrangieren. So aber...

...haben wir gerade die neuen Kalender UND eine beachtliche Anzahl neuer Hunde auf der Homepage.

Weil dies von uns auch immer brav über die sozialen Medien verbreitet wird, damit es auch ja jeder mitkriegt, kann man sich an ansonsten trüben Wochenenden wie diesem vor Kontaktaufnahmen kaum retten: Im Fünfminutentakt sagt das Handy »pling« und kündigt eine neue PN, Mail oder einen Anruf an. Ich habe kraft meines höchst honorigen Amtes als Administrator und Postfachverwalter alle Hände voll damit zu tun, die Anfragen in zeitlich angemessenem Rahmen zu beantworten. Da sich derer viele ähneln, sehe ich mich zwischendurch genötigt, einen kleinen erziehungswirksamen

Tipp auf die Seite zu stellen: Echte Interessenten bitte gleich an den Vermittler wenden; erst googeln, dann nach der Seite fragen; erst lesen, dann Mail schreiben; nicht gleich heulen, wenn auch noch beim dritten Anrufversuch besetzt ist, und erst recht nicht die Admin anmeckern!!

Und das aller-, allerwichtigste: Laborbeagleneulinge bitte erst mal gründlich informieren. Wissen ist wirklich Macht, und um einen alten Spontispruch nochmal zu strapazieren: Nichts wissen macht in diesem Fall WOHL was. Information gibt es zuhauf, man muss sich nur die Mühe machen, auch danach zu schauen. Und man sollte fähig sein, gute von schlechter Information zu unterscheiden! Und lesen muss man auch, viel, sehr viel, am besten gleich das Buch. Nein, verleihen tun wir es nicht, wir hoffen ehrlich gesagt, dass ihr es KAUFT. Und dann bitte rezensieren! Ja, das ist Mühe, aber wie viel Mühe machen wir uns denn?

Oh Gott, völlig abgeschweift.
Eigentlich geht es hier um die WELPEN. Ich hatte schon Beagle-Welpen (nur einen eigenen. Die anderen zwei hielten uns als Pflegehunde auf Trab, einer davon Gott sei Dank nur drei Tage lang, dann holte Axel ihn ab, damit er woanders die Habseligkeiten seiner Menschen zerstört) und brauche demzufolge keine mehr.

Welpen also. Einen Hund als Welpen nehmen, ist wie Kinder großziehen oder ein Haus bauen. Ganz nette Erfahrung, aber ehrlich gesagt machen alle drei Kreuze, wenn es durchgestanden ist.

Und was ist das mit »einmal Beagle, immer Beagle«? So ein Quatsch.
Seitdem ich meinen Mischlingshund Hans habe, weiß ich ganz genau, dass nach den dreien hier garantiert KEIN Beagle mehr in mein Haus einzieht.

Zumindest nicht dauerhaft.
Nur noch als Pflegie!
Ehrlich.
Doch, Hand drauf.

Hallo, jetzt aber! »Welpen« heißt das Thema!

Als wir erfuhren, dass wir kurz vor Weihnachten 24 vier Monate junge Hunde (=das sind immer noch Welpen) vermitteln dürfen, waren die Gefühle gemischt.
Klar ist das toll. Vor allem für die jungen Hunde, deren Zeit im Labor vielleicht keine perfekte Hundekindheit darstellt, aber das lässt sich nach- und aufholen, zumindest war die Zeit kurz. Und dort belassen können wir sie selbstverständlich auf keinen Fall, sie würden sonst mit ihren tapsigen rosa Welpenpfoten schnurstracks in den nächsten Versuch wandern und wären schlichtweg weg.

    Also freuen wir uns sehr und wappnen uns.
Bei der ersten Ankündigung Anfang November auf der Facebook-Seite gab es in den ersten dreißig Minuten ebenso viele Anfragen, dann beruhigte sich die Sachlage wieder, und die Mutigsten unter den Interessenten griffen zum Hörer und nahmen Kontakt mit den Vermittlern auf. So wurden einige Hunde vermittelt, blind, ohne Foto. Tolle Leute, Respekt.

Am 11. November erhielten wir die ersten Fotos. Manche der Hunde wurden in einem ängstlichen Moment abgelichtet, manche in einem sehr präsenten, einige wirken neugierig, andere eher nicht.

Es handelt sich bei vierundzwanzig Hunden logischerweise um mehrere Würfe. Auch Laborhund-Würfe beinhalten unterschiedliche Charaktere – wie beim Züchter auch: Der eine ist ein Draufgänger und durch nichts zu beeindrucken. Der nächste ein Vorsichtiger, der dritte ist verspielt, der vierte verschmust und zärtlich, Nr. 5 ist ein lautes Raubein, Nr. 6 ist vielleicht sowieso der Zarteste und sitzt scheu und zurückhaltend in der Ecke. Vielleicht erwischt der ungeübte Fotograf, in der Regel ein normaler Tierpfleger, die Nr. 5 aber gerade in einem Moment, wo ihn sein Kumpel (oder die Hundemama, die ist ja auch noch irgendwo) ordentlich angekackt hat. So. Und jetzt machen Sie mal eine verlässliche Aussage über den Charakter!
    Wir verlassen uns auf das, was die Tierpfleger dieser Hunde über sie sagen. Aber auch das sind nur Einschätzungen, wenig mehr als Momentaufnahmen. Es ist nicht so wie beim Züchter, der seine Hunde über Wochen mit Liebe und großem Interesse

beobachtet und dann einigermaßen Auskunft geben kann. Es ist aber auch nicht wie beim Vermehrer, den keiner seiner Hunde schert und der wahrscheinlich sonst was behaupten würde, Hauptsache, die Kasse stimmt.

Was Laborwelpen anders macht, ist, dass sie für einen bestimmten Zweck gezüchtet wurden.
    Sie haben eine Aufgabe zu erfüllen, die irgendwann beendet ist – bei manchen nach drei Monaten, bei anderen nach drei Jahren, für die meisten niemals. Sie sind grundsätzlich nicht dafür vorgesehen, Familienhund zu werden. Es widmet sich keiner der Sozialisierung, das ist in einem Institutsalltag auch nicht machbar. Die Tierpfleger tun ihr Möglichstes (das tun sie wirklich!), und niemand geht her und fügt knuddeligen Hundebabies unnötige Grausamkeiten zu.
    Eine sorgfältige Sozialisierung, die der (gute!) Züchter leistet, ist beim Laborhund nicht möglich. Das ist Ihre Aufgabe, sofern Sie willens und in der Lage sind, einen Welpen bei sich aufzunehmen. Man kann fehlende Sozialisierung bis zu einem gewissen Grad nachholen. Dazu bedarf es sehr viel Geduld und einer intensiven Beschäftigung mit dem Hund. Es bedarf Wissen und Flexibilität, und deshalb können vier Monate alte Hunde nicht an jedermann vermittelt werden.

Wir vertrauen Ihnen mit dem Welpen einen vollständigen, gesunden, reinrassigen Beagle zu einem weitaus geringeren als dem marktüblichen Welpenkaufpreis an. Er hat keine besonderen Macken und auch keine Gebrechen, sonst würden wir ihn nicht bekommen. Er hat keine Papiere und keinen Herkunftsnachweis, sein Aufzucht- und Verwendungsort wird Ihnen nicht mitgeteilt, und schon gar nicht sein Verwendungszweck. Und: Sie können mit diesem Hund keinen Nachwuchs haben, niemals. Gehen Sie strikt davon aus, dass ihn niemand misshandelt hat, aber dass er ohne unser Zutun nicht sein restliches Leben in einer liebevollen Umgebung ohne tägliche wissenschaftliche Maßnahmen verbringen könnte.

Wir haben auch schon Welpen zurücknehmen müssen. Weil uns der Interessent nicht ganz die Wahrheit über sich, seine Umwelt und das Maß seiner eigenen Leidensfähigkeit und

Geduld erzählt hat. Weil der Welpe plötzlich und unerwartet größer und älter wurde. Weil man sich das alles doch irgendwie nicht so zeitintensiv vorgestellt hatte. Gestehen Sie uns bitte zu, dass wir es bei Welpen-Interessenten sehr genau nehmen.
Gönnerhafte Anfragen à la »ich würde euch ja einen abnehmen, aber kommt auf den Preis an« können und wollen wir nicht berücksichtigen, mehr noch, wir wollen solche »Bewerbungen« nicht mal haben.

Vermittlungsarbeit kostet enorm viel Zeit. Vierundzwanzig Hunde kurz vor Jahresschluss ist logistisch eine riesige Herausforderung. Trotzdem müssen wir die Hunde nicht um jeden Preis vor Weihnachten noch loswerden wie vom MHD bedrohtes Weihnachtsgebäck und schlappmachende Christbäume, und ganz sicher werden sie auch nach Weihnachten nicht billiger. Wofür halten Sie uns? Für den Media-Markt?

Man muss sie uns nicht heldenhaft »abnehmen«. Das Problem ist eher, aus der Masse der Begeisterten diejenigen herauszufiltern, die es ernst meinen, ernst im Sinne von »für immer«. Denen man einen der kostbaren, reinrassigen, wunderschönen kleinen Beagle, die um ein Haar ihr Leben in einem Tierversuchslabor hätten verbringen und am Ende leider auch lassen müssen, auch wirklich anvertrauen kann. Sehen Sie uns als einen seriösen, sorgfältig arbeitenden Verein (das tun die Institute auch, oder haben Sie sonst schon mal irgendwo 24 Laborwelpen auftauchen sehen?). Sehen Sie uns wie einen guten Züchter, der großen Wert auf die Sicherheit und das Wohlergehen seiner Hunde legt. Sehen Sie uns meinetwegen als pedantische Helikopter-Glucken. Aber verwechseln Sie die Laborbeaglehilfe, einen Verein, für den ich die Hand ins Feuer legen würde, bitte nicht mit den Leuten aus den Kleinanzeigen, die mit der Hauptsache-weg-Mentalität.

Einen Beagle-Welpen zu sehen, weckt umgehend einen starken Haben-Wollen-Effekt. Das Kindchenschema, ein raffinierter psychologischer Kunstgriff der Evolution, funktioniert *hundertpro:* Der Beschützerinstinkt erwacht. Deswegen klappt das bei den Vermehrern und Hundemärkten auch so gut – auf den Trick nicht reinzufallen, ist schwer.

Übrigens sind es überwiegend Frauen, die auf diese Weise einen Hund kaufen.

Spontankäufe sind seit jeher ein Problem. Ganz fatale Sache! Aber mal ehrlich: Wieso ist das so? »Es muss doch jeder Hund integriert werden, erst recht einer aus dem Tierschutz«, tut eine Bewerberin das locker ab. Schon. Aber einen Welpen zu »integrieren« (Pardon? Geht es hier um die Wiedereingliederung im Job? Um schwer erziehbare Jugendliche?), ist eine 24/7-Angelegenheit. Da tun Sie sich mit einem älteren Hund schon leichter!

Zwischendurch kommt eine Rückgabe, ein Hund, der SOFORT ausziehen muss, nach nicht mal anderthalb Jahren, andernfalls wird er HEUTE NOCH im Wald angebunden, oder noch besser, gleich eingeschläfert.

Was stimmt denn mit den Leuten nicht? Und wieso sind es fast immer die Männer, die keinen Draht zum Hund finden? Macht ihnen die Angst angst? Wo sind sie denn, die Menschen mit der Einstellung: Der Hund kann so verstört sein, wie er will, es ist jetzt meiner, und ich liebe ihn?

Wie bereits angedeutet, hatte ich bisher dreimal einen Beagle-Welpen. Der erste war mein eigener Beagle, Buddy. Buddy kam an einem Gewittertag im September 2009 zu uns, nachdem wir ihn vorher genau einmal gesehen hatten und – natürlich, *what else* – völlig geflasht waren von dem Schnuckel. Auf das, was in den nächsten Wochen und Monaten über uns hereinbrach, waren wir eher mäßig vorbereitet. Beispielsweise hatte ich bisher null Ahnung von der Tatsache, dass Hunde einen immens starken Wunsch in sich tragen, sich in Fuchskacke zu wälzen.

Innerhalb kürzester Zeit wurde, mit hohen Unkosten, das komplette Grundstück nicht nur eingezäunt, sondern beaglesicher gemacht. Tapeten und Türrahmen wurden sukzessive erneuert. Schuhe wanderten haufenweise auf hohe Regalbretter, meist aber in den Müll. Ganze Bettwäsche-, Handtücher- und Teppichkollektionen wurden erneuert. Hundeschulen in den Wahnsinn getrieben, aber auch Beeindruckendes geleistet.

Das Geld, was all dies gekostet hat, hätte man genauso gut verbrennen können, obwohl – wenn es drauf ankommt, macht Buddy das, was sie soll.

Den Rest der Zeit ist sie eben sie selbst.

Wie einfach wurde unser Leben, als ein Jahr später die bereits zweijährige Laborhündin Georgia bei uns einzog! Georgia wusste nichts von jugendlichem oder gar pubertärem Fehlverhalten. Sie benahm sich untadelig und gab uns allen den Glauben an den Beagle zurück, bis … ja, bis zu dem Tag, als Buddy ihr zeigte, wozu ein Jagdinstinkt im Beagle steckt und wie man ihn auslebt.

Der zweite Welpe war Cooper, ein frisch entlassener Laborracker, der auf dem Weg in sein neues Heim 48 Stunden bei uns Station machten. Während dieser Zeit haben weder er noch ich ein Auge zugemacht, und danach war eine neue Generation Schuhe und Socken fällig. Ein fehlendes Stück Türrahmen und Abdrücke von Welpenzähnen über zwei Meter Fußleiste erinnern mich noch heute an Cooper. Aber niedlich war er!

Und Emil. Emil war drei Monate alt, als ihn seine Besitzer entnervt und geschlagen zurückgaben. Wir nahmen ihn zur Pflege, und es machte überwiegend Spaß mit Emil. Nach drei Wochen war er wieder vermittelt, und ich war schon traurig, aber irgendwie doch auch froh, dass nun andere Menschen ihre Zeit damit verbringen, ihr Hab und Gut vor den nadelspitzen Zähnen zu beschützen. Aber ich hatte viele hundert tolle Fotos! Apropos Fotos.
  Es ist also der 11.11., helau, und ich stelle die Fotos bei Facebook ein. Dann geht es los. 16 000 Mal wird der Beitrag angeklickt, bis Sonntagnachmittag. Der Hype bricht los. Die Nachrichten überschlagen sich, und viele haben einen ZUCKERSCHOCK und wollen jetzt, nachdem sie die BILDER gesehen haben und die ja so ZUCKER und SUGAR und MEGA sind, nur eins:

EINEN WELPEN RETTEN.
Und das trotz akuter Hypoglykämie! Respekt!

(»Zuckerschock« = Hypoglykämie ist ein ernstzunehmender, pathologischer, gefährlicher Zustand, der sofortige Behandlungsmaßnahmen notwendig macht. Es handelt sich um eine *Unter*zuckerung und dürfte somit das Gegenteil von

dem sein, was der geflashte, zuckergeflutete *social-media*-Nutzer eigentlich meint.)
Die erste Maßnahme, die wir empfehlen können, ist: Lesen Sie. Alles über Beagle und vor allem LABORbeagle, was sie finden können. Lassen Sie sich erzählen, wie es sein könnte. Und glauben Sie es. Glauben Sie auch uns. Wir wollen Ihnen den Welpen nicht aus- oder schlechtreden, wir wollen ihn ja vermitteln. Andernfalls müsste jeder im LBH-Team um Weihnachten 2017 zwei bis vier Beaglewelpen zuhause aufnehmen, und das, nein, DAS will wirklich keiner von uns! Okay, einen vielleicht. Zur Pflege. Bis nach Silvester. Höchstens.)
Die Klickzahlen auf unserer Startseite schnellen nach oben. 36000! Die Leute glauben nun plötzlich unserer vormals eher theoretischen Behauptung, dass es tatsächlich »in echt« Beaglewelpen sind, die entsprechend aussehen.

Und gerade das versteh ich daran nicht. Habt ihr schon mal im Laufe der Jahre Fotos von euren Hunden verglichen? Mal geschaut, wie sie als Welpe aussahen, und wie sie sich dann in Nullkommanix verändert haben? Bestenfalls kann man die Fellfarbe bestimmen, mehr ist anhand eines briefmarkengroßen Fotos nicht drin. Ja, Toffee wird auch später ein eher dunkler Typ sein, vielleicht behält er sogar das lustige braunbefellte Bein, aber sein Gesicht wird sich verändern. Genau wie bei Keks, den jetzt ein breiter weißer Streifen im Gesicht ziert – der wird noch breiter und sich nach hinten verlagern, aber anhand seines Welpenfotos wird man ihn in zwei Jahren kaum mehr erkennen.

Dann sagen die Leute: Ja, ich will aber doch wissen, wie er aussieht.
Wenn ich einen Hund will, der genau SO aussieht, nehme ich besser einen, der schon das Gröbste hinter sich hat. Nehmen Sie einen der Einjährigen! Der macht immer noch genug Stress, ist aber optisch wenigstens fertig.
Tipp: Adoptieren Sie einen zwei-, drei- oder vierjährigen Beagle. Den können Sie auch noch wunderbar erziehen, aber er hat nicht mehr ganz so viele Problemzonen wie einer der jungen Wilden.

Sollten Sie indes der irrigen Annahme sein, man könne nur Welpen erziehen und auf einen selbst prägen, bei »älteren« Hunde ginge das doch nicht, dann haben Sie einfach keine Ahnung von Hunden und sollten es vielleicht generell bleiben lassen, insbesondere mit einem Beagle, der auch mit 14 noch infantile Anwandlungen hat.

Wenn Sie ein großes Herz für Tiere haben, die ihr Leben lang für andere, vor allem aber für uns Menschen, den schönen Kopf hingehalten haben – dann kommt für Sie sowieso nur ein älteres, ein altes Tier in Frage.

Um einen Welpen zu übernehmen, bedarf es keines besonderen Tierschutzgedankens. Welpen kann man überall bekommen, und man kann sie auch relativ problemlos vermitteln – problemlos im Sinne von »ausreichend Interessenten da«.

Und von »Retten« ist eigentlich auch nicht wirklich die Rede – siehe oben. Die kurze Zeit, die der Hund im Labor Tests und Studien unterzogen wurde, ist mit dem Ziel einer Freigabe nicht weiter wild. Nicht alle Versuchslabore in Deutschland sind, auch wenn viele das partout nicht wahrhaben wollen, reine Schreckenskabinette – Ausnahmen gibt es.

»Retten« kann man Welpen übrigens nicht, indem man sie den üblichen Vermehrern abkauft. Gerettet werden müssen andere: die Alten, die Kranken, die Eltern.
Wenn Sie jetzt sagen, mir egal, ich will aber den Welpen, dann ist das völlig in Ordnung und wir werden Sie herzlich begrüßen. Aber sagen Sie bloß nicht, wir hätten Sie nicht gewarnt!
Wenn die LBH Welpen in der Vermittlung hat, passieren erstaunliche Dinge.

Am ersten Wochenende der Veröffentlichung bei Facebook gab es 44 Anfragen. Gut die Hälfte davon hätten die Absender sich und uns auch ersparen können, wenn man sich denn vor der spontanen Idee, *jetzt* einen Beagle-Welpen zu wollen, ein bisschen schlau gemacht hätte.

Manche Mails waren erfrischend kurz. Zum Beispiel diese einer jungen Frau aus H.: »Kosten???«
(Ganz mies kalkuliert sind die Schutzgebühren! Ich habe die ganze Zeit drauf gewartet, dass einer fragt »Preise sind VB, oder?« Soweit kam es zum Glück noch nicht.)

Sehr gern hätte ich zurückgeschrieben: »Schnäppchen. 6000 Euro.«
Mach ich natürlich nicht, sondern verweise höflich, wenn auch mit zusammen gebissenen Zähnen, auf die entsprechende Stelle unserer Homepage (die FAQ, übrigens). In einem ganzen Satz, so viel Zeit muss ja sein, auch am Handy. Die anderen nicht ernst zu nehmenden »Anfragen« wollen wieder wissen, wo die Hunde herkommen, wo sie jetzt sind, was ihnen dort alles angetan wird, wie man so einen da »rausholt« und ob man sie vor dem Erwerb vielleicht doch bitte erst mal kennenlernen kann, gern inclusive Gassirunde.
Und wie wir eigentlich dazu kommen, Tierversuche an kleinen, armen Welpen zu unterstützen.

Bei all der Publicity sind wir immer wieder erstaunt, wie viele Menschen noch nie von Laborhunden gehört haben. Und was es für Vorstellungen gibt. Manch einer glaubt, man marschiert als Interessent in die Institute hinein wie in ein beliebiges Tierheim, und sucht sich dann den augenscheinlich am wenigsten verstörten Hund aus. Deshalb wollen auch alle einen Welpen, egal von wo, weil, gerade die Kleinen müssen ja wohl am dringendsten beschützt und folglich gerettet werden, sind aber hoffentlich auch am wenigsten bekloppt.

Wenn jemand nach dem Verhalten fragt oder lapidar »stubenrein?!« wissen will, dann verschlägt es sogar mir erstmal die Sprache. Auch Leute, die wiederholt nach dem Alter der Welpen fragen, kann ich nicht so ganz ernst nehmen. Bitte, was assoziieren Sie denn im Allgemeinen so mit dem Begriff »Welpe?«

Stubenreinheit. Ein gutes Stichwort! Vielleicht schafft es ein Züchter, seine Welpen fast stubenrein abzugeben. In den Forschungsinstituten ist es leider nicht so, dass 24 jungen Hunden jeweils ein *personal trainer* zur Seite steht, der alle zwei Stunden mit ihnen rausgeht.
Übrigens auch nicht den älteren Hunden. Grob auf den Punkt gebracht: Die Hunde machen dorthin, wo sie wollen, es ist sozusagen egal. Da muss man innerhalb eines normalen Familienverbandes und in Wohnungen, die nicht durchgängig gekachelt sind, dann ein wenig dran arbeiten.

Anscheinend müssen wir doch noch sehr viel Aufklärungsarbeit leisten.

Zwei Fakten möchten wir hier beleuchten:

1.: Nicht für jeden ist ein Beagle der richtige Hund.

2.: Wo ein erwachsener Beagle gut aufgehoben ist, passt noch lange kein Welpe hin.

Ganz viele Anfragen schließen mit dem Satz: »Bei uns hätte der Hund das Paradies!«

Tja, das sagen Sie.

Zunächst haben wir das Problem, dass »Hund« und »Beagle« mitunter zwei verschiedene Dinge sind. Vielleicht wäre eine andere Hunderasse wirklich überglücklich bei Ihnen, jedoch ein Beagle, also ein Laufhund, ein Jagdhund – nein, vielleicht eher nicht.

Das Paradies sieht eben für jeden anders aus. Dem einen käme eine Wohnsitznahme im nächsten *Fressnapf*-Markt gerade recht. Dem nächsten wäre das viele Publikum dort und das ständige Kommen und Gehen ein Graus, und nach drei Wochen wäre der Hund ein ängstliches Nervenbündel mit Phobie vor automatischen Türen. Das Paradies des dritten ist ein großes umzäuntes Grundstück, wo man nach Herzenslust buddeln und spielen kann. Und ein anderer findet sein Glück nur bei stundenlangem Schnuppergassi im Wald. Keinesfalls ist ein Beagleparadies ein Zuhause, wo der Hund morgens und abends mit einer Stunde Spazieren gehen abgespeist wird. Für all diese individuellen Elysien brauchen Sie den passenden Hund – einen Kontaktfreudigen ohne Jagdtrieb und Fluchttendenzen für den Job im Einzelhandel, einen Nervenstarken für Ihre beiden Kinder, einen sehr Genügsamen (man möchte sagen, scheintoten) für zwei kleine Gassigänge am Tag.

Wie schon gesagt: Ablehnen würden wir die Hunde niemals. Nicht mal, wenn es noch mehr wären. Es ist für sie auf lange Zeit die letzte Chance, entlassen zu werden. Vielleicht ist es sogar die einzige Chance in ihrem ganzen Leben. Vielen Interessenten scheint daher nicht klar zu sein, um was es uns geht. Manche haben offenbar den Eindruck gewonnen, wir hätten einen Schwung Sonderposten erworben, die es nun möglichst rasch zu verticken gilt. Wir sind aber keine

Gebrauchtwagen- oder Möbelhändler, die schnell wieder Lagerkapazitäten schaffen müssen.

Klartext zu reden, ist uns wichtig. Es hilft keiner der beiden Parteien, wenn man blumig um den heißen Brei herumtändelt – Punkte, die Fragen aufwerfen und zu Problemen führen könnten, müssen angesprochen werden.

Deshalb sind manche Gespräche unerwartet kurz. Bitte verstehen Sie uns: Wir haben gegenüber diesen Hunden, die nichts von der Welt wissen, gegenüber den Instituten, und nicht zuletzt unseren Förderern gegenüber eine Garantenstellung.

Sie brauchen für einen Welpen Empathie, die nichts mit dem hehren Anspruch, ein armes Laborhündchen zu retten, zu tun hat. Sie brauchen Ihre Empathie insbesondere dann, wenn der süße Welpe Ihnen die Nacht zum Tag (weil er raus will/muss oder weil er zahnt) und Ihre Schuhkollektion zu einem Fall für die Müllkippe macht.

Die Welpenzeit überstehen die meisten Hundehalter dennoch irgendwie. Problematisch wird es, wenn der süße Kleine pubertär wird. Das ist die kritischste Zeit im Beagleleben, auch beim Laborhund – die meisten Rückgaben finden entweder mit 12 bis 18 Monate jungen Hunden statt (und dann wieder, wenn sie alt und krank werden).

Besonders bitter ist es, wenn die Vermittlung am Tag der Übergabe in letzter Minute platzt. Gleich zweimal ist das innerhalb der Welpen-Tour passiert. Von diesen Fahrtkosten sieht die LBH auch niemals einen einzigen Cent wieder, abgesehen von dem Ärger und der Belastung, die man hat. Natürlich ärgern sich die auf den letzten Metern abgewiesenen Bewerber auch – aber hey, das ist gerade wirklich unser geringstes Problem, vielleicht hätten Sie ja einfach von Anfang an mit offenen Karten spielen können!
Sie telefonieren sich die Finger wund, um Ihrem Unmut Luft zu machen. Währenddessen haben wir die Kleinigkeit von Problem, den überzähligen Welpen noch ein paar hundert Kilometer weiter zu transportieren und natürlich auch irgendwo unterzubringen.

Zum Glück bemerkt man mögliche Disharmonien meistens schon viel früher. Ein paar Blüten aus dem bunten Vermittlungsgarten:

»*Ich möchte einen Welpen für meine Eltern. Sie sind zwar schon 75, aber so ein junger Hüpfer würde ihnen bestimmt ganz gut tun. Dann kämen sie auch mal raus.*« Also, die Eltern.

»*Ich hätte gern einen kleinen Hund, weil wir immer mit dem Wohnmobil in Urlaub fahren, der Hund soll dann im Vorzelt in die Box.*« Bitte: Ziehen Sie einen Gesellschaftshund in Erwägung; einen von der Sorte, die schon vor zweihundert Jahren in den Palästen den Damen auf dem Schoß hockten! Oder eine Brieftaube.

»*Ich will unbedingt einen Beagle retten, aber er müsste bei uns im Büro schon den Tag über brav sein.*«
»*Wir hatten noch nie Hunde und wollen deshalb lieber einen Welpen.*« Uh. Ganz falscher Ansatz, wirklich ganz falsch.

»*Dreimal die Woche bin ich auch mal länger außer Haus, also, schon so acht Stunden. Wie schnell gewöhnt sich der Hund denn daran?*« Ja, Mensch, überhaupt nicht!
Bei vielen Kindern nehmen Sie lieber gleich einen gemütlichen Neufundländer als einen Beagle mit Kulturschock. Oder Stofftiere. Und eine Reisetätigkeit ist mit einem Beagle auch nicht vereinbar, es sei denn, Sie sind wortwörtlich auf Wanderschaft.

Vielleicht möchten Sie sich generell erst noch einmal mit Hunden und ihren rassespezifischen Merkmalen beschäftigen.

Die FCI hat eine ausgesprochen sinnvolle Rasseeinteilung vorgenommen, mit deren Hilfe man direkt neun Zehntel aller Hunderassen aus dem eigenen Beuteschema aussortieren kann, und glauben Sie mir, die meisten zukünftigen Hundehalter können gar keinen Lauf- oder Jagdhund gebrauchen. Genauso wenig übrigens wie einen Hüte- oder sogar Herdenschutzhund, aber das ist ein anderes Thema. Für den weit überwiegenden Teil neuer Hundehalter kommen einfachere Rassen in Frage, es sei denn, Sie sind überaus aktiv, masochistisch oder sonst irgendwie auffällig, wenn es um Hunde geht.

Nachdem wir auf diese Weise wahrscheinlich zwei Dutzend Interessenten verprellt haben, trennt sich die Spreu vom Weizen. Es scheiden sich die Geister – diejenigen, die für einen aus der GOTT SIND DIE SHUGAR-Truppe schließlich einen Schutzvertrag unterschreiben können, sind hellauf begeistert und lassen sich davon auf Wolke Sieben durch das Tal der weniger schönen Begleitumstände der Welpenerziehung tragen.

Diejenigen, bei denen wir aus den unterschiedlichsten Gründen auf eine Vermittlung verzichten mussten, senden uns böse Nachrichten, wie unverschämt hoch das Ross ist, auf dem wir sitzen. Als hämischer Nachsatz steht da: »*...und die Spende habe ich gleich wieder storniert!*«

Oh. Tja, dann.

Da müssen wir wohl durch. Sie haben in solchen Fällen zwar nur wenig von der Bedeutung der Begriffe »Tierschutz« und »gemeinnützig« verstanden, aber das gehört dazu. Ist zwar ein Zeugnis schlechter Kinderstube und über Enttäuschung habe ich schon andernorts genug referiert, aber sei es drum – außer den fünf Prozent *SO* gibt es ja zum Glück noch die 95 % *ANDERS*.

Neues aus der Gebetsmühle

Der Beagle an sich ist ein Meutehund. Das bedeutet, er fühlt sich wohl, wenn er entweder a) einen oder viele Hundekumpel oder b) möglichst vertraute Menschen um sich herum versammeln kann.
Ist dies nicht der Fall, fühlt sich der Beagle nicht wohl.
   Ganz einfach also.
Er wird dies dann kompensieren. Entweder durch missliebiges Verhalten: Teppich auffressen, Schuhe zerlegen, in der Wohnung randalieren, Mülleimerinhalte in der Bude verteilen, kläffen, heulen, jaulen, Leute nerven. Oder durch psychische Auffälligkeiten: Handscheu, Angst, passive und aktive Aggressivität.
Der Beagle an sich bedarf einer gewissen Auslastung. Gönnt man ihm diese nicht, und zwar JEDEN Tag, wird er dies kompensieren. Beagle sind MITNICHTEN damit zufrieden, den lieben langen Tag zu Ihren Füßen zu liegen, während Sie ungestört was-auch-immer nachgehen. Beagle wollen raus, Action, Spaß, aber vor allem auch: selber machen.
Wenn Sie dem Hund nichts anbieten, wird er sich fürchterlich an Ihnen rächen.
   Jawohl.

Wenn wir Ihnen einen Welpen vermitteln, erwarten wir von Ihnen mehr als nur Basiskompetenz.
Wir erwarten von Ihnen, dass Sie den Hund a) auslasten, b) erziehen, c) nicht mehr hergeben wollen, d) lieben. Wobei c) und d) eigentlich auf die vorderen Ränge gehören.
Das sollten Sie wissen, bevor Sie sich um einen Beagle bemühen. Ein Welpe hat im Institut wenig bis keine schlechten Erfahrungen gemacht. Sie dürfen getrost davon ausgehen, dass niemand mit bösen Absichten Hand an ihn gelegt hat, außer zu Dingen, die alle Hunde zu dulden haben: physische

Untersuchungen, impfen, chippen, Zähne, Ohren und Pfoten gucken.

Welpen sind gemeinhin etwas hektisch. Beaglewelpen besonders. Das ist eben so. Das sagen wir Ihnen auch. Sie nicken und sind damit einverstanden. Sonst bekämen Sie ja keinen.

So. Wenn wir Ihnen also einen Welpen geben, dann ist der wie frisch gefallener Schnee.
Alles, was ab jetzt passiert, ist in Ihrer Verantwortung.
Wenn der Welpe dann nach einer gewissen Zeit an uns zurückgegeben wird und er ist irgendwie komisch, dann ist der das, weil er bei Ihnen so wurde. Aus welchen Gründen auch immer.

Wenn der pubertäre oder erwachsene Hund (also, jedenfalls ist er dem Welpenalter nun entwachsen – was manchmal schon Grund genug für eine Wieder-Abgabe ist) nun als Nervenbündel, ängstlich oder gar verstört und auffällig zurückkommt, dann reagieren wir darauf nicht erfreut.

Wenn Sie einen Hund haben, der auf der Jagd nach Futter über Tische und Bänke geht, liegt es durchaus im Bereich des Möglichen, dass er niemals satt sein darf, weil Sie das mit der Figur und dem Futter nicht richtig einschätzen können. Oh doch: Auch ein Beagle kann satt sein. Das ist ja die Kunst.

Wenn Sie einen Hund haben, der sich kaum noch bewegen kann, weil sich niemand die Mühe mehr macht, sich *mit ihm* zu bewegen, und kein Tierarzt der Welt bei all dem Wohlstandsspeck noch Organe und Rippen tasten kann, gilt das gleiche, nur andersherum: Futter. Art. Menge.

Wenn Sie irgendwo auf Ihrer Reise mit einem unserer Hunde merken, dass Sie an einem Punkt angelangt sind, wo nichts mehr geht, dann haben Sie zu lange gewartet.
Wenn Sie besagten Punkt am Horizont auftauchen und allmählich größer werden sehen, dann müssen Sie etwas unternehmen: RUFEN! SIE! UNS! AN!
Sofort! Nicht erst nach dem dritten inkompetenten Hundetrainer oder den bekannt guten Tipps aus der Facebook-Community, von Leuten, die doch auch alle keinen Plan haben! Mensch! Melden Sie sich bei uns, wir helfen Ihnen doch! Und finden eine zufriedenstellende Lösung, bevor man

sich maßlos aufregen und ärgern muss, so wie wir jetzt grade wieder.

Und rufen Sie uns um HIMMELS WILLEN an, bevor Sie an Ihrem Ex-Welpen oder Ex-Laborhund schwachsinnige Dinge ausprobieren wie Haltis, Canny Collars, Reiz-, Sprüh- oder Schockhalsbänder oder noch schlimmeren tierschutzrelevanten Mist, diese Verkaufsschlager für Unbedarfte (ich würde lieber ein anderes Substantiv gebrauchen, das darf ich hier aber nicht), deren lustige Namen nicht über eine Sache hinwegtäuschen dürfen: Sie dienen dem unmittelbaren Zwang.

Zwang indes hat in der Erziehung eines Hundes, erst recht und schon überhaupt gar nicht eines Beagles, und schon drei Mal nicht eines WELPEN oder LABORHUNDES, etwas zu suchen. Wenn Sie da so drauf stehen, besorgen Sie sich bitte den passenden Hund – und den passenden Beruf – dazu! Ein Beagle geht von Haltis und Impulshalsbändern kaputt.

Zwangsmaßnahmen, die dem Hund schaden und sein Vertrauen in Sie – als Welpe heißt das: Vertrauen in alles, was er kennt, Urvertrauen, Prägephase, ja? – zerstören, können auch sein: rigide oder zu wenig Erziehung, Separation, Druck, Repressalien bis zu Misshandlung und Gewalt, Nahrungsentzug. Alles schon da gewesen und häufig schwer therapierbar.

Woanders bezeichnet man diese Dinge als *Hilfsmittel der körperlichen Gewalt,* und es gibt dezidierte Richtlinien für die Fälle, in denen man sie anwenden darf. Bei Menschen.

Wenn Sie Gewalt ausüben müssen, um mit einem 15 Kilo schweren Hund fertig zu werden, dann sollten Sie lieber heute als morgen das Gespräch mit uns suchen.

Wir erwarten von unseren Hundehaltern Verantwortungsgefühl und ein Gespür für das Tier. Sie leben mit ihm zusammen, und Sie müssen sehen, wenn es sich verändert. Sie müssen dann handeln. Wir reißen niemandem den Kopf ab, wenn der Hund zurückgegeben werden muss. Aber reagieren mitunter etwas verständnislos, wenn es ZU SPÄT geschieht.

Zum Glück werden sich nur die Wenigsten von Ihnen angesprochen fühlen müssen.

Sehen Sie uns unsere Verzweiflung bitte nach. Was sollen wir machen? Kurse anbieten? Sie vor Unterschriftsreife des Vertrages zur Lernkontrolle bitten? Leumundszeugnisse verlangen? Referenzen?
Bitte nicht.
 In diesem Sinne: alles Gute für Ihre Hunde.

Suche Engel, biete Hund

Von Zeit zu Zeit ist es relativ ruhig, was die Entlassungen aus den Laboren betrifft. Es hat dann den Anschein, als hätten wir nicht viel zu tun.

In der Regel kommen dann tierschutzspezifische Probleme aus anderen Gegenden Europas auf die Vereine zu, die man sehr gerne zu lösen versuchen möchte, zumindest aber bietet man als deutscher Verein jede Form von Unterstützung an.

Im Moment sind es französische Tierschützer, die uns um Hilfe bitten. Es sind wieder die Tierheime in Poitiers, Mornac und Couzeix, die hoffnungslos überfüllt sind – so wie jedes Jahr um diese Jahreszeit, wie jedes Jahr am Ende der Jagdsaison, wie jedes Jahr, wenn es kälter wird.

Auslandstierschutz ist immer ein Reizthema, ein viel diskutiertes und ein leidiges auch. Wir vermitteln in erster Linie natürlich Laborbeagle – aber erlaubt uns diese Spezialisierung, die Augen zu verschließen, wenn Beagle und Beaglemischlinge im benachbarten Ausland am Rande des Todes stehen und wir etwas tun könnten, um ihr Leben zu retten? Wir meinen, dafür darf man das Kerngeschäft – das für die Laborbeaglehilfe selbstverständlich immer die Übernahme von Laborhunden sein wird – einmal kurz in den Hintergrund treten lassen.

Man könnte über jedes europäische Land (und über die Nicht-EU-Länder schon zehnmal) seitenweise tierschutzkritische Texte verfassen. Andere Länder haben andere Sitten, andere Traditionen im Umgang mit Lebewesen, andere Gesetze. Eine andere Mentalität. Niemals gibt es in diesen anderen Ländern mehr Geld als bei uns. Immer gibt es in den anderen Ländern große Schwierigkeiten durch zu viele Tiere, enorme Überfüllung, Selektion durch Artgenossen und Selektion durch überlastete Veterinäre.

Ich liebe Frankreich. Wer würde nicht die französische Lebensart bewundern? Frankreich, ein Land der Könige, der Kultur, Cognac und Champagner, Versailles, der Louvre und die Cote d'Azur, traumhafte Mode, traumhafte Landstriche – da wird doch jeder frankophil! Die Schwärmerei endet jäh, schaut man dem hochentwickelten Land in das hässliche Gesicht des dort praktizierten Tierschutzes.

Frankreich ist ja nicht Rumänien, die Ukraine oder Taiwan – Gegenden, in die die meisten von uns mit dem Wissen, das man um den dortigen Umgang mit Tieren/Hunden hat, nie freiwillig einen Fuß setzen würde.

Frankreich hat eine sehr fortschrittliche Gesetzgebung, gerade was das Tierrecht anbelangt: In Frankreich sind z.B. Tiere nicht Sachen gleichgestellt, so wie es bei uns immer noch der Fall ist. In Frankreich ist explizit alles geregelt. Unter anderem aber auch, wie die Kette des Kettenhundes beschaffen sein muss, um tierschutzkonform zu sein. Ja. Sowas gehört auch zu den fortschrittlichen Regelungen.

Das Problem an all den genauen Regelungen ist deren Überwachung, die den Kommunen obliegt, und die ewige Überforderung, der ewige Mangel an Möglichkeiten, Platz und Geld. Die Überwachung der Kommunen sieht oft so aus, dass die auf den Straßen angetroffenen Hunde gefangen und in die kommunalen Tierverwahrungen eingeliefert werden. Wie die auf die Straße kommen? Verloren, verlaufen, ausgesetzt. Irgendwie verlustig gegangen. Alle Hunde müssten eigentlich per Tattoo oder Chip ihrem Besitzer zuzuordnen sein, da es eine entsprechende Kennzeichnungspflicht gibt – der aber nicht unbedingt jeder Ex-Hundebesitzer nachgekommen ist, wodurch sich mitunter der Verdacht eines schnellen, eleganten Entledigens aufdrängen könnte.

Sitzt der Hund dann verständnislos in der *Fourrière*, beginnt irgendwo eine Uhr zu laufen.
Der Besitzer (oder der Hund, je nach Sichtweise) hat nun eine Frist. Der Besitzer kann innerhalb dieser Frist seinen Hund wieder abholen, tut es aber in fast allen Fällen nicht, vielleicht aus Gleichgültigkeit, vielleicht aus Berechnung.

Der Hund kann die Frist nutzen, sich bei den vor Ort engagierten TierschützerInnen ins rechte Licht zu setzen, damit sein Leben nicht auf dem Beton dieser städtischen Hundeverwahranstalt, die vielleicht für 80 Tiere gedacht ist und die 250 beherbergen (muss), endet, und dies nicht so, wie in Deutschland Hunde euthanasiert werden, sondern eventuell mit einer weniger geschickt bemessenen Dosis. Auch sowas kostet Geld, und wenn die Ration plötzlich statt für fünf für zehn Tiere reichen soll, muss man Risiken in Kauf nehmen.

Die Hunde, die wir Ihnen auf unserer Seite vorstelle, haben ihre Chance vorläufig bekommen. Sie haben allerdings nur dann eine Möglichkeit, im nächsten Transport mitfahren zu dürfen, wenn es in Deutschland Übernehmer für sie gibt.
  Es müssen also Endstellen gefunden werden, Pflegestellen reichen leider nicht aus. Wir überlegen jedes Mal, dem einen oder anderen Kandidaten eine Dauerpflegestelle anzubieten. Hierzu bedarf es aber der richtigen Menschen. Es müssten schon wahre Engel sein, Retter, die nichts erwarten, aber bereit sind, wirklichen Tierschutz zu leisten.
Ist der Transport ohne diese Hunde weg, ist für sie der Zug im wahrsten Sinne des Wortes abgefahren. Ein Entkommen aus dem Land der Freiheit, Gleichheit und Brüderlichkeit wird es für sie dann nicht mehr geben.
  Wir arbeiten schon seit einigen Jahren mit einer französischen Organisation zusammen, und wir wissen, dass die Kollegen in Süd- und Westfrankreich ihr letztes Hemd für diese Hunde geben würden. Sie sind sehr engagiert und sehr verzweifelt, weil es augenscheinlich nie endet und nie besser wird, weil immer wieder die gleichen Umstände dazu führen, dass genau solche Hunde in den Tötungsstationen landen. Es sind immer wieder die ausrangierten, untauglichen Jagdhunde, die verletzten, die kranken, die keiner zurückhaben möchte, weil sie Kosten verursachen, ohne noch Nutzen zu bieten. Weil lieber nur die gesunden, die guten Jagdhunde, durchgefüttert werden sollen. Irgendwie verständlich? Man empfindet – Scham.
  Nachhaltigkeit im Tierschutz – mit Programmen wie TNR / CNR – funktioniert in Ländern mit Strukturen wie in Frankreich kaum bis gar nicht, wieso auch?
Frankreich hat wundervolle Jagdhunderassen hervorgebracht. Die aus unterschiedlichen Gründen ausgemusterten Jagdhunde landen oft in den Fourrières. Die Kommune bekommt jeden Tag Geld vom Staat für den vierbeinigen Knasti, und der Meutebesitzer, Jäger oder Privatmann ist sein

Problem erfolgreich losgeworden, sogar ohne lästige Rückfragen.

Wir haben schon einige Hunde von dort übernommen, auch einige in Dauerpflege. Es sind tolle, charaktervolle, besondere Hunde! Ich denke an Chouka, an Oscar, an den lieben Loustic, an Miro! Aber auch an Epona, an Jackson, an meinen Wanja, und an das Sternenschäfchen. Viele von euch wissen noch, dass wir für manche dieser Hunde aus Poitiers oder Mornac sehr weit, manchmal bis an unsere persönlichen und finanziellen Grenzen, gegangen sind. Aber ich wüsste nicht, dass es jemand bereut hätte, genau diesen besonderen Hund kennengelernt zu haben.

Diese Hunde in den schlecht versorgten Tierheimen da sind weit davon entfernt, in gutem Zustand zu sein. Sie sehen müde aus, resigniert, genervt. Ihr Fell ist stumpf, die Haltung unsicher. Viele sind alt, verbraucht. Sie sind Lichtjahre davon entfernt, gut gepflegt wie ein entlassener Laborbeagle irgendwo anzukommen – unsere »Entlassenen« hatten in letzter Zeit fast ausnahmslos tolle Laune, ein gesundes, glänzendes Fell, strahlende Augen und sanierte Zähne! Manche von ihnen wollten noch nicht mal so ängstlich sein, wie man es von einem Laborhund erwartet.

Wanja und seine Kumpels sahen wie eine Karikatur davon aus, dérangiert und zerfleddert, und das ist so unsagbar traurig, dass man kaum Worte dafür hat.

Auch bei uns landen zehn- und zwölfjährige Hunde in Tierheimen, aber über ihnen schwebt nicht gleich der Schatten des Todes, weil eine durch Paragraphen bestimmte Frist abläuft.

Hunde aus dem Ausland sind manchmal krank, einige nur aufgrund eines harten Lebens unter würdelosen Bedingungen, aber mit der Chance auf Heilung, sobald die Umstände sich bessern. Andere werden für den Rest ihres Lebens Medikamente benötigen. In Frankreich garantieren einem diese (im Einzelfall nicht gerade überbordenden, in der Masse aber immensen Kosten) schon das Ticket für die ersten paar Meter auf der Regenbogenbrücke.

Wir können nicht versprechen, dass es bei diesen Hunden nur die trockenen Augen sind, die behandelt werden müssen, oder

sie niemals mehr benötigen werden als einen warmen Platz für die alten Knochen, oder dass die zehnjährige Fundhündin aus Südfrankreich nach ihrer Augen-OP mit der Behinderung gut klarkommt.
Aber wie viel ist es wert, das Leben jedes einzelnen dieser Hunde? Den Preis der täglichen Dosis irgendeines Medikamentes?

Unsere französische Ansprechpartnerin spricht gerne von einer »puren Rettung«. Ich habe mich gefragt, was das heißt, reine Rettung, so eine komische Übersetzung …
Pure Rettung bedeutet vielleicht, dass es wirklich darum geht, ein Leben zu bewahren.

Manche der Tötungskandidaten sind noch nicht mal drei Jahre alt, haben aber in ihrem ganzen Leben noch keinen guten Tag gehabt. Auch diese Hunde haben es nicht verdient, so zu sterben. Selbst wenn der alte Opi hier vielleicht nur noch ein einziges gutes Jahr haben sollte – diese Bilanz sagt dann vor allem aus, dass er eben nicht eines kalten Wintertages im offenen Zwinger einfach nicht mehr aufstehen wird. Pur – egal, wie der Hund aussieht, ob er schön ist oder nicht, ob er klein und niedlich ist oder eher ein Charakterkopf. Ob er struppig ist oder Verletzungen aufweist. Ob es wehtut, ihm ins gezeichnete Gesicht zu blicken, wie es einem bei der kleinen Südfranzösin mit dem vernarbten Auge passiert, die aber trotzdem offen in die Kamera zu lächeln scheint.

Gut, fragen Sie sich, was soll diese lange Rede nun wieder? Es sind immer die Alten, Kranken und irgendwie Gehandicapten, die zuerst über die Klinge springen müssen. Bitte: Denken Sie auch an sie, wenn Sie vorhaben, einen Hund aufzunehmen.

Grüße aus dem Glashaus

Wir wollen uns heute mal lang und breit über das »Abgeben von Hunden« aufregen. Respektive: Abgabe eines Beagles. Jemand will seinen nicht erwartungsgemäß funktionierenden Beagle nicht mehr und preist ihn nach dem Motto »Biete Beagle, suche Stress« via Kleinanzeige im Internet an. Die Anzeigen da sind Legion, manche lesen sich nett, manche lesen sich grauenhaft, alle führen zu einem: Man echauffiert sich.

Die Leute hinter diesen traurigen Anzeigen sind in den seltensten Fällen gute Texter. Oftmals fängt es schon mit der korrekten Schreibweise der Hunderasse und der korrekten Terminologie für die Geschlechter an *(es heißt noch immer nicht »Beagel«, und beim weiblichen Hund spricht man von einer »Hündin«).* Wer nicht täglich mit Worten jongliert, ahnt nicht, wie leicht man sich ins totale Abseits geschrieben hat. Oft genügt ein unglücklich gewählter Begriff an der falschen Stelle, und man findet sich im schlimmsten Shitstorm seines Lebens bei Facebook wieder. Wo alle sofort und völlig unreflektiert richtig draufhauen.

Manchmal habe ich den Eindruck, sobald die Leute lesen »Beagle abzugeben«, setzt der Verstand aus. Ganz normale Menschen entwickeln sich in der kurzen Zeitspanne des Anzeigenlesens zu Inquisitoren ehrenhalber, und die rasch entstehenden Diskussionen zeichnen sich vor allem durch zwei Merkmale aus: einen fürchterlichen Mangel an Sachlichkeit, und ein fürchterliches Überangebot an Emotionen.
Niemand liest zwischen den Zeilen. Die meisten lesen ja nicht mal die Zeilen! Beagle sind bekanntlich recht klein, grade so kniehoch. Dennoch sind sie für die meisten Leute mindestens fünf Nummern zu groß.

Somit gibt es eine Menge unqualifizierter Hundehalter (nicht nur bei den Beagles), und natürlich steckt hinter mindestens jeder zweiten Kleinanzeige ein unseriöser Hundehändler oder Vermehrer. Es gibt unbestritten auch eine große Anzahl

Menschen, die völlig unüberlegt einen Hund »angeschafft« haben (auch so ein Wort, das man dem Sinn nach eher für Gegenstände als für Lebewesen gebrauchen sollte), und nach drei Wochen restlos überfordert sind. Man muss unterscheiden zwischen den »Bösen« und den »Guten« – ja, letztere gibt es auch.

Warum geben Leute ihren Hund ab? Ich hoffe inständig für jeden, der einen Hund hat, dass keiner der hier beispielhaft genannten, mitten aus der Realität gegriffenen Abgabegründe manifest wird: Eine Krankheit tritt auf. Jetzt nicht »bloß« die übliche Allergie, sondern etwas Schlimmes, Behandlungsintensives, vielleicht Lebensbegrenzendes. Eine psychische Störung tritt auf. Ein schwerer Unfall, der Sie monatelang ans Bett und in die Reha zwingt. Ein Suizid. Ein Tod anderer Art. Sie wechseln Ihren Arbeitsplatz und sind nun fünf Stunden länger außer Haus. Ihr Lebensgefährte trennt sich von Ihnen. Leider war er in der Zeit, wo sie normalerweise arbeiten, für den Hund da. Der kommt damit nicht klar und heult den ganzen Tag. Wird unsauber. Wird bissig. Beißt das Kind der Nachbarn, die den Hund ab und zu Gassi führen.

Es gibt Erkrankungen, die führen zu erheblichen Wesensveränderungen. Es gibt Erkrankungen, die machen in kürzester Zeit viele Dinge, die bisher normal waren, unmöglich. Es gibt auch Dinge, die die Menschen einfach so machen, wie sie sind. In meinem Bekanntenkreis ist ein junger Mann mit einem autistischen Syndrom. Er ist der unfreundlichste, schwierigste und unzugänglichste Mensch, den ich kenne. Aber er ist wunderbar mit seinem Hund.

Wenn dieser junge Mann eine Anzeige schreiben müsste, könnte es sein, dass viele komische Redewendungen drinstünden, und alle würden denken, oh Gott, was ist denn das für ein Monster.

Und ihm damit schrecklich unrecht tun.

Arbeitslosigkeit, finanzielle Sorgen, Scheidung, Nachwuchs und Umzug sind keine wirklich akzeptablen Gründe, sich von seinem Hund zu trennen – dafür kann man in den meisten Fällen eine Lösung finden (ich darf das vielleicht sagen, da ich alle diese Dinge schon erlebt habe. Meine Hunde sind immer mitgekommen, haben aber eventuell mal eine Zeit lang Trockenfutter vom Discounter gefuttert).

Also, wichtigste Frage: Wie wird man denn nun einen Hund politisch korrekt wieder los?

Kleinanzeigenmärkte gibt es schon ewig. Es ist legitim und üblich, gebrauchten Dingen via Kleinanzeigen einen neuen Besitzer zu verschaffen. Heutzutage ist das Internet das Medium der Wahl. Aber Kleinanzeigen? Da würde ich vielleicht ausgediente Möbel oder Autos suchen, aber doch kein Tier!

Tiere sollten auf solchen Plattformen nicht angeboten werden dürfen, nicht privat, und schon gar nicht gewerblich. Bei fast allen Lesern wird jetzt blitzartig der Gedanke auftauchen: »Ja, solange Tiere rechtlich Sachen sind!«. Falsch. Tiere sind Sachen gleichgestellt, in Ermangelung einer erträglichen Zwischenregelung. Dies heißt nicht, dass Lebewesen das gleiche sind wie unbelebte Objekte. Aber eine solche feine Differenzierung verstehen die meisten Facebook-User ohnehin nicht. Eine Kleinanzeige ist leicht aufgegeben: irgendwo anmelden (egal, mit welchen Daten, übrigens – es gibt keine Kontrolle), Textchen dichten, Fotos dazu, klick! Fertig. Nur noch warten, bis sich wer meldet.

Das schafft man auch ohne besonderen Bildungshintergrund. Vielleicht liegt es daran, weil es so einfach ist – und weil die Menschen nicht wissen, wie man sich stattdessen besser verhalten sollte. Gut bedient ist jetzt, wer seinen Hund tatsächlich irgendwo zurückgeben kann, egal, ob dem Züchter, oder dem Verein, von dem man den Vierbeiner hatte. Allerdings nimmt kein Züchter nach Jahren noch Hunde zurück.

Viel problematischer wäre es, sich an einen Tierschutzverein zu wenden – ob eine Organisation, die eher online tätig ist, oder das örtliche Tierheim, bleibt jedem selbst überlassen. Im Tierheim werden Sie viele Fragen gestellt bekommen, man wird Sie nicht allzu erfreut empfangen und Ihnen wahrscheinlich eine Gebühr abverlangen. Bei einer Online-Organisation müssten Sie auch mindestens telefonieren und sich erklären. Ein nicht zu unterschätzendes Problem ist, dass das Geld, das man irgendwann mal für den Hund bezahlt hat, verloren ist. Sofern Sie den Hund an ein Tierheim oder einen Beagleverein abgeben, bekommen Sie nicht nur nichts dafür, Sie müssen vermutlich sogar noch etwas bezahlen. Und wenn es nur eine Spritbeteiligung ist.

Auch wenn ich einen Beruf ausübe, in welchem man den Glauben an das Gute im Menschen doch langsam aufgegeben haben sollte, bin ich fest davon überzeugt, dass niemand nach mehreren Jahren des Zusammenlebens seinen Hund leichtfertig abgibt. Es steckt sehr oft eine lange Geschichte und fast immer ein triftiger Grund dahinter.

Nun bekommt die Anbieterin die ersten Emails. Hoffnungsvoll schaut sie nach und stellt fest, dass es nicht die ersehnten Interessenten sind, die ihrem Hund das Leben bieten wollen, das sie ihm vorenthalten muss – nein, es schreiben: Wütende, drohende, beleidigende, besserwisserische, belehrende wildfremde Gutmenschen, die die Anonymität des Internets dazu nutzen, der Frau ordentlich die Hölle heiß zu machen und die Meinung zu sagen.

Wie kann man einen neunjährigen Beagle abgeben! Die Frau würde das gern mit gleicher Münze heimzahlen und fragen, ob es noch geht, oder sich zumindest die Anschuldigungen und Interventionen verbitten. Sie tut es nicht, denn sie möchte ja das Beste für ihren Hund, den sie gern hat und an dem sie (trotz des teils zu saloppen, teils zu sachlichen Tons der Anzeige), hängt, nebenbei gesagt. Immerhin passiert in neun Jahren ein bisschen was zwischen zwei Individuen, auch, wenn das eine nur ein Hund ist. Einige Mailschreiber geben der Frau die vielleicht dringend benötigte Hilfestellung, zeigen ihr auf, wie sie vorgehen und an wen sie sich wenden könnte. Hoffentlich.

Ich frage mich jedes Mal, wer von all den Facebook-Henkern jemals in so einer belastenden Situation war. Wie kommen Menschen dazu, zu urteilen über Menschen und Sachverhalte, die sie lediglich aus 15 Zeilen Kleinanzeige / einer harmlosen Frage / einem Foto / einer kleinen Schilderung »kennen«? Wie kommt man dazu, in ein paar hakelige Sätze alles, was man sich in einer Art selbstgestricktem Feindbild zusammenreimt, hinein zu interpretieren? Wie kommen Menschen dazu, zu behaupten, SIE würden niemals, niemals, niemals und unter überhaupt gar keinen Umständen ihren Hund abgeben, was immer auch passiert? Und dazu, völlig unbekannte Hundehalter mit Hass und Häme zu überziehen, dass es einem kalt den Rücken herunter rieselt?

In einer Zeit, wo die Finger schneller über Tastaturen huschen, als manche denken können, hat man flugs mal was ins Netz gehauen, was man einem leibhaftigen Gegenüber doch niemals ins Gesicht sagen würde. Facebook reagiert sofort, und als ich mich sachlich mit meinem stets gern erhobenen Zeigefinger einklinke, krieg ich sofort die Quittung: »*laber nicht, nimm du doch den Hund*« – von jemandem, der gar nicht weiß, wer ich bin. Ich schreibe zurück, dass ich schon drei solcher Fälle habe, die keiner mehr wollte. Auf der Couch stapeln kann ich die armen »Socken« leider nicht, das würde denen nämlich nicht helfen.
Da schreibt mir eine Dame Anfang 70: »*Babe, just DO it!*«
Oh, yes! *Oh, Mann*. Die zieht sich bestimmt auch an wie eine Fünfundzwanzigjährige, denke ich giftig. Und halte virtuell ab jetzt die Klappe in diesem Forum, denn es hat keinen Sinn. Dass ich darüber immer noch staune, wundert mich selbst.

Inzwischen tauschen sich sämtliche Beaglegruppen im sozialen Netz über diesen Fall aus. Und überall gibt es nur: schwarz und weiß. Keine Grautöne. Keine Differenzierung, nur: Du bist gegen mich, wenn du für was anderes bist. Und die kollektive Meinung ist es, die zählt! Facebook ist sowohl Fluch als auch Segen. Was ist eigentlich in früheren Zeiten mit diesen in Massen erhältlichen Hunden passiert? In dem Fall, den wir hier auseinandernehmen, passiert erstmal das, was so gut wie immer passiert: Die Anzeige verschwindet von der Anbieterplattform.

So. Nun kann man sich fragen, was aus dieser Mensch-Hund-Beziehung wohl wird. Und was aus dem Hund wird, um den alle so besorgt sind. Tierheim oder Fangschuss? Wir haben Beagle aus beiden Sorten Anzeigen übernommen. Die aus den guten, und die aus den schlechten. Wenn es ums Handeln geht, ist der häufigste Satz, den man hört, dieser:
»Es geht mir nur um das Wohl des Hundes!«

»Es geht mir nur um das Wohl des Hundes!«, ist die Lieblingsphrase der vielen selbsternannten Tierschutzapostel, die aber selbstverständlich den Hund nicht selbst nehmen können, weil:
Man schon einen (zwei, drei, viele...) Hunde hat. Man eine Katze (Kleinkind/Job/Oma/Mann/Maus/keine Zeit) hat. Man

selbst eine Erkrankung hat. Man sich schlicht nicht zuständig fühlt – kann nicht bitte jemand anderes…?
(Wir finden hier wieder den allgemein gern genommenen Konjunktiv, gefolgt von dem Totschläger: »…aber ansonsten gern!!«) Der Konjunktiv, diese Wunderwaffe, dieser höchst beliebte, aber leider zahnlose Tiger der großen »wollte-und-könnte«-Fraktion. Wenn alle, die so gern würden, doch auch mal täten oder wenigstens versuchten, hätten wir gar kein Problem.

Es gibt ein paar wenige Menschen in diesem weltweiten Netz, die dann tatsächlich auch in die Puschen kommen und etwas tun, auch wenn der Vermieter ausflippt, weil der jüngst gerettete Übernachtungsgast bis vier Uhr morgens jault. Die meisten geschätzten Leser bleiben leider nicht lediglich Leser, sondern geben an irgendeiner Stelle ihren unwichtigen verbalen Senf dazu, lehnen sich dann wieder zurück und denken entspannt: Macht ihr das mal!

Tatsächlich geht es in den seltensten Fällen primär um den Hund, auch wenn IMMER etwas anderes behauptet wird. Den meisten ist der Hund spätestens nach Abflauen der ersten Debattierwelle wieder relativ bis völlig egal. Es geht darum, ordentlich vom Leder zu ziehen, draufzuhauen, weil man selbst selbstverständlich nie, nie, nie seinen Hund abgeben wird – egal, was passiert! Generell halte ich nicht so viel davon, um den heißen Brei herumzukaspern. Deshalb finden Sie hier keine Schönfärberei, sondern offene, teils drastische Worte.
Jetzt kommt ein Satz, für den Sie mich, die ich ja schließlich eine Tierschützerin sein will, hassen werden. Er lautet:

Es zählt nicht immer nur das Tier.

Heißt: Das Tier hat nicht immer oberste Priorität. In einigen Fällen sind es tatsächlich die Menschen, die Hilfe brauchen, und deren definitiv letzte Lösung es ist, den Hund wegzugeben.

Ich liebe Hunde. Ich hoffe, ich komme nie in die Lage, eines oder mehrere meiner Tiere in andere Hände geben zu müssen. Aber das kann leicht passieren. Ich leide mit jedem, der es muss. Aber ich ärgere mich auch täglich über die Schwachmaten, die sich einen Beagle »holen« und nach kürzester Zeit merken, dass sie nichts gebacken kriegen. Ich ärgere mich über die mit dem Helfersyndrom, die Beagle aus dubiosen Quellen für einen Fuffi kaufen und glauben, sie hätten a) den perfekten Hund, b) ein gutes Werk getan und c) auch noch ein Schnäppchen gemacht. Und dann irgendwann mitkriegen, dass mit dem Tier was nicht stimmt. Und dann schnell die Kleinanzeige schalten. Vorher noch bei Facebook in die Runde fragen, ob man mit einem zu früh entwöhnten Welpen, der anscheinend hohes Fieber hat, zum Tierarzt gehen sollte! Und wann. Und was das wohl kosten könnte. Am allermeisten ärgere ich mich über die Gewerblichen, die ihre Anzeigen so perfide tarnen, dass die gutgläubigen Doofies glauben, es handele sich tatsächlich um private, liebe Menschen mit einer »liebevollen Familienzucht«, »sorgfältigen Hobbyzucht« oder vom »idyllischen Bauernhof«, deren Hündin ein einziges Mal in ihrem behüteten Leben schönstes Mutterglück empfinden sollte.

Ihr Leute, die ihr das Fegefeuer so gern schürt: Stürzt euch auf die, mit eurer ganzen gerechten Empörung. Und lernt endlich, zu unterscheiden, wer zu welcher Liga gehört. Das kann man nämlich, wenn man sich etwas Mühe gibt.

Warum kommen bei der LBH Hunde zurück?
Überstürzter Auszug nach drei Tagen und Hysterie am Telefon deuten darauf hin, dass sich hier jemand schlecht vorbereitet hat. Dafür hält sich das Verständnis ehrlich gesagt in Grenzen.

Es gibt nachvollziehbare und weniger nachvollziehbare Gründe, warum ein Hund wieder abgegeben werden muss. Inakzeptabel sind kosmetische Gründe: Der Hund gefällt Ihnen optisch nicht? Her mit dem armen Loser, und bitte: Rufen Sie uns nie wieder an. Rücknahme »sofort« ist manchmal schwierig. Natürlich werden wir, im Interesse des Hundes, versuchen, den Aufenthalt zu begrenzen. Trotzdem müssen die Fahrt und die neue Unterbringung zuerst organisiert werden. Bitte geben Sie uns die dafür erforderliche Zeit, und bitte behandeln Sie den Hund in dem entstehenden Zeitraum trotzdem gut. (Sie wundern sich? Wäre nicht das erste Mal, dass jemand den frischerworbenen Laborhund der Wohnung verweist und das verstörte Tier bis zum Tag der Abholung ins Gartenhaus verbannt, oder beim Nachbarn parkt.) Unser Rückhol-Service ist zwar noch nicht das Äquivalent zum kostenlosen DHL-Rücksendeaufkleber, aber Sie sind schon mal ein Stück weiter mit der Lösung Ihres Problems.

Wir sind bei unserer Arbeit auf Ihre Ehrlichkeit und Kooperation angewiesen. Wir möchten niemandem das Gefühl geben, statt an einen Tierschutzverein in die Inquisition geraten zu sein, aber das offene Gespräch mit Ihnen ist unsere einzige Absicherung, bevor wir Ihnen ein Lebewesen anvertrauen.

Der Tierschutz folgt dem Motto »in dubio pro canis«, was bedeutet, dass man nach Kräften versucht, den Hund sobald wie möglich und so gut wie möglich weiter zu vermitteln.

Was bleibt, sind Zweifel an der eigenen Menschenkenntnis, ein Wunsch nach mehr Kontrolle und größerer Transparenz. Natürlich gibt es im Leben mitunter Wendungen und Umstände, die es nötig werden lassen, dass man seinen Hund abgeben muss. Jeder hat dafür Verständnis und Mitgefühl, und niemand macht sich einen solchen Schritt leicht.

Das Gute ist: Die meisten Beagle sind nicht nachtragend.

Morituri te salutant

Die meisten wissen es nicht (erst recht nicht diejenigen, die sich im Straßenverkehr offenbar nicht zu benehmen wissen, dann gerne mal durch Falschmachen auffallen, am Ende Verwarnungs- und Bußgeld löhnen müssen und DANN auf die blöden Bullen, wahlweise auch »Bullenschweine« schimpfen, weil sie zu doof sind, sich an ein paar einfache Regeln zu halten, aber felsenfest glauben, die Polizei hätte nichts Besseres zu tun, als sich der ungerechtfertigten Verfolgung von Autofahrern zu widmen, die zu blöd, zu arrogant oder zu ignorant sind, mal die Finger vom Handy und /oder vom Sprit zu lassen, statt dessen aber Gurte, Regeln, Pflichten und gewisse Geschwindigkeitsbegrenzungen verdrängen).

Was wollte ich eigentlich …?

Ach ja: Ich bin mitnichten noch eine, »die ein bisschen schreibt« (obwohl, das ja auch). Vor allem, im Vollzeit-Hauptberuf, bin ich Polizeibeamtin. Und das schon seit etlichen Jahren, zwei Drittel davon in Großstädten, davon 95 % im Schichtdienst. Trotz einiger Sternchen auf den Schultern nur eine von den unbedeutenden Arbeitsbienen, die zwar laut eines früheren Innenministers das Rückgrat der Polizei sind, die aber sonst weiter nichts zu melden haben. Aber doch eine von denen, die Ihren Unfall aufnimmt und Sie von der Straße kratzt, wenn es ganz doll kommt. Ich bin schon etwas länger dabei. Etwa aus der Altersgruppe, die den Slogan »Mensch bleiben« verinnerlicht hat. Heutzutage heißt es eher *Machtmensch bleiben*, auch wenn man im Unrecht ist oder noch keine Ahnung hat von dem, was man tut. Jetzt fragen sich alle, was dieses Outing mit irgendwelchen Hunden zu tun hat, gelle?

Also dann, Obacht bitte. Bühnenbild: Bundesstraße, viel befahren, Nacht, regnerisch. Auftritt: hysterische Autofahrerin, von links.

Zwanzig nach drei. Auf der B 62 steht eine hysterisch heulende Frau an ihrem Auto, das vorne ziemlich scheiße aussieht. Im linken Scheinwerfer steckt der Hinterlauf eines Rehs.

Der Rest des Rehs steht wie angenagelt am Fahrbahnrand. Auf drei Beinen zwar, aber es steht. Es hatte wohl erst gelegen und alle hofften, es sei tot. Hat sich aber aufgerappelt, und nun steht es da, auf der Backbordseite ziemlich ramponiert, und schaut uns mit glänzenden Augen und zuckenden Ohren an. Das Fluchttier, adrenalingesättigt, wahrscheinlich hat es im Moment gar keine Schmerzen. Es möchte gerne weg, kann aber nicht mehr. Die Frau kreischt: *Rufen Sie endlich einen Tierarzt!*

Gute Frau, wenn schon, ist das ein Fall für den zuständigen Jäger, aber auf den können wir nicht warten.
Bringen sie es zum Tierarzt!, heult das Weib.
Ich setze die Bruchpilotin in ihr Auto, ziehe die Waffe und erschieße das Reh. Seit unserem Eintreffen sind keine zwei Minuten vergangen.

Der Blattschuss ist klasse, die Augen drehen sich sofort von panisch rollend auf ruhig weiß. Ich höre in Gedanken die Hufe des Rehs, wie sie erlöst und fluffig über die imaginäre Regenbogenbrücke traben. Während ich dem Nachhall noch andächtig lausche, an meinem Knalltrauma vorbei, bricht die schrille Stimme der aufgeregten Autofahrerin in meine Gedanken. Die dämliche Frau stürzt wie von der Tarantel gestochen hinter ihrem kaputten Auto hervor und keift mich xanthippenmäßig an, wie ich dazu käme, ein unschuldiges Tier zu ermorden.

Abgesehen von Tieren in allen Aggregatzuständen erlebt man über die Jahre die Menschen. Die Mitbürger, tot oder lebendig, völlig neben sich, außer sich aus ganz unterschiedlichem Anlass. Übrigens ist Krisenintervention der Hauptteil dieses Berufes, nicht grinsendes 30-€-Kassieren.

Situationen, wo jede normale Person sich grausend, entsetzt, verstört, peinlich berührt oder angeekelt abgewendet: Das sind die, wo die Polizei hinsieht, hingeht, und versucht, den Schaden irgendwie zu begrenzen. Und zwar rund um die Uhr, auch an Weihnachten oder wenn Kirmes ist, und ganz besonders dann, wenn ihr alle schon längst in der Kiste liegt und pennt. Soviel also dazu, falls noch einer meint, die Bullen schaukeln sich ja doch nur knetezählend die Eier, während ihr nur ein winziges bisschen zu schnell wart, um von eurem extrem auslaugenden 9-to-5-Bürojob endlich ins Fitnessstudio/Eiscafé/aufs Sofa und vor das Netflix-Abo zu kommen.

Verlassen wir an diesem Punkt endlich die großräumige Umleitung über Beruferaten und Wildunfälle – das ist die Art Unfall, die einen ganz leicht treffen kann, weil alle immer denken, die Jäger seien unnütz und gehören sowieso abgeschafft – und kommen endlich zum Kern des Pudels, haha, der Geschichte hier, die sich natürlich um Hunde im Allgemeinen, und natürlich wieder einmal um Beagle im Besonderen dreht.

Eigentlich geht es darum, wie viel genug ist, und darum, wie viel »zu viel« ist.
An Behandlung nämlich, an Rettungsversuchen.

Meine Freizeit verbringe ich a) in einem nordhessischen Hospizdienst und b) mit meinen Hunden. Damit will ich ausdrücken, dass ich mit Tod und mit Leben nicht unvertraut bin, bei Menschen und bei Tieren. Drei meiner vier Hunde stammen von Organisationen, die sich um Nothunde kümmern.

Die Tierschutzvereine übernehmen des Öfteren Hunde aus dem Ausland. Weil es Beagle sind, weil es Beaglemischlinge sind, und vor allem, weil die Leute im Ausland diese Orga direkt ansprechen und um Hilfe bitten, weil sie nämlich manchmal einfach das Letzte ist: Das Letzte, was den Hunden an Chance zur Verfügung steht.

Da haben wir ihn dann, den ausgemusterten Vermehrerhund oder den, der im Tierheim gelandet ist, das zu voll und personell zu unterbesetzt ist, um noch was ausrichten zu können. Häufig sieht man dann beim ersten Zusammentreffen während der Übergabe auf den ersten Blick, was einem die kurze Beschreibung der ausländischen Ehrenamtlichen vorenthalten hat: Das hier in einem einzigen Hund eine Menge Baustellen vereint sind. Jahrelange Vernachlässigung fordert ihren Tribut, der bei den Augen anfängt und bei den Zähnen noch lange nicht aufhört. Zwischen A und Z liegt eine Menge an inneren Mängeln: die Nieren, der Darm, Lunge, Herz, Parasiten aller Art, Ohren ... Alles behandlungsbedürftig, alles kostenintensiv. Der Tierschutzverein entschließt sich zu einem öffentlichen Spendenaufruf. Es gibt Spenden.

Ratet mal, ob sie reichen.

Aber er (also, der Hund – wobei, häufiger ist es eine sie) ist dann eben da, und man kümmert sich um die Behebung der vielen Probleme. Erschwerend kommt hinzu, dass der Hund nicht unbedingt erfreut ist über die menschliche Zuwendung – im Gegenteil, oft genug will er ja vom Menschen an sich gar nichts wissen, schon gar nicht angefasst werden. Das Vertrauen muss man sich mühevoll verdienen, was so manche Pflegestelle und die meisten Übernehmer schon vor unlösbare Herausforderungen stellt.

Es gibt Leute, die glauben, so ein Beagle aus, sagen wir mal, Frankreich, sei billig erworben: Für ein bisschen Fahrtkostenbeteiligung und Impfzuschuss bekäme man einen waschechten Rassehund. Stammt er aus dem Vermehrerstall, handelt es sich um einen Hund, der der Zucht gedient hat. Der Heranzucht von Nachwuchs nämlich, der mit Papieren für sehr viel Geld an jede Menge Interessenten verkauft wurde. Welche, die es nicht im mindestens interessiert, was aus den Elterntieren wird und wie genau es eigentlich so bestellt ist um den Genpool ihres Rassewelpen.

Einige nehmen noch nicht mal dann Abstand vom Kauf, wenn ihnen gesagt wird, die »Zucht« hätte »höchstens« zwei Würfe im Jahr – bei zwei Hündinnen, die »trotzdem noch gut aussehen«. Da sollte eigentlich schon jedem das Kotzen kommen. Aber es gibt ja auch Leute, die glauben, der Beagle-Welpe aus »Familienaufzucht«, viermal im Jahr zu finden in den Online-Kleinanzeigen, hätte mit 500 - 600 € einen reellen Preis. Papiere? Och nö, brauch ich nicht. Labrador- oder Boxer-Welpen aus dem gleichen »Hause« gibt es da übrigens für 750 €. Wahrscheinlich gibt's irgendwann sogar mal Mixe ... bäh.

Kurzer Exkurs in Hundevermehrung für Dummies: Die Verkäufer sind nicht doof. Sie wissen mittlerweile, mit welchen Schlagworten die Kundschaft zu ködern ist. Da kommt noch eine längere Erläuterung im Text, dass man Welpen bitte mit Bedacht anschafft und am besten »für immer«, außerdem noch eine scheinbar kritische Rassebeschreibung. Und schon glaubt der Leser, er hätte es mit dem *once-in-a-lifetime*-Wurf einer netten Familie zu tun. Seltsam nur, dass im Umkreis von 50 Kilometern so viele Rassehunde gezüchtet werden. Und so oft ...hm.

Letztendlich fällt die Entscheidung für oder gegen den Beagle eben über den Preis. Warum soll ich einen ganz bestimmt vorgeschädigten Hund aus dem Tierschutz für 300 € kaufen und dafür noch vierzig Fragen über mich und mein Umfeld beantworten, wenn ich für nur wenig mehr einen WELPEN, unbelastet und aus Familienaufzucht, kriegen kann? Da fragt meistens auch keiner lange nach meinen Arbeitszeiten und ob der Garten einen Zaun hat oder nicht. Dass die guten Züchter »nicht so gerne« an voll Berufstätige verkaufen, hat durchaus eine Berechtigung! Wenn man Leute fragt, wie sie dazu kommen, ihre Hunde aus Ställen heraus zu kaufen, erlebt man jedes Mal Entschuldigungsgründe, Rechtfertigung und Verteidigung. Warum aber jemand zugibt, schon den zweiten Hund von Herrn X. oder Frau Y. zu haben, das ist dann nicht mehr zu begreifen. Ihr seid doch alle jeden Tag im Internet unterwegs, da muss man doch schon mal was davon mitgekriegt haben?!

   Weia, schon wieder abgeschweift. Das Thema war eigentlich: Hunde zu Tode retten.

Die hilfsbereiten Ehrenamtler holen also den offenbar unterernährten Hund aus Ungarn, Spanien, Frankreich oder Bulgarien ins Land. Nach drei Tagen auf der Pflegestelle wird er krank, entleert sich aus allen Körperöffnungen.

   Jetzt setzt folgender Kreislauf ein: Erst bei Facebook und im Forum die Fachleute fragen, danach die diversen empfohlenen Hausmittelchen anwenden. Wenn das entgegen aller Erwartungen nicht hilft: ab zum Tierarzt. Erster Verdacht: Parasiten, Giardien vielleicht. Konservative Behandlung, Schonkost. Hilft nicht. Tierarzt empfiehlt diverse Maßnahmen: nochmal Röntgen, Blutabnehmen, kleines und großes Labor, Stuhl- und Urinprobe, anderes Futter.

Forum empfiehlt: anderes Futter, Bachblüten, Farb- und Edelsteintherapie, Reiki, Wickel, Stressvermeidung, Homöopathie, Rotlicht, Ruhe, zweite und dritte Meinung.

Zweiter Tierarzt empfiehlt – nach praktischer telefonischer Ferndiagnose –: Akupunktur! Das Team des Tierschutzvereins bespricht sich (leider der falsche Teil des Teams, nämlich der, der nicht wahrhaben will, wann Schluss zu sein hat und stattdessen um jeden erdenklichen Preis genau diesen Hund retten will, weil: »*Einen Hund zu retten verändert nicht die ganze Welt, aber die ganze Welt verändert sich für diesen einen Hund!*«).

Selten ist ein Spruch so strapaziert worden wie dieser. Und selten hat ein an sich sehr schöner Aphorismus so sehr zur Rechtfertigung falscher Entscheidungen gedient, wie dieser. Es ist das definitive Totschlag-Argument – danach ist jegliche Diskussion sinnlos, denn wer wagt es, dem armen Tier noch die letzte Chance nehmen?

Für diesen einen Hund, der mit einer unbehandelten Darmerkrankung, aber zur Unterdrückung der Symptome vollgepumpt mit Steroiden nach Deutschland geschafft wurde, wäre nur eins eine sinnvolle Veränderung gewesen, doch das darf man nicht aussprechen, sonst reißen einem die Tierschützer den Kopf ab.

Da heißt es dann gern: »Bin ich Gott? Haben wir jetzt über Leben und Tod zu entscheiden?«

Leute, da wurde aber etwas grundlegend missverstanden!

Zum Glück hat man bei Tieren die Möglichkeit zum Einschläfern. Zum Glück dürfen wir bei Tieren einen endlosen Leidensweg abkürzen. Manche Entscheidungen sind schwierig und unpopulär, aber dennoch muss sie jemand treffen. So wird der bulgarische/französische/rumänische Unglücksrabe in seinem Elend also beständig von A nach B transportiert, was den Stress nicht mindert, einer Reihe von veterinärmedizinischen Kunstgriffen unterzogen, magert immer weiter ab, dehydriert, und Lust am Leben vermittelt er auch nicht gerade.

Ein absoluter Fehlgriff, aber das kann man sich natürlich nicht eingestehen. Der todkranke Hund wird um jeden Preis weiterbehandelt, weitergerettet: Dies noch, das noch, ach, und hier könnte auch noch mal ein Ansatz sein. Keiner im Tierschutzverein hat den Arsch in der Hose, upps, sorry, den Mut, zu sagen: bis hierhin und nicht weiter, es ist genug, hört auf, die Ethik gebietet es, den Hund schnellstens schmerzlos einzuschläfern. Das Tier stirbt nach drei Wochen in Deutschland, nach zweimaligem Umzug, weil der ersten PS die ständigen Durchfälle und die Dauerkotzerei nicht mehr zugemutet werden konnten, in einer Tierklinik, in seiner Gitterbox am Tropf hängend, an multiplem Organversagen.

Applaus.

Entsetzte Stille. Dann, zaghaft, eine Stimme im Forum: dass er ein paar wirklich schöne Tage, Wochen (in einigen Fällen sogar Monate) hatte. Wirklich? War das so? Und wie viele solcher Tage darf man denn haben? Wie viele muss ein Tierschutzhund wenigstens haben, und wie viele sind genug, bis er endlich aufgeben und gehen darf, wenn es nicht weitergeht?

Es hat ein bisschen mit »Gewinnen-Wollen« zu tun. Je öfter das vorkommt, und das tat es in letzter Zeit, umso bitterer ist der Beigeschmack von Nichts-dazu-gelernt beim Thema »aber diesen einen noch!«

Empathie und Respekt, liebe Tierretter. Empathie und Respekt.

Brief an einen Vermehrer

Die Anredefloskel spare ich mir – es will mir einfach keine, der Situation und der Beziehung, die wir zu Ihnen herstellen mussten, angemessene einfallen.
›Sie blödes A********‹ würde mir gefallen, aber sowas schreibt man sicher besser nicht in einem Brief an einen, der mit der Ausbeutung von Lebewesen sein Geld verdient.
Dies ist kein freundlicher Text. Er behandelt kein schönes Thema und hat einen tragischen Hintergrund. Und leider tritt es mit uhrwerkgleicher Genauigkeit alle Jahre wieder auf den Plan, weil so viele Menschen sich um ein Lebewesen, dass sie in ihre Familie holen, oft weitaus weniger Gedanken machen als um Anschaffungen wie Autos, Handys oder Möbel. Obwohl ein Hund einen normalerweise länger begleitet – sofern er kann.
Tierschutzorganisationen arbeiten gelegentlich zusammen, und das ist auch gut so. An uns wurde herangetreten mit der Bitte, mehrere Ihrer Hündinnen zu übernehmen, da Ihnen u.a. durch Auflagen des zuständigen Veterinäramtes die Zucht verleidet wurde und der »Betrieb« rasch aufgelöst werden musste. 11 Welpen und mehrere Hundemütter mussten schnellstens anderweitig untergebracht werden.

Die Laborbeaglehilfe erhielt im Januar 2014:
·zwei Beagle-Cocker-Welpen,
·eine frischgebackene Hundemama nebst 3 Welpen
·sowie zwei trächtige Hündinnen.

Alle Hunde waren äußerlich wie innerlich übersät mit allen möglichen Parasiten. Die Hündinnen litten unter Stresssymptomen, sie bluteten.
Die Mix-Welpen kamen in freundlichen Pflegestellen unter und konnten recht schnell vermittelt werden. Es war ein Glück, dass diese beiden Hunde offenbar keine gesundheitlichen Schäden aufwiesen. Die Mutterhündin mit ihren drei Welpen zog in eine teaminterne Pflegestelle.

Welpen, die man inzwischen übrigens fast in Gold aufwiegen könnte, so hohe Tierarztkosten haben sie bereits produziert – aber das braucht Sie ja nicht zu kümmern. Ebenso wenig wie das Leid der Pflegestelle, die sich in den ersten schwierigen Tagen täglich mit dem Jammer der kleinen Hunde, die sich kaum auf den Beinen halten konnten, konfrontieren musste.

Die den Tod des einen und die ständige »24/7« Sorge um die beiden anderen mit Krämpfen und Futterverweigerung stemmen musste. Damit haben Sie nun keine Last mehr, wie schön für Sie. Empathie scheint ohnehin keine Eigenschaft zu sein, mit der man sich in diesem Geschäft behängt.

Wir neigen wahrlich nicht dazu, Feindbilder zu konstruieren, aber so ganz wert- und emotionsfrei lässt sich mit diesem Thema leider nicht umgehen. Wir sind nämlich Betroffene! Ja, durchaus freiwillig, denn wir haben ziemlich schnell »hier!« gebrüllt, als es hieß, es müssen Beagle untergebracht werden. Wir waren wütend, hilflos, sprachlos. Wir dachten darüber nach, Anzeige zu erstatten wegen des schlimmen Zustandes, in dem die Hunde vegetieren mussten. Diese – Ihre! – »Zucht« ist aufgelöst, weil Sie, der Vermehrer, die Auflagen nicht erfüllen konnten oder wollte. Woanders wird munter weitervermehrt. Meine gute Erziehung (und das Strafgesetzbuch) verbietet mir, in klaren Worten darzulegen, was wir Leuten, die mit Tieren derart verfahren, an den Hals wünschen.

Laborbeaglehilfe e.V. und das Forum unserer Homepage setzt sich zusammen aus Menschen, die sich um ihre Tiere sorgen, die für sie sorgen, die mit ihnen und auch für sie leiden und sie lieben. Wir haben schon mehrmals über unsere Ansichten zu Vermehrungen geschrieben, und wir setzen voraus, dass allen Lesern die Problematik bekannt ist.

In diesen Tagen erleben wir leider live und in Farbe, wie es ist, mit den Produkten und den Leidtragenden der Massenproduktion. Und offen gesagt: Wir kriegen das Brechen, wenn wir sehen, wie es endet.

Am 28.01. wurde uns durch die teaminterne Pflegestelle ein Video zur Verfügung gestellt, das zeigt, dass die kleinen Welpen sich kaum bewegen können. Wir schoben dies zunächst auf die bisherige Mangelentwicklung in Kälte und mit schlechter

Ernährung. Eine hinzugezogene Physiotherapeutin versorgte die Pflegestelle mit Übungen und Tipps, um den Hundekindern auf die Beine zu helfen. Es ergab sich dennoch der Verdacht einer neurologischen Schädigung, möglicherweise einer Virus-Erkrankung.

Am 30.01. musste die kleine Hündin eingeschläfert werden. Mehrere schwere Krampfanfälle hatten zu Hirnschäden geführt und machten ihr ein Weiterleben unmöglich.

Am 01.02. begann der kleine Rüde, ähnliche Symptome zu zeigen. Durch umsichtiges Handeln der Pflegestelle und einer guten Zusammenarbeit mit der behandelnden Tierärztin konnte der Welpe mithilfe von Antibiotika stabilisiert werden, er hat sich mittlerweile erholt und verhält sich größtenteils so, wie man es von einem Hundewelpen erwartet. Die Hündin ist obduziert worden, weil wir Gefahr für das Leben der anderen in der Pflegestelle befindlichen Hunde befürchten mussten.

Ihr Tod ist auf die üblen Zustände ihrer Herkunft zurückzuführen, die ihren Organismus neben einer Reihe Würmer und Infektionen, verbunden mit unzureichender bzw. falscher Ernährung, zu sehr schwächten. Sie starb letztlich an einer Lungenentzündung.

Als wir die Nachricht bekamen, dass wir Welpen und (zunächst nur) eine trächtige Beaglehündin übernehmen können, war die Freude (und die Erleichterung über das Ende des Martyriums zumindest für diese Hundemama) groß. Es juckte uns in den Fingern, euphorische Meldungen zu verfassen à la »WIR WERDEN MUTTER« und/oder »WELPENALARM«.

Das sichtbare Elend der Welpen und der Tod der kleinen Hündin haben uns schnell auf den Boden der Tatsachen zurückgeholt. Wir hoffen, dass die beiden Beagledamen, die hiermit garantiert zum letzten Mal werfen müssen, alles, was kommt, gut überstehen – und dass nicht noch einer der kleinen Wichte die Geiz-ist-Geil-Mentalität der Menschen mit dem Leben bezahlen muss.

Diesen Artikel schreibe ich mit einem grässlichen Kloß in der Kehle. Es rumort in meinem Kopf und in meinem Bauch, vor Wut, vor heiligem Zorn auf geldgeile, gewissenlose, verantwortungslose Menschen, die sich anmaßen, in Tieren

Ware zu sehen und nichts als eine lukrative Möglichkeit, Geld zu machen.

Das Schicksal der Hunde, insbesondere der Mütter, ist nicht von Belang. Bei jeder Läufigkeit belegt, gehalten ohne jegliche Zuwendung und versorgt nur mit dem Allernötigsten (ein warmer Platz gehört nicht unbedingt dazu), sind diese Hündinnen einer Maschine gleich, die selbstverständlich keine Wartungskosten verursachen darf. Mit den Hunden vermehren Sie deren Mankos: Herzkrankheiten, Epilepsie, HD. Wen interessiert die Qualität der inneren Organe und deren tadellose Funktion, wenn man ein paar Welpen mehr auf den Markt werfen kann! Inzucht lehnen Sie nicht ab, ja warum auch, von den Mendel'schen Regeln haben Sie noch nie gehört. Ab und zu werden Rassen gemischt, die zu Hunden führen, die kein Mensch mit Verstand will, die unführbar sind und die sich nicht mal selber wohlfühlen, weil sie kaum wissen, wohin mit ihren Verhaltensauffälligkeiten und den konträren Charakterzügen, die man besser nicht verpaart hätte. Sollen sich die neuen Besitzer drum kümmern, die Tierärzte wollen ja schließlich auch leben! Oder machen Sie sich um die Zukunft Ihrer Hunde erst gar keine Gedanken? Was für ein geniales Geschäftsmodell.

Inseriert werden die Hunde dann im Internet auf allen möglichen passenden Plattformen. Es sind Beagle-Cocker-Mischlinge, Beagle-Jack-Russel-Mischlinge, reinrassige Beagle, und bestimmt gibt es irgendwo auch noch Cocker/Jack-Russel-Mixe und weiß der Himmel was noch alles für irrsinnige Kombinationen. Bei dieser immensen Bandbreite auch noch auf genetisch unproblematische, gesunde Elterntiere oder die realistische Möglichkeit rezessiver Vererbung in Betracht zu ziehen, wäre vermutlich etwas viel verlangt. Aber etwas Wärme und ordentliches Futter hätten doch drin sein können?

Dass Hündin 1 am Valentinstag sechs gesunde Welpen zur Welt gebracht hat, stimmt uns etwas versöhnlicher. Auch eine dritte trächtig »entlassene« Hündin ist im Schutze einer anderen Organisation inzwischen Mama von sieben Welpen. Hündin 2 hat am 23.02. sechs Welpen das Leben geschenkt. Alle erholen sich bei guter Pflege zusehends, auch die sehr geschwächte Hündin 2.

Diese rund zwanzig neu geborenen Hunde hätten den Start ins Leben eigentlich auch in einem kalten, dreckstarrenden Verhau erleben sollen – wenn das Veterinäramt nicht gerade noch rechtzeitig eingegriffen hätte. Wir möchten nicht spekulieren – aber wie viele dieser Hundebabys hätten die ersten Wochen überlebt? Wie viel »Schwund« rechnet man denn ein, wenn man Hunde aller Art vermehrt, wie andere Leute Salatköpfe?

Zwei Teammitglieder betreuen die Welpen. Bitte drücken Sie mit uns die Daumen, dass diese kleinen Hunde es schaffen, bei uns groß zu werden. Und für die Hundemütter hoffen wir, dass sie die unglaublichen Strapazen ihres bisherigen jungen Lebens hinter sich lassen können und irgendwo ein glückliches Beagleleben führen dürfen.
So, wie es sein soll.

Es gab dann immer mal wieder einzelne Hündinnen aus Belgien, Frankreich, auch aus Deutschland. Auch Welpen in komischer Verfassung tauchten zwischendurch immer mal wieder auf. Alle diese Hunde haben wir übernommen, bezahlt (Hunde aus dem Ausland kosten Geld, es müssen anteilige Fahrkosten übernommen werden) und fast immer ruckizucki zum Tierarzt geschafft, was jedes Mal eine gesalzene Rechnung nach sich zog, aber was will man machen, wer A sagt, muss auch B sagen.

Mitte Januar 2017 haben wir vier Hündinnen von einem anderen Vertreter Ihrer Zunft übernommen. Candy (*2009) und Lilly (*2011) sind Töchter von Fine, deren Geburtsdatum mit 2007 angegeben wurde. Außerdem ist da noch Marie, *2009.
Im späten Frühling kam der Deckrüde Eddie, *2010, zu uns. Eddie ist am 4. Juni gestorben, er war zu krank, zu schwach, zu verbraucht.

Die Hunde stammten nicht von irgendeinem osteuropäischen Markt oder aus einer der Massenbeschlagnahmen mitten in Deutschland, von denen man ab und an hört. Es sind Tiere eines Züchters aus dem benachbarten, hochentwickelten Industrieland Frankreich, der *Grande Nation*. In Frankreich haben die Hunde noch weniger Lobby als anderswo, aber der Zwinger des Züchters hat erstaunlicherweise einen guten Ruf, es sind Hunde aus namhaftem Hause, mit guten Papieren und sogar einer langen Ahnenreihe. Die Welpen finden Käufer im In- und Ausland. Die Welpenkäufer waren bestimmt begeistert und haben eine Stange Geld für ihren supertollen Hund hingelegt. Da ist man schon geneigt, zu glauben, dass die selbstverständlich gesunden Mutterhündinnen in ordentlichen, wenn nicht gar gepflegten Verhältnissen empfangen, gebären und ihre Welpen aufziehen, bis diese dann in einem vernünftigen Alter (>10 Wochen) ihre Welpenkisten verlassen dürfen. Um die Welpen muss man sich hier keine Sorgen machen, außer, dass sie vielleicht zu früh abgegeben werden.

Es sind die Mütter, um die es geht.

Nun weiß man, dass Zuchthündinnen allgemein kein besonders freudvolles Leben haben. Sie haben einen Job zu erledigen und eine Quote zu erfüllen. Man nimmt aber an, dass sie zumindest gesund erhalten und einigermaßen ernährt werden, schließlich sollen sie noch recht viele fitte Welpen in die Welt setzen. Man ahnt auch, dass Mutterhündinnen aus Großzuchten und Vermehrungen ein noch etwas bescheideneres Schicksal haben.

Aber vermuten Sie hinter der Von-und-zu-Zucht mit dem tollen Namen einen Vermehrer? Nein, oder? Dabei gibt es sogar in Deutschland Personen, die hinter dem klangvollen Titel ihrer erstaunlich zahlreich vorhandenen Würfe mieseste Ausbeutung betreiben. Nun meint man, Zucht in gutem Namen ist eine Art Manufaktur, in der man handverlesene, handaufgezogene, in jeder Hinsicht perfekte Hunde aus optimalen Verhältnissen bekommt. Falsch! Zucht ist manchmal Massenproduktion, und die Akkordarbeiterinnen sind die Hundemütter.

Mittlerweile ist es schwieriger geworden, Ihresgleichen voneinander zu unterscheiden. Die Billigwelpen sind längst keine Billigwelpen mehr. Auch die Welpen für 1200 Euro stehen bis zum Bauch im Mist, vor der Vorstellung werden sie aufgehübscht, und Ihre übers Ohr gehauenen Käufer merken erst viel später, was los ist. Vermehrer sind Geschäftsleute. Wenn sich der billig produzierte Nachwuchs für 1200 € besser verkaufen lässt als für 500, und den Welpenkäufern damit auch noch das schlechte Gefühl bei der Sache genommen wird – ja, dann gern, super Idee! Nicht, dass irgendetwas von der Kohle Ihren verbliebenen Zuchttieren zu Gute kommen würde.

Gewinn ist schließlich Umsatz minus Investition; rechnen können Sie ja.

Sparmaßnahmen gibt es viele: Hunde von irgendwelchen Privatleuten billig abgeschwätzt, extrem günstiges Futter, davon aber zu wenig, kein Tierarzt, ungeheizte Ställe auf Beton, Komfort sowieso nicht. Wenn die Hündin nach fünf Jahren und zehn Würfen an dem nächsten Welpen zugrunde geht, ist Ihre Rechnung längst mehrfach aufgegangen.

Richtig erstaunlich wird es, wenn man nach der Inobhutnahme, innerhalb von Minuten, allmählich das Ausmaß der Verwahrlosung erkennt. Dass die vier Hündinnen nicht mehr wirklich versorgt werden, sobald ihre Ausreise beschlossen war, kann man fast noch nachvollziehen. Hundefutter ist, wie jedermann weiß, fast unbezahlbar, und wozu vier unnütze Mäuler stopfen?

Aber dass die Hunde bis zum Himmel stinkend, gebadet in ihrem eigenen Urin und das Fell zugepappt von Kotplatten, wie man sie sonst nur bei Kühen in schlechter Stallhaltung sieht, mit verklebten, tränenden Augen und Ohren voller Milben, Hefepilze und sonst was, über Stunden und Tage hier her gekarrt werden, ist schon schwer zu ertragen. Die Zähne sind unisono in grauenhaftem Zustand, von vereiterten Backenzähnen, komplett entzündetem Zahnfleisch bis Lücken im Gebiss ist alles dabei. Einige haben wunde Pfoten und Bissverletzungen.

Die ärztlichen Untersuchungen, die zeitnah – nach einigen Bädern – folgen, zeigen Gesundheitsschäden, die man sich kaum vorstellen mag. Die eine hat beidseitig eingerollte Augenlider, die zu ständiger Augenentzündung führten, so, als ob ein Fremdkörper im Auge ist – jeder kennt das Gefühl. Eine andere scheint schwerhörig zu sein – eine Folge von Ohrenentzündungen, die über einen langen Zeitraum bestehen. Hündin Nr. 3 blutet permanent und ist in Hitze, gleichzeitig aber schlapp. Das Blut ist klumpig, was das schlimmste befürchten lässt. Ihre Gebärmutterschleimhaut weist Reste von Heu oder Stroh auf, was zu ständigen Entzündungen und Endometriosen führt. Bei der Untersuchung stellt sich heraus, dass der Uterus Reste früherer Geburten enthält. Sie hat durch das dauerhafte Bluten eine Anämie entwickelt, ihr Blut ist zum

Operieren noch zu dick, sie bekommt Infusionen. Am Ende wird ihre total verwachsene, brüchige Gebärmutter entfernt. Sie ist noch nicht mal sechs Jahre alt. Wie viele Welpen und Würfe unter mittelalterlichen Umständen braucht es, um einen Hundekörper so zu verwerfen?

Hündin 4 hat ein ähnliches Schicksal. Auch sie wird operiert, der Uterus zeigt Verwachsungen mit Niere und Blase. Die Ärztin sagt, dass für so etwas entweder ein schlecht ausgeführter Kaiserschnitt (Vermehrer machen so was schon mal selbst, diese Tausendsassas) oder aber eine Übertragung verantwortlich sein kann. Fine und Lilly haben in beiden Milchleisten Tumore, die zum Teil schon eingeblutet waren. Niemand kann sich vorstellen, was die Hunde erlitten haben, ohne Hilfe, ohne Ansprache, ohne Wärme und vernünftige Nahrung, ohne Schmerzlinderung, aber mit jeder Menge Gitterstäbe, an denen man sich die verbliebenen Zähne auch noch ruinieren konnte und immer dem nächsten Deckrüden in den Startlöchern, der übrigens in ebenfalls schrecklichen Umständen lebt, gesundheitlich am Ende.

Wie machen Sie das eigentlich nach einem Wurf? Schauen Sie Ihre Hunde an? Nehmen Sie wahr, wie es Ihnen geht? Interessiert Sie das? Oder geht das streng nach Plan: Hündin A ist wieder dran, also rein mit dem Rüden, ob Entzündung oder nicht? Tiere als Gebärmaschinen. Schämen Sie sich manchmal? Vermutlich nicht.

Das einzige, was man Ihnen, Sie Geldsack, zu Gute halten kann, ist, dass Sie die vier haben gehen lassen. Dafür werden aber sicherlich andere Töchter von Fine, wahrscheinlich auch von Candy, von Lilly und von Marie, die Produktion übernommen haben. Vielleicht fällt irgendwann mal jemandem auf, dass die Welpen weniger werden, dass die Mütter bluten und nicht mehr damit aufhören.

Dann wenden Sie sich bitte einfach wieder vertrauensvoll an uns, wir machen das schon. Vielleicht schreiben wir eine wütende Fortsetzung dieses Briefchens, regen uns intern fürchterlich auf, echauffieren uns maßlos über Tierquälerei der schlimmsten Sorte, heulen wütend und fassungslos ins versiffte Fell Ihrer Hunde und wünschen Ihnen die Pest an den Hals, aber mehr haben Sie nicht zu befürchten.

Vielleicht hängen Sie als Franzose ja einer Descartes'schen Weltsicht an. Der Denker, ein Landsmann von Ihnen, vertrat im 17. Jahrhundert die irre Idee, dass Tiere unfähig zum Empfinden von Schmerzen seien und einem Uhrwerk gleich funktionieren würden. Da passt es dann, nichts zu unternehmen, wenn Zähne und Wunden eitern, wenn Blutungen nicht aufhören und Welpen den Geburtskanal nicht vollständig verlassen. Wir wünschen Ihnen Verzweiflung, Langeweile, Traurigkeit, Verzweiflung, Unfreiheit. Und Bauch- und Zahnweh ohne Ende. Das scheint Ihnen unsachlich? Ihre Hündinnen haben es ertragen, und dass sind nur die, die wir gesehen haben. Es werden etliche auf der Strecke geblieben sein.

In einer Welt, die zunehmend aus den Fugen gerät, wo Größenwahn an der Tagesordnung ist, wo Tierelend genauso lasch behandelt wird wie unwürdiger Umgang mit Menschen, muss man sich vielleicht nicht mehr allzu sehr wundern über solche Auswüchse.

Diese Hunde. Sie sind klein, zart, gequält. Trotzdem sind sie freundlich, zicken nicht, beißen nicht, drehen nicht völlig am Rad. Das erstaunlichste von allem ist, dass die Hündinnen eine so enorme Regenerationsfähigkeit haben, einen unbedingten Willen zum Leben, und dies alles ertragen können, ohne Hoffnung auf Besserung. Das einzige, was ich Ihnen nicht unterstelle, ist ein Gewissen. Die Leute sehen Ihre Welpen und ahnen nicht im Geringsten, was für einen Sauladen Sie führen.

In Deutschland wie in Frankreich gibt es den Straftatbestand des Handelns durch Unterlassen. Gesetze sind toll, nur leider sind sie ähnlich zahnlos wie Ihre Hundedamen. Leider wird niemand Sie anzeigen, erst recht nicht sanktionieren. Wir beißen uns an unserem Zorn die Zähne aus und werden Ihnen nicht beikommen können. Der Trost einer zukünftigen höheren Gerechtigkeit ist schwach, aber sonst gibt es ja nichts. Zudem müssen wir die Klappe halten, weil Sie uns Ihren Überschuss sonst nicht mehr geben würden. Vermutlich müssen Sie, als eine Art modernen Ablasshandel, irgendeinen Nachweis für tierschutzkonformes Handeln erbringen, sonst wäre Ihnen doch die Idee, die Hunde an eine Tierschutzorganisation zu geben, im Traum nicht gekommen. Dennoch: Solange den

Leuten auf der Jagd nach dem billigsten Rassewelpen mit Ahnentafel immer noch nicht klar ist, nach welchen Gesichtspunkten man ein Tier erwirbt, werden wir Ihre Hundemütter nehmen, und mehr Geld in sie investieren, als gleich drei Ihrer verwünschten Würfe einbringen. Danach werden sie saniert, geheilt und kastriert sein und, sofern keiner der Mammatumore bereits gestreut hat, noch ein paar Jahre ein gutes Leben haben dürfen.

Unser Brief an Sie endet hier, in der Hoffnung, dass es zumindest Ihnen nicht mehr ermöglicht wird, auf eine solche Art mit Tieren umzugehen. Selbstverständlich, ja: es gibt Schlimmeres. Zuhauf. Im Tierschutz allgemein und bei Hunden im Besonderen, aber Ihre Hunde sind jetzt unsere, was die Sache sicher zum Besseren wendet.
In der unrealistischen Hoffnung, dass Ihnen ein passendes Schicksal (sehr gerne im Sinne eines der Dante'schen Höllenkreise, der war lange vor Ihrem Descartes auf der Welt und ein höchst fantasiebegabter Italiener mit feinem Sinn für die tat- und schuldangemessene Bestrafung sadistischer Sünder) beschieden sein mag, verbleiben wir für heute.

P.S.: Wir könnten uns nun in Traurigkeit kleiden, ahnen aber, dass das die Misere nicht beseitigt. Ihnen ist es ja auch sowieso egal, denn an gutgläubig-blinden Welpenkäufern wird niemals Mangel herrschen, wodurch Sie sich zu einer gewissen Arroganz berechtigt sehen. Wir sind niemals für Sie, aber immer für Ihre Hündinnen da, melden Sie sich einfach. Und falls Sie mal etwas Geld zu viel haben sollten: Schicken Sie uns ein bisschen davon. Wir legen es sinnvoll an. Irgendeine Rechnung wird schon noch offen sein.

Suchen Sie mal nach einem Hund bei den Online-Kleinanzeigen! Sie erhalten unzählige Treffer. Googeln Sie »Vermehrer«! Auch hier gibt es eine enorme Trefferquote, häufig mit schrecklichen Leidensgeschichten und endlosen Odysseen durch Tierarztpraxen, oft genug – zu oft – mit bitterem Ende. 2012 haben wir mit allen Mitteln versucht, gegen einen Vermehrer vorzugehen, der Beagle unter fürchterlichen Umständen »züchtete«. Er hat einige Auflagen bekommen, betreibt sein Gewerbe aber immer noch, mit neuem Geschäftsführer. Die Welpen werden, mit entzückenden, professionellen Werbefotos, auf der bekanntesten Kleinanzeigen-Plattform online vertickt.

Lassen Sie sich beim Welpenkauf nicht unter Druck setzen, erst recht nicht mit mitleidsheischenden Verkaufsargumenten. Seien Sie aufmerksam. Nehmen Sie sich Zeit, vergleichen Sie.

Vermehrer sind nicht mehr nur die aus dem Ostblock, die Hunde auf Märkten oder aus dem Kofferraum heraus verscherbeln. Mitten in Deutschland sind in den letzten Jahren zwei riesige Zuchtanlagen aufgeflogen, bandenmäßig organisiert, mit jeweils über 100 Tieren, viele davon trächtig, fast alle verwahrlost.

Können Sie sich vorstellen, wie elendig Hündinnen an einer unbehandelten Pyometra sterben? Wie lange es dauert, bis Zähne an Gittern bis auf den Stumpf abgeschliffen sind, aus Langeweile, Hunger und Verzweiflung? Wie Muskeln und Sinne verkümmern? Und immer sagt irgendeine Pappnase: »Okay, aber die kennen es doch nicht anders.« Allerspätestens da geht mir der Hut hoch.

Was wir hier schreiben, tut weh, das weiß ich. Aber all diesen Hunden geht es heute prima, falls das ein Trost ist.

Die sehr informative Website »Das Leid der Vermehrerhunde« ist empfehlenswert für alle, die mehr wissen möchten – aber sehen Sie sich vor. Auch, wenn man schon einiges erlebt hat in Sachen Tierschutz, ist es schwer, hier nicht mit geballten Fäusten und tränenblind vor dem Bildschirm zu sitzen.

»Leid der Vermehrerhunde« hat zur Auswahl eines Welpen eine sinnvolle Liste zum Download erstellt.

Sehr geehrtes Paar auf der Parkbank!

Gestern war es, als wir uns kennenlernten, im Stadtpark. Sie verbrachten eine wohlverdiente Pause in der Vormittagssonne, und ich ging mit meinen Hunden Gassi. Genaugenommen sind »nur« drei der vier meine Hunde, der andere ist bei uns zur Pflege und wartet noch auf »seine« Familie. Deshalb sind wir bei jedem sich anbahnenden Gespräch immer ganz aufgeschlossen, könnte ja sein, dass sich jemand für meinen Pflegie interessiert, oder jemanden kennt, der jemanden kennt…!
»Das sind aber schöne Hunde!«, rufen Sie mir entgegen. Als ob sie es verstanden hätten, drehen sich die vierbeinigen Angesprochenen unisono und lustig wedelnd in Ihre Richtung.

»Ja, nicht wahr!«, sage ich, und dann: »Einer wäre sogar zu vermitteln.«
Ihre Begleiterin beugt sich einem meiner Hunde entgegen und streichelt ihn ein wenig. »Ach? Woher denn? Sind das Hunde aus dem Tierschutz?«
»Ja«, sage ich, »das sind ehemalige Laborbeagle!«
Die Hand Ihrer Begleiterin/Gattin/Kollegin/whatever zuckt zurück, als habe sie sich verbrannt. Etwas Erstaunliches passiert. Die Stimmung kippt, die Temperatur fällt schlagartig um fünf Grad. Der Himmel bewölkt sich, der Tag wird dunkel, Wind kommt auf… (jedenfalls kommt es mir so vor).
Sie beide ändern unmerklich Ihre Haltung: Arme verschränken sich, Beine werden gekreuzt, soeben noch freundlich-interessierte Minen verschließen sich. In Ihren Blick tritt eine seltsame Mischung aus Faszination, Entsetzen und Abscheu, etwa so, wie man ein Kalb mit zwei Köpfen anstarrt oder einen Unfall.

In Ihrer Stimme liegt ein gewisses wohliges Gruseln, als Sie mich fragen: »Ist das etwa so ein Laborhund?«
Ich merke, dass ich innerlich ein klein wenig versteife. Sie schauen auf die fröhlich herumschnüffelnden Hunde, als ob Sie erwarten, dass sie im Dunkeln leuchten.

Dabei sind meine Gassibegleiter auffällig verhaltensunauffällig: Alle vier Exemplare, meine eigenen und der Pflegebeagle, sind weder laut, noch allzu ängstlich, noch benehmen sie sich gerade irgendwie schräg (jedenfalls nicht mehr als sonst: einer rollt sich grade auf den Rücken und testet das Gras auf seine Beschaffenheit, der andere versucht, sich aus dem Staub zu machen, der dritte spielt mit etwas Undefinierbarem, das er unter einem Busch entdeckt hat) und optisch unterscheidet sich der Pflegie kaum von irgendwelchen anderen Beagles, die man hier so trifft, er ist nur etwas kleiner.

Kaum habe ich diesen Gedanken zu Ende gedacht, konstatiert die Frau mit schmalen Lippen: »*Genau, das sieht man.*«

Ich bin ein unvorsichtiger und risikobereiter Mensch und möchte wissen: »Ach? Woran denn?«
»Der Hund sieht seltsam aus!« Mittlerweile beäugen Sie ihn wie eine atomare Katastrophe.

»Man sieht richtig, dass er gequält wurde! Er ist sicher verhaltensgestört!«

Bislang habe ich es in Gesprächen mit anderen Gassigängern und Parkbesuchern erfolgreich vermieden, über Tierversuche zu diskutieren. Heute ist es wohl Zeit für einen Bruch mit dieser Konvention.

Die Dynamik dieser Entscheidung habe ich leider grandios unterschätzt.
Ihre Begleitung wischt inzwischen die durch meinen Laborhund kontaminierte Hand unauffällig am Hosenbein ab. Wer weiß schon, was für eine gefährliche Pest diese Versuchstiere in die Welt setzen!
Ich kann sehen, dass Sie herzlich bedauern, keine Halbliterflasche Sagrotan dabei zu haben, aber wer rechnet mit einer so hochinfektiösen Begegnung am hellen Vormittag, als normaler Mensch! Es ist ja auch ungefähr so wahrscheinlich wie Schnee im August, auf ein freigelassenes Versuchstier zu treffen.

In fünf freundlichen Sätzen versuche ich zu umreißen, wie sich das so verhält mit den Hunden, die man nach Abschluss von Testreihen vermitteln darf, dass es dafür Vereine gibt, und dass fast immer alles gut geht. Währenddessen schlägt Ihr Verstand, verehrtes renitentes Gegenüber, eine Kapriole nach der anderen, und die Ablehnung bricht sich Bahn in Ihrer spitzen Bemerkung: »Also unterstützen Sie diese Tierhöllen!«
Ich wende noch drei Erklärungen mehr auf, wobei Sie den kleinen Pflegie mit etwas, das wohl erkennbarem Hundeverstand ausdrücken soll, mustern. Dann äußern Sie den nächsten grandiosen Einfall.

Allerdings ist es von Einfall zu Einfall nicht weit:
»Na, den hätten Sie ja mal lieber da gelassen! Das ist doch kein reinrassiger Beagle!«

Mal ehrlich: Würden Sie einem Schäferhund-Besitzer unaufgefordert Ratschläge erteilen und ihm sagen, sein Hund sei Scheiße? Aha!
Jetzt könnte ich, quasi in Pioniermanier, noch über Marshalls referieren, aber mein Hündin Nr. 1 fährt mir in die Parade, indem sie ein tief in der Kehle sitzendes Knurren von sich gibt. Das Grauen nähert sich in Gestalt eines hochmütig wirkenden Pudels, den meine Beagle seltsam finden.

»Da!« Darauf haben Sie nur gewartet. »Jetzt passiert es gleich!«

Ich schaue mich ratlos um. Was denn?
»Der Hund ist aggressiv! Das kommt, weil er nur misshandelt worden ist und sich jetzt nicht zurechtfindet!« (Der explosive Moment verstreicht, ohne dass sich meine Hunde in ihre Leinen schmeißen und den perfekt ondulierten Pudel zerfleischen. Ich habe das, ehrlich gesagt, nicht anders erwartet, aber Ihnen steht ein bisschen die Enttäuschung ins Antlitz geschrieben. Ich bin ja versucht, noch etwas aus der Schublade »Basiswissen Hund« zu präsentieren: Dass der Hund knurrt, heißt nicht, dass er zwingend zubeißt. Aber man sollte ab jetzt überlegen, was man tut. Das ist nicht Aggressivität, sondern natürliches Verhalten, was im Übrigen auch dem Ex-Versuchstier zur Verfügung steht. Beißen ist das letzte Mittel, und wird erst dann eingesetzt, wenn die Verhältnismäßigkeitsabwägung ergeben hat, dass kein anderes,

milderes Mittel mehr zur Verfügung steht. Ach, wozu. Ich spare mir die Belehrung, Sie halten mich schon für sonderbar genug.)

Zurück zu Ihnen. Was bringt Menschen dazu, so einen Mist von sich zu geben? Ich verzichte leichten Herzens darauf, Ihnen zu erläutern, dass ausgerechnet der Beagle, den Sie im Visier haben, gar nicht derjenige aus dem Labor ist. Bevor es nun noch zu einer der ewigen Dominanz-Diskussionen im Kontext zum schrecklichen Schicksal meines Pflegies kommt, beschließe ich, Sie zu verlassen und meinen Tag lieber ohne Ihr ignorantes, uninformiertes Geschwätz fortzusetzen.
Es hat nämlich keinen Sinn.

Es wird mir nicht gelingen, Ihr festgefahrenes Weltbild mit dem Anblick von vier unproblematischen, fröhlichen und gesunden Hunden zu verändern, da kann ich hier den Erklärbären geben, solange sich die Erde dreht.

Meine Beagles scheinen das ebenso zu sehen, denn erstaunlicherweise folgen sie meinen Regieanweisungen zum Aufbruch ohne das übliche Gezicke.

Sie schauen uns etwas missmutig zu und machen ein Gesicht wie John Goodman in »*Coyote ugly*«. Ich unterstelle mal, dass Ihnen ein kräftiger Protest, wenigstens von Seiten des Laborhundes, schon lieber gewesen wäre.

Tierschutz hat viele Gesichter. Wie schade, dass Ihnen unsere Hunde nicht gefallen – aber wer kann auch erwarten, echtes Leben zugemutet zu bekommen, Beagles live, das irritierende Bild der sich völlig normal verhaltenden Hunde leibhaftig vor Augen. Da ist es auf jeden Fall bedeutend stressfreier, mal eben im Internet irgendeine Petition anzuklicken.

Mich freundlich verabschiedend, ziehe ich mit meinen vier apokalyptischen Reitern von dannen. Und schimpfe den ganzen Nachhauseweg leise vor mich hin.

Warum polarisieren Laborhunde? Wie kommt es, dass ganz normale Bürger derart vorurteilsbehaftet sind und automatisch annehmen, aus dem Labor entlassene Hunde seien völlig Banane, krank, ansteckend, gefährlich oder dürften nicht auf die Normalbevölkerung losgelassen werden?

Normalerweise hätte ich Ihnen eine Visitenkarte mit der Adresse unserer LBH-Homepage überreicht, aber offen gestanden haben Sie sich so schlecht betragen, so dass ich das vor lauter Schreck vergessen habe.

Also, falls Sie gern sachliche, umfassende Informationen möchten, müssen Sie uns eben googeln.

Einen schönen Tag noch und viele angenehme Mittagspausen mit guten Gesprächen wünscht Ihnen Ihre Laborbeaglehilfe e.V. in der Hoffnung, wenigstens ein bisschen zum Nachdenken angeregt zu haben.

Versöhnliches zum Abschluss

Modell: Beagle   Typ: LBH   Name: Diverse
...eine atemberaubende Performance in Fell!

Unser Spitzenmodell »Laborbeagle« verbindet formschönes und individuelles Design mit ausgereifter, leistungsfähiger Technik. Bitte beachten Sie den Trend zum Downsizing! In streng limitierter Auflage erhältlich, Vorbestellung erbeten.

Lackierung: Tricolor in veränderlichen Farbanteilen. Nuancen können abweichen (schnee- bis sahneweiß, Karamel bis Cappucino). Sonderfarben/Bicolor-Optik nur eingeschränkt verfügbar.
Verbrauch ggü. EU-Norm meist erhöht. Abgasnormen nicht EU-konform, Abgasrückführung störanfällig
Navigation: serienmäßig.
Features: GPS-Tracker (Diebstahlsicherung) gg. Aufpreis möglich.
Follow-me-home-Funktion (mit Optimierungsbedarf).
Eigenständig arbeitendes Soundsystem mit einzigartiger YELL-Funktion.
Bilateral angeordnetes Multifunktionsmodul mit kombiniertem Nachtsicht-, Weiten- und Totwinkel-Assistent.
Ausgereiftes Sperrdifferential, Range Extender integriert, zuverlässige Traktion und souveräner Vortrieb (anfängliche Aussetzer möglich).
Auch verfügbar als Old- oder Youngtimer. Umweltplakette serienmäßig.
Steuer und Versicherung gg. Aufpreis.
Ein Rundum-Sorglos-Paket ist bedauerlicherweise nicht mehr verfügbar.
Wartungskosten: stark variabel.
Unterbodenwäsche gelegentlich erforderlich.
Bitte beachten Sie die aufgeführten Funktionseinschränkungen
Abbildung zeigt Wunsch- und Sonderausstattung!

Lang- und kurzstreckenoptimiert, up- und downhilltauglich.
Bivalente Antriebe (z.B. B.A.R.F) nachrüstbar.
Wunschkonfiguration nur bedingt möglich.

Warnhinweise:
In Einzelfällen Starthilfe nötig. Neigt zum Übersteuern.
Wertvolle Einzelstücke, ohne Garantie. Fehlbedienung führt
zum Erlöschen der Betriebserlaubnis!

Wie das Cover dieses Buches entstand

Beim Cover habe ich mir gleich mehrfach helfen lassen. Zum einen habe ich in einigen Facebook-Gruppen *(ja, dieselben, auf die ich so viel schimpfe! Facebook ist klasse, sagte ich ja schon)* den Titel zur Disposition gestellt. 158 liebe Menschen haben ihr Votum abgegeben.

Als Nächstes ging es um das Foto. Alle Bilder zeigten meine eigenen Hunde (beim nächsten Mal wird es wieder ein »fremder« Hund sein).

Am Anfang waren es 12 verschiedene Designs, und ich raufte mir die Haare. Anne, die Grafikerin, konnte sich auch nicht entscheiden und trieb mich mit ihrem grafikspezifischen Kauderwelsch schier in den Wahnsinn. 6 Entwürfe waren übrig, und es ging kein Stück mehr vorwärts.

Die geniale Idee: *»Frag doch mal in den Gruppen.«*
Gesagt, getan.

Genau 642 Facebook- und Instagram-UserInnen haben sich innerhalb 24 Stunden beteiligt, und jeder/jedem Einzelnen danke ich aus tiefster Seele für die Mühe!

Nach Fristablauf haben wir akribische Strichlisten gemacht, wie weiland bei der Wahl zum Klassenelternbeirat an der Tafel der 6 b, und am Ende blieben zwei übrig.

Dazu hätten wir nun noch eine Stichwahl initiieren können oder per Schnick-Schnack-Schnuck nach Vorlage des Probedrucks entscheiden. Wir haben dann einfach das Bild genommen, auf das 32 % der abgegebenen Stimmen entfielen. Clever, *gelle?*

Mein Favorit war übrigens nicht mal unter den ersten Drei.

Ich hoffe, das Ergebnis gefällt euch!

Dank

Über Beagle, ihre Macken (und die mancher Besitzer) kann man vortrefflich schreiben, besonders, wenn man selbst ganz vorn in dieser Liga mitspielt. Ich frage mich, ob es Bücher dieser Art über andere Hunderassen gibt: Machen Dalmatiner, Dobermänner oder kleine wuschelige Bolonkas das auch? (Bei einem Puggle könnte ich es mir vorstellen. Ich kenn da einen oder zwei...)
Mein tiefster Dank gebührt daher den wunderbaren Hunden, die mich seit vielen Jahren begleiten und denen, die sich mit uns anfreundeten. Besonders Ellen! Und Lilly. Und all den ~~Beagle~~Hundebesitzern, die ich im Laufe der Zeit kennenlernen durfte!
Anthologien zu machen, macht Spaß. Ich schreibe fast wöchentlich auf, was mir mit den Hunden widerfährt, und bunkere es auf dem Laptop. Die vorliegenden Stories sind in den Jahren 2014-2019 entstanden. Ich danke allen, die mich dazu inspiriert haben.
Ich danke den lieben Kollegen von der Laborbeaglehilfe e.V. und euch Foris und Followern, weil ihr mich durch eure Kommentare zum Niederschreiben dieser Stories bestärkt habt
 In diesem Buch war mehrmals von Schäferhunden die Rede: Ihr wisst, ihr seid die Besten, vor allem im Dienst ♥
Meiner Familie danke ich, weil sie häufig vor verschlossener Bürotür steht und dennoch nicht allzu sehr meckert, und meinen Hunden, weil sie oftmals eine halbe Stunde länger auf Futter oder Gassi gewartet haben (streicheln unterm Schreibtisch geht zum Glück einhändig).

Ich wünsche euch allen, egal, wie viele Beine ihr habt, sehr viel Freude aneinander. Und viel Gelassenheit, Mut, ein langes Leben und eine gute Gesundheit.

M.

Links

www.laborbeaglehilfe.de
www.eder-beagle.de
www.leid-der-vermehrerhunde.de
www.meganmcgary.de

Für die Aktualität und die Inhalte der über diese Links erreichbaren Seiten kann ich leider keine Gewähr übernehmen.

Feedback ist wichtig. Schreiben Sie mir! E-Mail: megan.mcgary@web.de
Social media auch. Folgen Sie mir!
Instagram & Facebook: megan.mcgary
Ich freue mich sehr, wenn Sie sich die Zeit nehmen, eine Rezension zu schreiben. Darf auch kurz sein!

Vorschau

Das nächste (Sach-)Buch dreht sich wieder um Beagle: Es geht um Pflegestellen.
Dabei ist das »Pflegestellen-Buch« nicht nur für Beagle gedacht. Es soll die Entscheidung, sich als Pflegestelle für Tierschutzvereine zur Verfügung zu stellen, erleichtern und erscheint im September 2019.